JAZZをとことん楽しむ本

ジャズはいつ、どこで生まれ、いまに至っているか

どこか都会的で大人的で知的な雰囲気を醸し出すジャズ。いつ、どこで生まれたのか、どんな経緯、変遷を経て現在にいたったのか。ジャズ誕生約１６０年の歴史を超速&時短で振り返ってみる。

ジャズ誕生

人種の坩堝の国の坩堝の町から生まれた

ジャズが生まれたのは19世紀末頃から20世紀初頭にかけて、アメリカ合衆国ルイジアナ州の南部、メキシコ湾に面しミシシッピ川の河口に位置する港湾都市・ニューオーリンズといわれている。

ニューオーリンズは合衆国独立前の１７１８年にフランス人によって開拓され、その後、スペイン領になり再度フランス領になり、１８０３年にアメリカ領になったという複雑な歴史をもつ町である。さらに港町ということもあり、19世紀にはアメリカ人、フランス人、スペイン人、イギリス人、そしてアフリカから連れてこられた黒人奴隷といった、さまざまな人種が混在していた。よくアメリカのことを人種の坩堝と形容するが、ニューオーリンズは人種の坩堝の町だったのだ。

こうした背景からニューオーリンズには多種多様な文化に溢れ、一方で、当時、アメリカ政府公認の娼館がある唯一の歓楽都市でもあったことから、新しい音楽や文化が生まれやすい環境、性質を持った町でもあった。

南北戦争で解放された黒人奴隷たちが手に入れた生活の糧

ジャズの発祥には、ニューオーリンズが多様な人種が混在し、多種多様な文化に溢れた町で歓楽都市だったことが影響をもたらしたのだが、見逃すことのできない歴史的事実がある。南北戦争である。

１８６１年に勃発した南北戦争とは、奴隷解放をめぐって、当時34州で構成されていたアメリカ合衆国から分離し南部11州でまとまったアメリカ連合国との間でおきた内戦のことで収束までに４年の歳月を要した。

この内戦の結果、奴隷制廃止を訴えた北軍が勝利し、南部の黒人奴隷たちは南北戦争を経て、１８６３年に自由を手に入れることができた。が、自由の獲得と引き換えに、自分で稼がなければならないという現実に直面することになった。つまり、生きるために自力で仕事を見つけ、収入を得ることが必要になったのだ。ニューオーリンズには、娼館だけではなくダンスホールや酒場もあった。解放された黒人奴隷たちは、そうした場でＢＧＭとして歌ったり、楽器を演奏して生計をたてることになった。これが、ジャズの始まりと伝えられている。

では、楽器はどのようにして手にいれたのか。理由はいたって簡単。

軍楽隊の流れを汲む楽器編成と楽譜の読めなさがジャズの自由さに

南北戦争後、南軍の軍楽隊が使用していた楽器が市中に出回り二束三文で売られていたからである。ジャズの楽器がピアノやドラム、トランペットやサックス、トロンボーンなどで構成されているのは、出所が軍隊のマーチングなどの使われていた楽器を使用した名残りでもある。

こうして楽器を安価で入手し演奏をしたのだが、当時、しっかりとした音楽教育を受けた黒人は少なく、大多数の黒人は楽譜を読むことができなかったという。ジャズの自由さの根底には、初期の演奏者たちが楽譜を読めなかったということに由来しているのかもしれない。

モダン・ジャズの夜明け

第一次世界大戦への参戦で、ジャズがアメリカ全土に広がるきっかけに

1917年、アメリカが第一次世界大戦（1914年〜1918年）参戦したことで軍規の乱れを懸念した海軍長官によって、ジャズ発展を担ってきた歓楽街が閉鎖されてジャズ発祥の地・ニューオーリンズにも陰りが見え、この結果、当然ながらミュージシャンは職を失うことになった。彼らは、新しい職場（演奏の場）を求め北上。ニューヨーク、シカゴなどからアメリカ全土へと広がっていった。こうして広がった黒人奴隷が生んだジャズだが、黒人の専有物ではなく、やがて白人の間にも広がり親しまれるようになった。

名前だけでもご存知の方が多いと思うが、1932年にはクラリネット奏者ベニー・グッドマン率いるベニー・グッドマン楽団が、1937年にはトロンボーン奏者グレン・ミラーが率いるグレン・ミラー楽団が誕生している。両者とも映画になっているので観た方がいらっしゃるかもしれない。両楽団が奏でるスウィング・ジャズは大衆性や娯楽性に優れ、ダンス音楽としての色合いが強いもので、言い換えるなら〝個〟を消したジャズだった。

このように、当時のジャズはリーダーが結成した楽団による演奏が主だったが、こうしたマンネリ化した演奏スタイル、状況に飽き足らない、個性的なジャズを目指すミュージシャンたちがいた。

夜な夜な集まっては自由な演奏を繰り広げたことからはじまった

アメリカ合衆国・ニューヨークのハーレム地区、いまはなきセシルホテルの地下1階にあったジャズ・クラブ、ミントンズ・プレイハウス。

1940年代初め、マンネリ化したスウィング・ジャズに飽き足らない仕事を終えたミュージシャンたち〜即興演奏が好きなチャーリー・パーカーやディジー・ガレスピー、ベニー・グッドマン楽団で有名だったジャズ・ギターの開祖とされるチャーリー・クリスチャン（残念ながら25歳という若さで亡くなった）、ピアノのセロニアス・モンクなど〜が閉店後に集まっては夜な夜なジャム・セッションを繰り広げた。そこにはダンス音楽にはない自由があった。

こうしたジャム・セッションに参加していた新しい音楽の開拓者たちによって生まれたのがダンス音楽に見られる大衆的ジャズ、娯楽的ジャズとは異質の芸術性を帯びたジャズでビ・バップと呼ばれるジャズの新しい形態。これが、スウィング・ジャズの終焉後に発生したモダン・ジャズ（ジャズのこと）の起源となったというのが一般的な解釈だ。

ジャズの黄金時代

黄金時代前夜、ビ・バップを超え芸術性を備えた新しい演奏スタイルに挑む

ビ・バップの誕生がもたらしたジャズの変貌を要約すると、ジャズを「当時のアンサンブル中心のビッグ・バンドから即興演奏中心の少人数のコンボ編成に変化したことで、踊るための音楽から座って聴く、鑑賞する音楽へ変化したこと。言葉を変えれば、娯楽・芸能という立ち位置から芸術としての地位へと高めたこと」と言えなくもない。と同時に、新しいジャズ・スタイル誕生の扉を開くきっかけにもなった。

1955年、ビ・バップの生み親チャーリー・パーカーが亡くなりビ・バップが下火になっていくと、その後を引き継ぐように個性的で才能に溢れる若手ミュージシャンたちが自分なりのスタイルを模索するようになった。こうして生まれたのが、クール・ジャズであり、ハード・バップであり、モード・ジャズであり、ファンキー・ジャズなどで、さまざまな演奏スタイルがジャズ界を賑わし、ジャズ・ファンを広げていった。

しかし新しい演奏スタイルは、マイルス・デイヴィスとクール・ジャズ、アート・ブレイキーとファンキー・ジャズのように直接結びつく例は少なく、ジャズの誕生が明確でないように、いつ、誰によって生み出されたものか、はっきりしていない。ましてや、演奏しているミュージシャン自らが「わたしが演奏しているのは●●ジャズです」と宣言しているわけではない。基本的には後付けの名称であり、ミュージシャン以外の誰かが名付けた代名詞でもあり、敢て言うなら、その時代時代に漂っていた演奏スタイルの流行と言えなくもない。

ただ、こうした胎動が1950年代から1960年代に花開く「ジャズの黄金時代」を築く礎になったことは、まぎれもない事実である。

名盤の多くが1950年代から1960年代に集中

本書で紹介しているアルバム数は249タイトル（BLUE NOTE1500番台、John Coltrane Discographyの表組リスト含む）。また収録されている楽曲数は約1200曲。各アルバムの録音年を調べてみると古いアルバムで1937年、最新で1982年と幅があるが、ほぼ70％が1950年代から1960年代に録音されている。さらに細かく見てみると、1956年と1957年の作品が多い。

そして、こうした作品の多くは、マイルス・デイヴィス、ジョン・コルトレーン、ソニー・ロリンズ、ビル・エヴァンス、クリフォード・ブラウン、オスカー・ピーターソンなど1920年代半ばから1930年代に生まれた豊かな創造力と才能を兼ね備えた新進気鋭の若手ミュージシャンによって世に送り出されたものが多い。

彼らが残した作品を挙げるには数が多すぎてすべてを紹介することは不可能だが、彼らを含む数多くのミュージシャンが〝時を経ても色褪せない名曲〟〝名盤〟を残している。

ジャズ誕生から約160年。モダン・ジャズが生まれて僅か70年ほど。こうした時間のなかで、ジャズ史に名を刻んだミュージシャン、名盤としていまなお高く評価され、愛されているアルバムのほとんどが、この期間に集中している。

1950年代から1960年代は、ジャズの黄金時代といっても過言ではない。

フリー・ジャズ、エレクトリック・ジャズの時代

黄金時代を超えた〝自由な〟ジャズと〝電気〟のジャズ

音楽に限らず、あらゆる物事は、形作られ、多くの人に認知され市民権を得ると、そこから新しいものが、異質のものが生み出されるのが世の常。ジャズ界にも従来にはなかった、あるいは考えられなかった自由さを優先したスタイルが登場した。フリー・ジャズである。このフリー・ジャズは1964年10月に起きた〝ジャズの10月革命〟が起源と伝えられている。

黄金時代までのジャズは、4ビートを基調とし「イントロ」⇒「テーマ」⇒「アドリブ」⇒「テーマ」という展開で、コード進行などある一定の法則で構成されているが、こうした法則を一切度外視したのが、フリー・ジャズで、簡単に言うとメンバー各自が思い思いに自由に吹き、弾き、叩くことで音楽として成り立っていくジャズである。

オーネット・コールマン、アルバート・アイラーやドン・チェリーなどが代表的なプレーヤーと知られているが、ジョン・コルトレーンも活動末期にフリー・ジャズに傾倒している。

ただ残念なことに好き嫌いが激しいようで、近づくには勇気を必要とするジャズかも知れない。

そして1960年代末期から1970年代に登場したのが、電気楽器を導入したエレクトリック・ジャズ、フュージョン・ジャズである。

ジャズ演奏は、基本的にはアコースティック楽器によるものだったが、ピアノやギター、ベースなどがエレクトリック楽器に変わり、さらにリズム楽器としてパーカッションを導入、リズムも8ビート、16ビートが主体のジャズに変貌。この結果、親しみやすさが増したのか、広義な意味でジャズ・ファンが増えたことに繋がったことも事実である。

ジャズは、留まることも立ち止まることもない

ジャズ誕生以来、約160年。この間の変遷を駆け足も駆け足、超速・時短で、かなり大雑把だが辿ってみた。

こうしてジャズの変遷を追うと、新しいスタイルが登場すると前のスタイルが「古い」スタイルとして舞台から消えるのではなく積み重なり、ジャズの厚みが増していることに気が付く。その広がり、層の厚さを聴くこともジャズを楽しむことのひとつだ。

小説や演芸、絵画、工芸品などの創作物は、創作が終わった（できた）瞬間は完成形ではある。しかし、その結実は次への、明日への出発点であり最終形ではない。ジャズも同じだ。

ジャズは留まることも、止まることはなく、続いていく。

新化、進化、深化…モダン・ジャズは留まることを知らない

新しさを求めた探求心が、モダン・ジャズの魅力を創った

19 世紀後半、アメリカ合衆国南部ルイジアナ州ニューオーリンズで発祥したジャズだが、当初はスウィング・ジャズを主流とするダンス音楽として大衆性、娯楽性の高いものだった。

しかし 1940 年代後半、こうしたジャズに飽き足らないミュージシャンが生み出した芸術性の高いジャズがモダン・ジャズ（Modern Jazz）と称されるものである。

それまでのスタイルから決別し生まれたモダン・ジャズだが、固定された演奏法や表現手段に留まることなく、以後、数多のミュージシャンたちが百花繚乱のごとく新しい演奏法、表現手段を編み出したことで、モダン・ジャズが広がってきた。

ひとつの演奏法や表現手段を礎に新しい演奏法や表現手段が生まれる。この繰り返しによってモダン・ジャズは“分厚いジャズの層”となり、ジャズ・ファンを魅了する。

どんなスタイルが、いつ生まれたのかなど、その変遷を大雑把に遡ってみることにする。

ビ・バップ
Be-bop

娯楽音楽を芸術音楽に変えたモダン・ジャズの起源

モダン・ジャズの起源ともいわれるビ・バップは、1940 年代後半に成立したとされるジャズ演奏のひとつの形態のこと。

それまではスウィング・ジャズが主流であり大人数編成でダンス音楽的なジャズが人気だったが、こうした古典的ジャズに対し、❶少人数編成、❷自由度の高いアドリブ・ソロ（即興演奏）、❸コード進行に基づく演奏、つまり「コード進行に基づくアドリブを中心とした自由な演奏」が ビ・バップである。一方では、大衆音楽、娯楽音楽、ダンス音楽のみを演奏するとみられていたジャズを、芸術音楽として領域に昇華させ、認識されるようになったともいわれている。

ジャズ・アット・マッセイ・ホール／
チャーリー・パーカー、
ディジー・ガレスピー、
バド・パウエル
[p.76]

クール・ジャズ
Cool-Jazz

抑制の効いた知性溢れる音色、流麗な旋律と繊細なアレンジ

1940 年代後半から 1950 年代前半に生まれたのがクール・ジャズだ。ダンス音楽、娯楽音楽に飽き足らないミュージシャンが生み出したビ・バップ（前項）で複雑なアドリブ演奏と奔放さを特徴として持っていたのだが、この反動として奏法・展開などに抑制の効いたスタイルを持ち味としたのがクール・ジャズである。

音楽的な特徴としては、❶全体的に抑え気味なトーン、❷なだらかで麗しい旋律、❸涼し気で知性に溢れた音色、❹情熱的なジャズとは真逆でリラックスした感じ、❺アドリブよりメロディーを重視、❻スウィング感のある展開、❼繊細なアレンジが加えられている、などが挙げられる。

クールの誕生／
マイルス・デイヴィス
[p.26]

ハード・バップ
Hard-Bop

大衆性と芸術性を兼ね備え、ジャズの黄金期を支えた

ハード・バップとは、1950 年代に始まり 1960 年代まで続いた演奏スタイルのこと。ビ・バップの揺り戻しでもあるクール・ジャズ、ウエスト・コースト・ジャズに対して黒人ミュージシャンが創造した、黒人ならではのブルース・フィーリングを前面の押し出したジャズで、1960 年代半ばまでジャズの黄金期を支えた。

特徴としては、❶ビ・バップのようにコード進行に乗せた、あるいはコード分解によるアドリブ展開は基本的に同じ、❷ソロ演奏によるメロディアスに洗練された演奏スタイル、が挙げられるが、反面、ビ・バップに比べて融通性のないメロディーやフレーズに陥りやすいという弱点を持っている。

クール・ストラッティン／
ソニー・クラーク
[p.16]

モード・ジャズ
Modal Jazz

コード進行の制約から逃れ、ソロ演奏の自由度が増す

モード・ジャズとは、コード進行よりモード（旋法）を用いて演奏されるジャズのことで、1950 年代半ばあたりから脱ビ・バップとして試みられた、コードによらず音階によりメロディーを組み立てて演奏するジャズ、つまりは演奏法のことを指す。

ビ・バップではコード進行やコード分解に基づくソロ、アドリブが、ハード・バップでは、メロディーが洗練された反面、コードに基づくひとつの音階のうち元のフレーズから外れた音は使えないという状況が出て制限が生まれた。こうした考え、制約を改め、コード進行を主体とせずモードに基づく旋律による進行に変更したのがモード・ジャズで、この結果、ソロ演奏では飛躍的に自由度が増し、メロディーの選択肢も豊かになった。

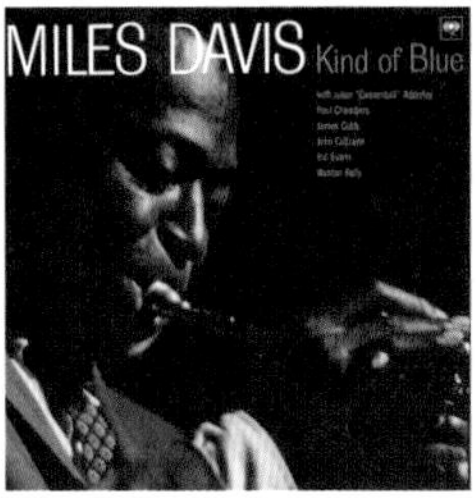

カインド・オブ・ブルー＋1／
マイルス・デイヴィス
[p.15]

ファンキー・ジャズ
Funky Jazz

土臭くて、黒っぽくて、
ブルースやゴスペルの要素が特徴的

ファンキー・ジャズは、別名ソウル・ジャズとも呼ばれ、1950 年代後半から 1960 年代前半にかけて流行したスタイルで、「土臭い」感覚や「黒っぽさ」を強調したジャズを指す。

具体的には、ブルースのフィーリングを強調し、ゴスペル（福音音楽とも言われる、アメリカ発祥の音楽）の要素も加わった演奏形態のことで、❶黒人ジャズ的な要素が強く、ビ・バップやハード・バップに共通した要素、❷コードを分解し旋律を再構成する際に“五音階”（1 オクターブに五つの音が含まれる音階のことで、日本でいえば民謡や琉球音楽が五音階）や黒人音楽を意識したスケールを意図的に用いる表現が特徴である

モーニン／
アート・ブレイキー&
ザ・ジャズ・メッセンジャーズ
[p.79]

フリー・ジャズ
Free Jazz

約束事に縛られない
“自由” を備えた革新的な演奏スタイル

ゴールデン・サークルの
オーネット・コールマン Vol1 ＋3／
オーネット・コールマン

フリー・ジャズは 1950 年代末に登場し 1960 年代に隆盛となった演奏スタイルのこと。ビ・バップから続く演奏形態を否定し、革新的な試みをした新しいジャンルで、何らかの約束事から自由になりたい革新的な演奏法で、ある意味で “ジャズにおける表現の自由” ともいえ、次の 3 つの “フリー” が特徴である。

ひとつは、音階 (キー) からの自由。次にコードあるいはコード進行からの自由、もしくはハーモニーからの自由。最後にリズム (衝動) からの自由である。具体的には、ピアノの鍵盤を叩くように弾く “パーカッシブ奏法” やサックスの “フリーキートーン” などが挙げられるが、好悪が激しく初心者にはとっつき難いスタイルである。

フュージョン
Fusion

さまざまな音楽が融合(フュージョン)した
脱ジャズ的ジャズ

ビッチェズ・ブリュー／
マイルス・デイヴィス
[p.36]

フュージョンは、1960 年代後半から 1970 年代初頭に発生した、ジャズを基調にロックやラテン、電子 (エレクトリック) 音楽、さらにはクラシックなど異なる音楽を融合したもので、“ジャズの既成概念に当てはまらないジャズ” ということができる。

具体的には、❶ジャズは基本的には 4 ビートだが、対してフュージョンは 8 ビート、16 ビートが基調、❷シンセサイザーやエレクトリック・ピアノなど電子楽器を使用、❸パーカッションやコンがなどの打楽器を使用しているなど、従来のジャズには見られない特徴を備えている。またフュージョンの出現は、大衆音楽→娯楽音楽→芸術音楽へと変化したジャズの流れを新しい時代に相応しい大衆音楽へと引き戻した “脱ジャズのジャズ” ともいえる。

時代を、演奏スタイルを超えたところに魅力が宿る

1940 年代後半、モダン・ジャズの起源ともいえるビ・バップは、当時、人気のあった大衆性や娯楽性の高いダンス音楽的要素の強いスウィング・ジャズに飽き足らないミュージシャンたちが、仕事が終わってから夜な夜な集まって演奏したのが始まりだといわれている。
以後、さまざまな演奏スタイルが登場することになるのだが、ビ・バップが新しい演奏スタイルの基点になっているとも考えられる。

音楽に限らず、ある事象の登場は広く浸透する反面、その片側では「アンチ」が芽生える。ビ・バップに疑問をもったミュージシャンがクール・ジャズを生み出し、クール・ジャズを乗り越えハード・バップが生まれたように、常に新しい演奏スタイルを生み出してきた。こうした演奏方法の変遷は “無限ループ” でもあり、留まることはない。

ただ歴史を辿ると、必然的に “昔のジャズ” “いまのジャズ” と受け取られてしまうことがあるが、そうではない。
大雑把ではあるが、演奏スタイルを時代に沿って整理してみた。もっと細かな分類があるだろうし、異論があるかもしれない。ただ、時代を超え、理論に振り回されず、演奏スタイルとは関係なく、聴き手の琴線に触れるかどうかが、ジャズの真骨頂なのだ。

JAZZをとことん楽しむ本

—目次—

楽器略号表記例
tp＝トランペット
flh＝フリューゲル・ホーン
cor＝コルネット
ss＝ソプラノ・サックス
as＝アルト・サックス
ts＝テナー・サックス
bs＝バリトン・サックス
bcl＝バスクラリネット
tb＝トロンボーン
p＝ピアノ
vib＝ヴィブラフォン
g＝ギター
b＝ベース
el-b＝エレキ・ベース
ds＝ドラムス
vo＝ヴォーカル
per＝パーカッション
arr＝アレンジャー
cond＝指揮者

JAZZ史に輝く名盤10を聴く

ジャズの初レコーディングは1917年。それから100年を優に超える間に、数多のミュージシャンが満天に散りばめられた星のように、天文学的ともいえる多くのアルバムをリリースした。

ジャズをこよなく愛し、ジャズの歴史や知識を身につけ、膨大な数のアルバムを聴いている人が存在している反面、「ジャズを聴いてみたい」と思っても知識もなければ、どの作品を聴けばいいのかもわからないという人のほうが、実際のところ圧倒的に多いのも事実だ。ジャズを聴くのに知識も勉強も必要ない。まずは手始めに、ジャズの魅力に溢れた“名盤”として、多くのジャズファンに親しまれているアルバムを聴いてみよう。

★★★★★

サムシン・エルス Somethin' Eles

キャノンボール・アダレイ Cannonball Adderley

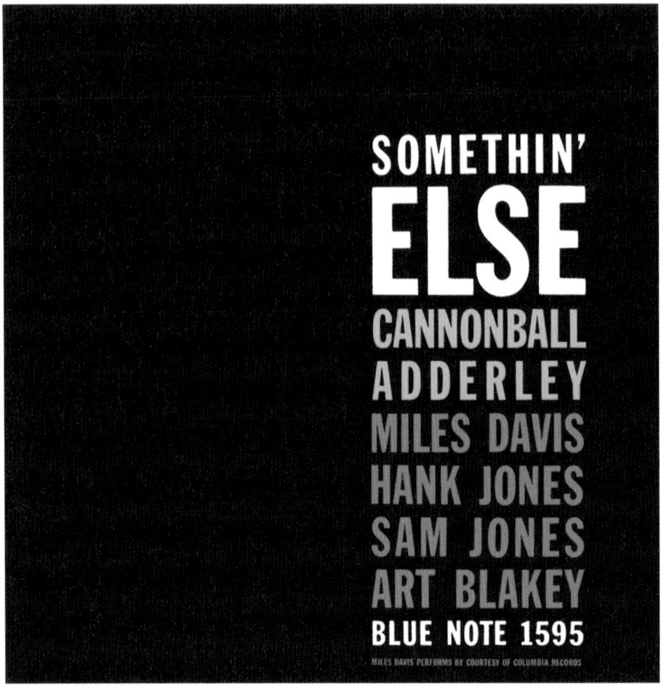

「枯葉」を聴くだけでも、十分に堪能できる名盤中の名盤

ジャズ史上、不朽の名盤、不滅の1枚といっても過言ではない。とくに冒頭の「枯葉」は、数ある「枯葉」(p.110)のなかでも最高峰に位置づけられる名演でもある。荘厳なイントロが終わりマイルス・デイヴィスのミュート・トランペットから主旋律の4つの音符が出てくる一瞬、思わず背筋がゾクゾク、鳥肌が立つような感覚すら覚える。

このアルバムは、契約上の関係でリーダー名義がキャノンボール・アダレイになっているが、実質的にはマイルスがリーダーだといえる。

マイルスのソロ、自由奔放なキャノンボール、ハンク・ジョーンズの格調高いピアノ、ちょっと大人しいアート・ブレイキー、重厚なサウンドのサム・ジョーンズのベースなどリズム・セクションも手練れた腕達者ぞろい。

全曲素晴らしいが、極端にいえば、「枯葉」を聴くためだけに買っても後悔することはないし、「ジャズを聴いてみたい」と思ったら、迷うことなく手に入れたいアルバムだ。

【収録曲】
1 枯葉(Autumn Leaves)/
2 ラヴ・フォー・セール(Love For Sale)/
3 サムシング・エルス(Somethin' Eles)/
4 ワン・フォー・ダディー・オー(One For Daddy-O)/
5 ダンシング・イン・ザ・ダーク(Dancing In The Dark)
【録音】1958年3月9日
【Personnel】
マイルス・デイヴィス(tp)/キャノンボール・アダレイ(as)/ハンク・ジョーンズ(p)/サム・ジョーンズ(b)/アート・ブレイキー(ds)
●ユニバーサルミュージック/UCCU-99001

☆☆☆☆☆

ワルツ・フォー・デビィ+4 Waltz For Debby

ビル・エヴァンス Bill Evanse

2歳の幼女Debbyがワルツに合わせて弾むように踊る姿が目に浮かぶ

“ピアノの詩人”と称されるビル・エヴァンスが残した圧倒的人気のピアノトリオの名盤だ。“ピアノ・トリオとはどういうものか”が端的にわかるアルバムで、ジャズを初めて聴く人にとっては親しみやすく入りやすいアルバムでもある。

一音一音を噛みしめるように、祈るように弾くエヴァンス。彼に寄り添うようにサポートするスコット・ラファロのベース（録音の11日後、交通事故で亡くなった）。確実にリズムを刻むポール・モチアンのドラムス。3人が織りなすドラマティックな演奏に、思わず引き込まれてしまう。

2曲目の「ワルツ・フォー・デビィ」は、当時2歳だったエヴァンスの姪（デビィ）のために作ったワルツだが、口ずさむような、弾むような、明るい雰囲気の演奏が心地良い。

ちなみにこのアルバムは、ニューヨークの名門ジャズクラブ・ヴィレッジ・ヴァンガードで録音されたものだが、騒めいた店内の雰囲気のなかで奇跡のような輝きを放っている。

[収録曲]
1 マイ・フーリッシュ・ハート（My Foolish Heart）／2 ワルツ・フォー・デビィ[テイク2]（Waltz For Debby[Take2]）／
3 デトゥアー・アヘッド[テイク2]（Detour Ahead[Take2]）／4 マイ・ロマンス[テイク1]（My Romance[Take1]）／
5 サム・アザー・タイム（Some Other Time）／6 マイルストーンズ（Milestones）／
7 ワルツ・フォー・デビィ[テイク1]（Waltz For Debby[Take1]）／8 デトゥアー・アヘッド[テイク1]（Detour Ahead[Take1]）／
9 マイ・ロマンス[テイク2]（My Romance[Take2]）／10 ポーギー[アイ・ラブズ・ユー・ポーギー]（Porgy[I Loves You,Porgy]）
[録音]1961年6月25日
[Personnel]
ビル・エヴァンス (p)／スコット・ラファロ (b)／ポール・モチアン (ds)
●ユニバーサルミュージック／UCCO-99001

★★★★★

サキソフォン・コロッサス Saxophone Colossus

ソニー・ロリンズ Sonny Rollins

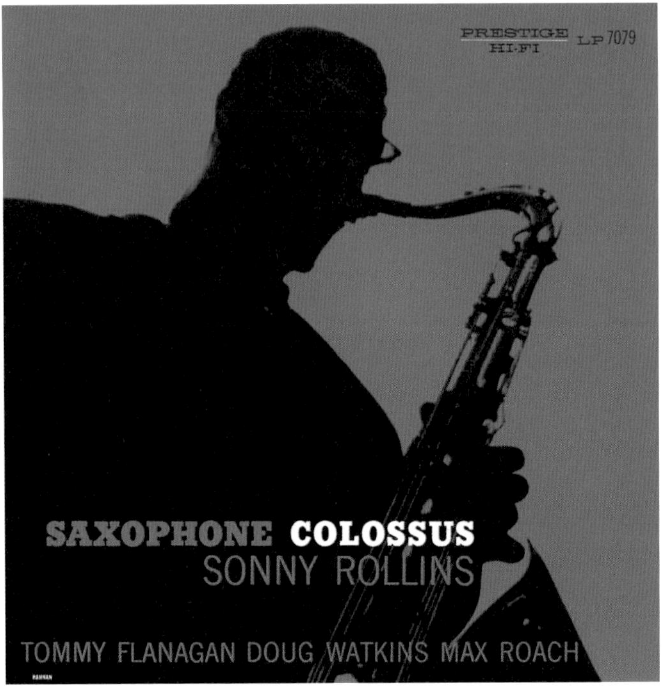

軽やかで明るい「セント・トーマス」は聴いていて楽しい

ジャズ史に名を遺した“Giants”と呼ばれるひとり、いまなお健在、92歳（2022年11月現在）にして活躍しているソニー・ロリンズの名声を決定づけ、“サキコロ”という呼び方で知られている名盤。

彼の個性でもある豪放なトーン、歌心溢れるアドリブ、温かみのある、おおらかな演奏が充分に発揮された傑作で、彼のアルバムのなかでも「初めてのロリンズ盤」として、スンナリ入っていけるアルバムだ。

軽やかなカリプソのリズムが生かされ明るさに溢れた「セント・トーマス」。アルバム中唯一のバラード曲「ユー・ドント・ノウ・ホワット・ラヴ・イズ」。歌詞がつくと「マック・ザ・ナイフ」と名を変える「モリタート」。ワン・ホーン・ジャズの醍醐味が詰まった「ブルー・セブン」など、録音から60年以上を経たいまでも輝きを失うことのないジャズ史に残る名盤だ。朗々と吹くロリンズもいいが、マックス・ローチのドラムソロも聴きごたえがある。

【収録曲】
1 セント・トーマス（St. Thomas）／
2 ユー・ドント・ノウ・ホワット・ラヴ・イズ（You Don't Know What Love Is）／
3 ストロード・ロード（STRODE RODE）／
4 モリタート（Moritat）／
5 ブルー・セブン（Blue7）
【録音】1956年6月22日
【Personnel】
ソニー・ロリンズ（ts）／トミー・フラナガン（p）／ダグ・ワトキンス（b）／マックス・ローチ（ds）
●ユニバーサルミュージック／UCCO-99002

☆☆☆☆☆

カインド・オブ・ブルー+1 Kind Of Blue

マイルス・デイヴィス Miles Davis

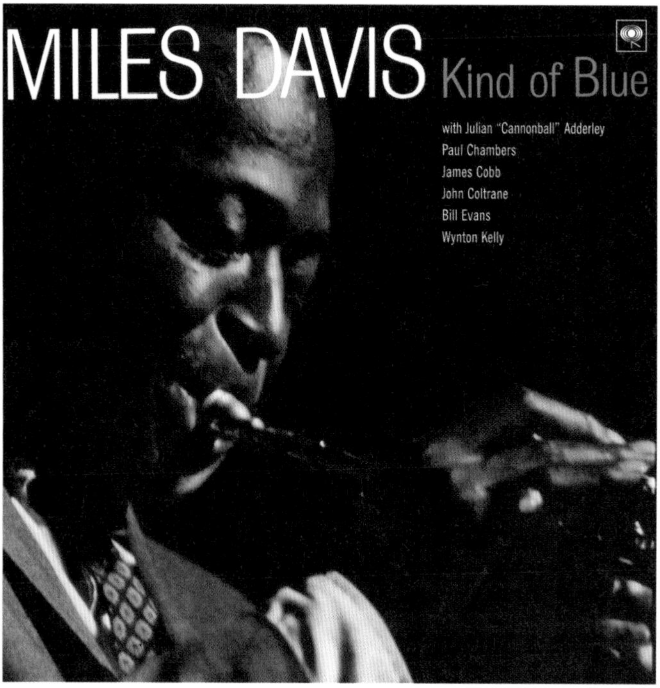

「墨絵のような」と称された静かな流れが、新しい時代の到来を告げている

1959年の発売以来、高く評価され続け、ジャズ初心者が最初に選ぶ1枚として当然ともいえる魅力を備えたアルバムだ。

こうした高い評価を支えている要因に、マイルスにも引けを取らない、当時の有名なミュージシャン〜ピアノのビル・エヴァンス、サックスのジョン・コルトレーン〜が参加していることと、(ちょっと専門的になるが)コード進行に沿って即興演奏を展開する手法から、モード(音階)に基づいてソロを吹く、後の「モード・ジャズ」という手法を開拓したことがあげられる。

各曲の演奏時間が9分から11分と長く、なんとなく似ているようで全編を通して物静かな流れのような展開が印象的で、ゆったりとした気分に襲われる。メンバーのひとりビル・エヴァンスは「墨絵のような枯淡の味わいと静粛さ」と讃えている。

1960年代のジャズの方向性に指標を与えた“エポック・メイキング”的存在の名盤だ。

[収録曲]
1 ソー・ホワット(So What)／2 フレディ・フリーローダー(Freddie Freeloader)／
3 ブルー・イン・グリーン(Blue In Green)／4 オール・ブルース(All Blues)／
5 フラメンコ・スケッチ(Flamenco Sketches)／
6 フラメンコ・スケッチ[オルティメイト・テイク](Flamenco Sketches[Altermate take])
[録音] 1959年3月2日、4月22日
[Personnel]
マイルス・デイヴィス(tp)／ジョン・コルトレーン(ts)／キャノンボール・アダレイ(as)／
ビル・エヴァンス(p)／ウィントン・ケリー(p)／ポール・チェンバース(b)／ジミー・コブ(ds)
●ソニーミュージック／SICP-30216

★★★★★

クール・ストラッティン Cool Struttin'

ソニー・クラーク Sonny Clark

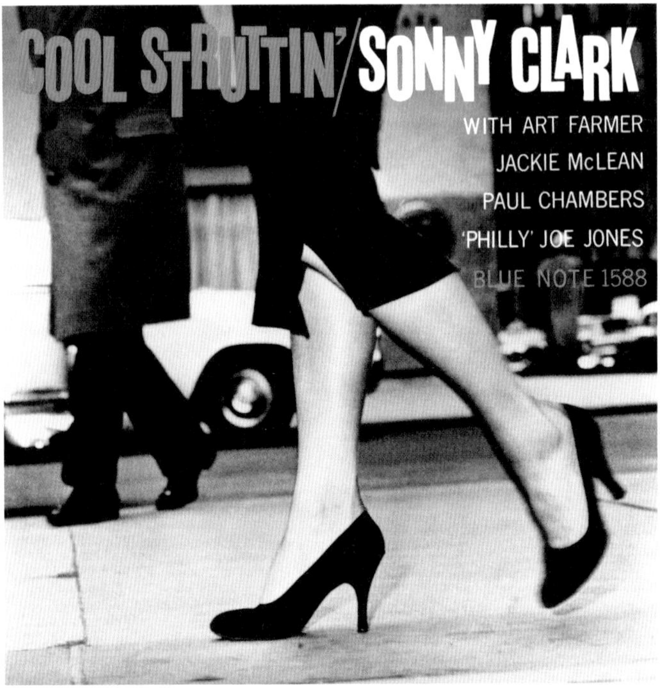

名盤であると同時に、惚れ惚れするようなジャケットが、まさに"JAZZ"だ

本国・アメリカより日本で高く評価された、ソニー・クラークの代表的なアルバムだ。

タイトル曲を筆頭に哀愁的なメロディが詰まって、聴いていて気持ちが良い。ラテンリズムに変化するサビが聴きどころでもある「ブルー・マイナー」。哀愁的なメロディ展開にアート・ファーマーのトランペット覆いかぶさってくるダイナミックな「ディープ・ナイト」。ソニー独特の粘っこいピアノタッチ。ジャッキー・マクリーンが吹くアルトサックスの熱っぽい演奏とアート・ファーマーの抑制の利いたトランペットの演奏が全体を引き締め、管楽器奏者の組み合わせが、とても効果的だ。

また、ジャズのレコードジャケットの中には、惚れ惚れするようなデザインで「格好いい!」ものが多いが、この『クール・ストラッティン』ほど"JAZZ"を感じさせるジャケットはないだろう。タイトルを意訳すると"イカした歩き方"というそうだ。

【収録曲】
1 クール・ストラッティン(Cool Struttin')／
2 ブルー・マイナー(Blue Minor)／
3 シッピン・アット・ベルズ(Sippin' at Bells)／
4 ディープ・ナイト(Deep Night)
【録音】1958年1月5日
【Personnel】
ソニー・クラーク(p)／ジャッキー・マクリーン(as)／アート・ファーマー(tp)／
ポール・チェンバース(b)／フィリー・ジョー・ジョーンズ(ds)
●ユニバーサルミュージック／UCCU-99006

★★★★★

バードランドの夜 Vol.1　A Night At Birdland Vol.1

アート・ブレイキー Art Blakey

演奏はもちろん、ライブならではの臨場感、雰囲気が伝わってくる

チャーリー・パーカーの偉業を讃え開店したジャズクラブ・バードランド。ここでのライブ録音がハードバップ（p.6）の誕生とザ・ジャズ・メッセンジャーズ結成へと繋がる歴史的な意味を持つ伝説的ライブ盤。

当時（1954年）、注目を浴びていた若きトランペッター、クリフォード・ブラウンをフューチャーし、誰が聴いても“ジャズって、いい！”と思わせる名演、名盤だ。

名司会者ピー・ウィー・マーケットのイントロに続き「スピリット・キック」から始まり各メンバーが高水準な演奏を展開。

なかでも「この曲を聴くためにだけ買ってもいい」といわれるクリフォード・ブラウンの冴えわたる演奏が絶品の「ワンス・イン・ア・ホワイル」など聴きどころも多い。また、同日に録音されたVol.2（UCCU-99172）も、ぜひ聴いてほしいアルバムだ。

[収録曲]
1 イントロデューシング by ピー・ウィー・マーケット(Introduction Pee Wee \Marquette)／
2 スプリット・キック(Split Kick)／
3 ワンス・イン・ナ・ホワイル(Once in a While)／
4 クイックシルヴァー(Quicksilver)／
5 チュニジアの夜(A Night in Tunisia)／6 メイリー(Mayreh)
[収録]1954年2月21日

[Personnel]
アート・ブレイキー(ds)／クリフォード・ブラウン(tp)／ルー・ドナルドソン(as)／カーリー・ラッセル(b)／ホレス・シルヴァー(p)
●ユニバーサルミュージック／UCCU-99171

☆☆☆☆☆

バラード Ballads

ジョン・コルトレーン John Coltrane

情感溢れるバラード曲が、緩やかに穏やかに心に染み入ってくる

ジョン・コルトレーンの演奏スタイルは“音を敷き詰めたような”という意味で“シーツ・オブ・サウンド”と称されている。しかしこのアルバムは、こうした代名詞とはまったく違い、スタンダード曲をゆったりとした“コルトレーン風”に吹いている。

全編心に染み入るような情感溢れるバラード集で、聴いていると心が和む。ひと言で形容すると、“テナーサックスで歌いあげる”とでもいうか、コルトレーンの優しさが詰まっている。冒頭の「セイ・イット」、「ユー・ドント・ノウ・ホワット・ラヴ・イズ」や「ホワッツ・ニュー」など、緩やかに、穏やかにメロディックに歌いあげている。コルトレーンはその後1960年代、「フリー・ジャズ」といわれる内面に潜む激情を解き放つような厳しいジャズを演奏するようになるが、彼の歌心が味わえ、堪能できる1枚だ。

ジョン・コルトレーンの黄金カルテットによる究極のバラード・アルバム。

【収録曲】
1 セイ・イット(Say It)／
2 ユー・ドント・ノウ・ホワット・ラヴ・イズ(You Don't Know What Love Is)／
3 トゥー・ヤング・トゥ・ゴー・ステディ(Too Young To Go Steady)／
4 オール・オア・ナッシング・アット・オール(All or Nothing at All)／
5 アイ・ウィッシュ・アイ・ニュー(I Wish I Knew)／
6 ホワッツ・ニュー(What's New)／
7 イッツ・イージー・トゥー・リメンバー(It's Easy To Remember)／8 ナンシー(Nancy)
【録音】 1961年12月21日、1962年9月18日、11月13日
【Personnel】
ジョン・コルトレーン(ts)／マッコイ・タイナー(p)／ジミー・ギャリソン(b)／レジー・ワークマン(b)／エルヴィン・ジョーンズ(ds)
●ユニバーサルミュージック／UCCU-99002

★★★★★

スタディ・イン・ブラウン Study In Brown

クリフォード・ブラウン Clifford Brown

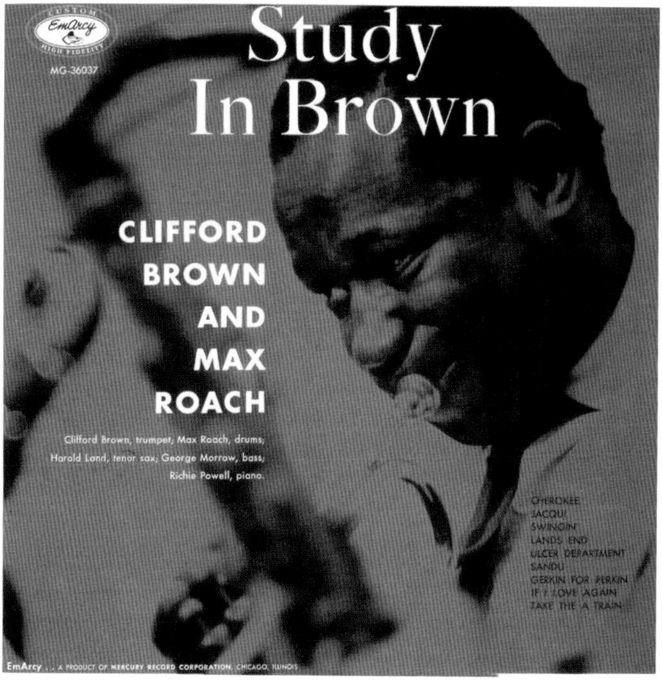

クリフォード・ブラウンの演奏、音色が、ジャズの知識に関係なく心に響く

25歳で夭逝した天才的トランペッター、クリフォード・ブラウン（通称“ブラウニー”）とドラムの教科書のような音楽性豊かなマックス・ローチとの双頭クインテットによる名盤。

同じ楽器でも奏者によって音色が違うのがジャズの面白さだが、ブラウニーが吹くトランペットの音色は“キンキン、カンカン”とした金属的な音ではなく、どこか温かみのある柔らかさに満ち、全曲、フレーズの分かりやすさ、親しみやすさが特徴だ。

ブラウニーのソロ、ローチのドラミングは絶妙で、「チェロキー」、ブラウニー作曲のブルース「サンデュ」、定番の「A列車で行こう」まで、ハードバップの魅力を余すところなく聴かせてくれる。ジャズに詳しい、詳しくないに関係なく、心に響く1枚だ。

本作録音の1年後、交通事故のため25歳の若さで世を去ったが、ブラウニーが遺した名演の数々は、いまも色褪せることなく輝き続け、ジャズ・ファンの心を捉えて離さない。

【収録曲】
1 チェロキー（Cherokee）／2 ジャッキー（Jacqui）／
3 スウィンギン（Swingin'）／4 ランズ・エンド（Lands End）／
5 ジョージズ・ジレンマ（George's Dilemma）／6 サンデュ（Sandu）／
7 ガーキン・フォー・パーキン（Gerkin for Perkin）／8 イフ・アイ・ラヴ・アゲイン（If I Love Again）／
9 A列車で行こう（Take The A Train）
【録音】 1955年2月23〜25日
[Personnel]
クリフォード・ブラウン（tp）／ハロルド・ランド（ts）／リッチー・パウエル（p）／ジョージ・モロー（b）／マックス・ローチ（ds）
●ユニバーサルミュージック／UCCU-99045

★★★★★

アート・ペッパー・ミーツ・ザ・リズムセクション＋1 Art Pepper Meets The Rhythm Section＋1

アート・ペッパー Art Pepper

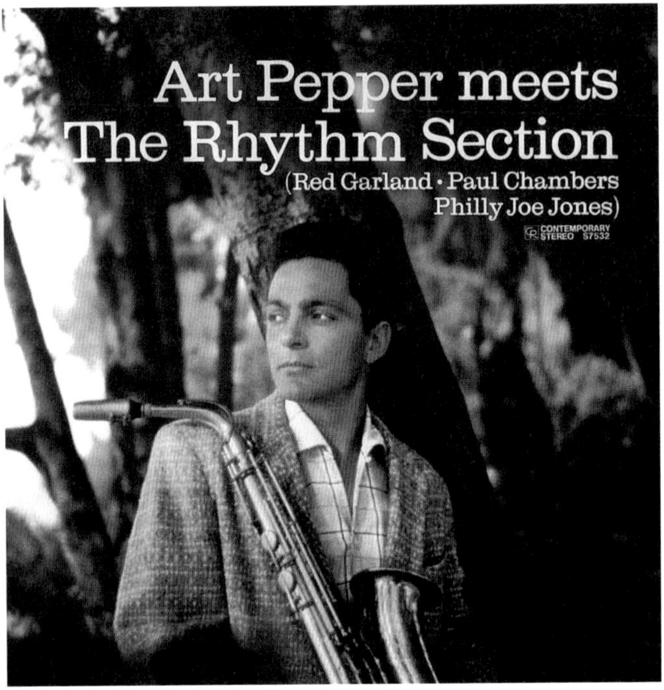

「ユード・ビー・ソー・〜」は絶品。東海岸と西海岸の雄が出会った名セッション

東西の代表が火花を散らしたプレイが聴ける1枚。西海岸で活躍していたアート・ペッパーと東海岸で活躍していたマイルス・デイヴィスの黄金のリズムセクション、レッド・ガーランド、ポール・チェンバース、フィリー・ジョー・ジョーンズの3名が顔を合わせた、まさに“一期一会”の名セッションである。

一説によるとペッパーは、録音日の朝、大量のクスリ（麻薬）を打ったとのことだが、そうした状況でありながら、躍動感に溢れ、流れるようなフレーズや美しい響きなど冴えわたった演奏で、ペッパーを堪能することができる名盤だ。

冒頭、定番中の定番、「ユード・ビー・ソー・ナイス・トゥ・カム・ホーム・トゥ」をはじめ、ペッパーの天才的ともいえるアドリブ、スリリングなソロが聴きどころだ。西海岸を代表するひとり、ペッパーを聴いてみたいという人には、おススメしたい1枚だ。

【収録曲】
1 ユード・ビー・ソー・ナイス・トゥ・カム・ホーム・トゥ（You'd Be So Nice to Come Home To）／
2 レッド・ペッパー・ブルース（Red Pepper Blues）／3 イマジネーション（Imagination）／
4 ワルツ・ミー・ブルース（Waltz Me Blues）／5 ストレート・ライフ（Straight Life）／6 ジャズ・ミー・ブルース（Jazz Me Blues）／
7 ティン・ティン・デオ（Tin Tin Deo）／8 スター・アイズ（Star Eyes）／9 バークス・ワークス（Birks Works）／
10 ザ・マン・アイ・ラブ[ボーナス・トラック]（The Man I Love[Bounus Track]）
【録音】 1957年1月19日
[Personnel]
アート・ペッパー（as）／レッド・ガーランド（p）／ポール・チェンバース（b）／フィリー・ジョー・ジョーンズ（ds）
●ユニバーサルミュージック／UCCO-99004

★★★★★

フル・ハウス+3 Full House

ウェス・モンゴメリー Wes Montgomery

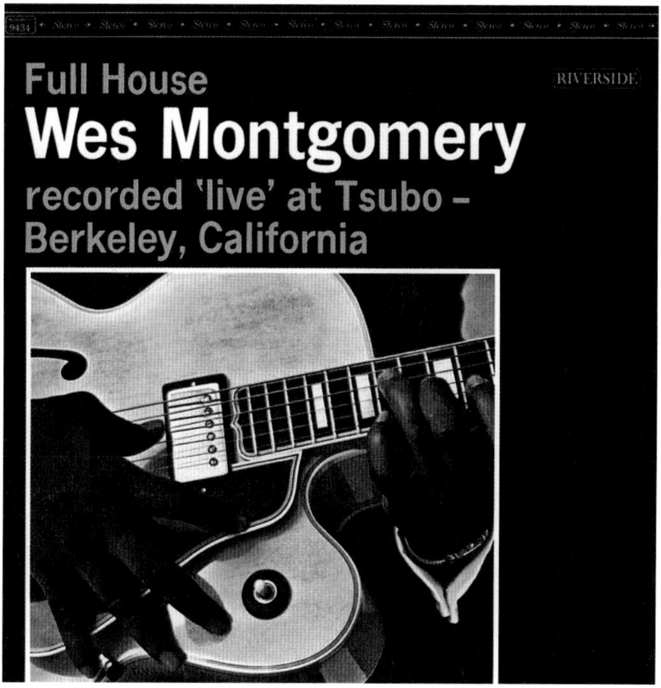

独特な演奏法で、温かみのある柔らかい音色がなんとも心地良い

ピックを使わない独特の弾き方でジャズ・ギターの可能性を広げたと評価されるウェス・モンゴメリー。

“オクターブ奏法(1オクターブ離れた2つの音を同時にならしてメロディラインを演奏する奏法)”という画期的、超絶的なテクニックで知られるウェスの代表作でありジャズ・ギターの名盤で、ジャズ・ギターの魅力を味わうのに適したアルバムだ。

ピックを使わないためか、ウェスが奏でる音色は柔らかい印象。3拍子を基調にした冒頭の「フル・ハウス」から全編、温かみのある鮮やかな音色、ジョニー・グリフィンとの掛け合い、ウィントン・ケリーのはじけるようなピアノも心地良く、メンバーとの一体感、完成度の高い演奏が堪能できる。

カルフォルニアの“ツボ”というジャズ・クラブでのライブ録音だが、ノリの良い演奏に聴衆の反応が加味され、一体感溢れる雰囲気が聴きとれて暖かい心境になれる1枚だ。

[収録曲]
1 フル・ハウス(Full House)/2 アイヴ・グロウン・アカスタムド・トゥ・ハー・フェイス(I've Grown Accustomed to Her Face)/
3 ブルーン・ブギ(Blue 'N' Boogie)/4 キャリバ(Cariba)/
5 降っても晴れても(Come Rain or Come Shine [Take2])/6 S.O.S.(S.O.S. [Take3])/
7 降っても晴れても(Come Rain or Come Shine [Take1])8 S.O.S.(S.O.S. [Take2])/
9 ボーン・トゥ・ビー・ブルー(Born to Be Blue)
[録音] 1962年6月25日
[Personnel]
ウェス・モンゴメリー(g)/ジョニー・グリフィン(ts)/ウィントン・ケリー(p)/ポール・チェンバース(b)/ジミー・コブ(ds)
●ユニバーサルミュージック/UCCO-99007

少人数編成から大人数編成まで多彩な演奏スタイルがある

演奏スタイルの違いが織りなす、ジャズの魅力

ジャズ演奏には決まった人数というものはない。大雑把にいうと少人数で演奏されるユニット（ジャズ・コンボ）と 20 人前後の大所帯編成によるビッグ・バンド（Big Band）の２通りで、ジャズ・コンボの場合はおおむね 3 通りの編成パターンがある。

【ソロ（Solo）】

単純に「ひとり」ということ。ごくごく一部に「フルートの無伴奏ソロ」「ギターソロ」があるが、「ピアノソロ」がほとんど。

フェイシング・ユー／
キース・ジャレット
［p.95］

ピアノ・
インプロヴィゼーション VOL1
／チック・コリア［p.92］

【トリオ（Trio）】

クァルテット、クインテットのリズムセクション～ピアノ＋ベース＋ドラム～による「三人組」。はじめてジャズを聴くには聴きやすい曲が多い。

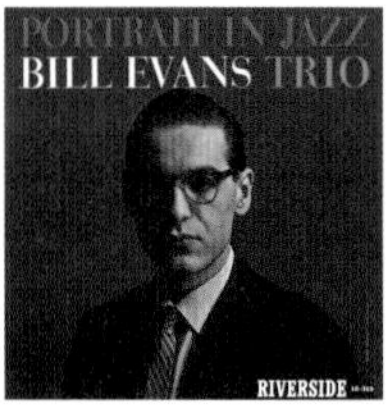

ポートレイト・イン・ジャズ
＋1／
ビル・エヴァンス［p.42］

ケニー・ドリュー・トリオ／
ケニー・ドリュー
［p.95］

【クァルテット（Quartet）】

ピアノ＋ベース＋ドラム＋α（トランペット、サキソフォーン、ヴァイヴなど）で構成された「四重奏」のこと。

サキソフォン・コロッサス／
ソニー・ロリンズ
［p.14］

マイ・フェイヴァリット・
シングス＋2／
ジョン・コルトレーン［p.51］

【クインテット（Quintet）】

「五重奏」のことで、トランペット＋サキソフォーン＋ピアノ＋ベース＋ドラムの構成がもっとも多い。

チュニジアの夜／
アート・ブレイキー＆
ザ・ジャズ・メッセンジャーズ［p.80］

リラクシン／
マイルス・デイヴィス
［p.28］

【ビッグ・バンド（Big Band）】

20 人前後でブラスセクション、フォーンセクション、リズムセクションなどの編成による形態でジャズ演奏するバンドのこと。

ベイシー・ビッグ・バンド／
カウント・ベイシー
［p.117］

ザ・ポピュラー・
デューク・エリントン／
デューク・エリントン［p.118］

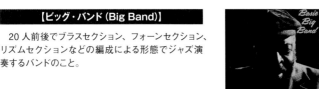

JAZZ史を彩る Jazz Giantsの足跡

160年を超えるジャズの歴史にあって、時代を飾ったプレイヤーの人数は、あまりに多すぎて把握できない。そうしたなかで、その時代その時代、新しい演奏スタイルや演奏手法を開拓、確立し、後世に影響を与えたプレイヤーたちがいる。人は彼らのことを畏敬の念を込めて“Jazz Giants”と呼ぶ。

彼らの名声は時空を超えて輝き続け、煌き続け、色褪せることはない。また、彼らが残した名曲の数々は、ジャズ・ファンにこよなく愛し続けられ、聴き続けられている。こうした「Jazz Giantsたちが遺した名盤」を聴いてみよう。

マイルス・デイヴィス（マイルス・デューイ・デイヴィス三世）

Miles Davis (Miles Dewey Davis III)

マイルスを聴くことは、ジャズの歩みを辿ることだ

生涯に約80タイトルのアルバムを遺し、〝ジャズの帝王〟と形容されたマイルス・デイヴィス。デビューから65歳で世を去るまで、ジャズ・シーンに遺した足跡を辿るとジャズの変貌がわかるといわれる。

15歳からセントルイスのジャズ・クラブで演奏活動を開始。18歳のときに、ある偶然からチャーリー・パーカー、ディジー・ガレスピーと共演したことがきっかけで本格的にジャズの世界へと進む。そして、ビ・バップからクール・ジャズ、ハード・バップ、モード・ジャズ、エレクトリック・ジャズ、フュージョン、ヒップ・ポップなど、次の時代を予見するかのような新しいスタイル、多様な音楽性を表現することで、常にジャズ・シーンを牽引し続けてきた。特にエポックな作品として次の三つが挙げられる。

ひとつは、編曲家のギル・エヴァンス、バリトン・サックス奏者のジェリー・マリガンとの出会いによって生まれた『クールの誕生』（p. 26）。チャーリー・パーカーやディジー・ガレスピーらによって生み出されたビ・バップとは対照的な音楽表現であり、新しい時代の到来を告げた作品である。

次の作品は、1968年にリリースされた『マイルス・イン・ザ・スカイ』（p. 31）。8ビートのリズムとエレクトリック楽器を初めて使用した作品で、アコースティック・ジャズからエレクトリック・フュージョンへ進化していく段階を聴くことができる。

最後は、『ビッチェズ・ブリュー』（p. 36）。全編16ビートを基調とし、単にエレクトリック楽器を使ったというだけではなく、ドラマーとパーカッションをそれぞれ二人起用することでリズムの面でも革命をもたらした音楽性や編成で、フュージョンと呼ばれるカテゴリーを確立した歴史的かつ革命的な作品として強烈なインパクトを与えた。

また、マイルスの音楽性は楽曲全体の構成に重きを置くスタイルで、無駄な音は出さない、使用しないという〝空間性〟に繋がっていき、ひとりのジャズ・トランペッターというより音楽プロデューサー的な役割が、作品、音楽性に強く表れているのも特徴である。

さらに、もうひとつ見逃せないのが、若手の登用。ウエイン・ショーター、チック・コリア、ハービー・ハンコックなど、〝マイルス門下生〟は数知れない。

このようにマイルスを中心軸に据えジャズ史を振り返ると、ジャズの変遷がわかる。すなわち、ジャズ史には、いまに伝わる名演など足跡を刻んだビッグ・ネームは数多く存在するが、歴史、変遷のすべての名を残したのは、マイルスをおいて他に存在しないのだ。

マイルスの人気は没後も研究本などの関連書籍が発刊されるほど不滅だ。機会と興味があれば、〝ジャズの帝王〟が遺したアルバムすべてを聴いてみてはどうだろう。

[Profile]
1926年5月26日―1991年9月28日。アメリカ合衆国イリノイ州オールトン出身。比較的裕福な家庭で育ったようで、13歳の誕生日にプレゼントされたトランペットとの出会いが、その後の運命を決定することになる。15歳からセントルイスのクラブで音楽活動を開始。亡くなるまで、常にジャズ界を牽引した“ジャズの帝王”。

★★★★★

クールの誕生

Birth Of The Cool

9人編成の大型コンボによるクール・ジャズ誕生の歴史的名盤

　後年、“帝王”と称されたマイルス・デイヴィス不朽の名作でクール・ジャズの礎を築いたジャズ史上に名を刻んだ傑作、クール・ジャズを打ち立てた歴史的名盤と評される。このアルバムで確立された音楽性は、その後のマイルスのジャズの基本となり、他のミュージシャンにも影響を与えたといわれる。

　本作品の特徴のひとつはテナー・サックスがなく、チューバやフレンチホルン、バリトン・サックスなどを加えた9人編成の大型コンボを率いての若きマイルス・デイヴィスによる演奏。ギル・エヴァンスら3人のアレンジャーによる緻密に計算された音楽は、それまでのビ・バップとは対照的な音楽表現であり、新しい時代の到来を告げた1枚だ。

　ちなみに、『マイルス・デイヴィス〜クールの誕生』という未公開映像や著名人のインタビューを交えたドキュメンタリー映画のDVDも発売されている。

［収録曲］
1 ムーヴ（Move）／2 ジェル（Jeru）／
3 ムーン・ドリームス（Moon Dreams）／4 ミロのヴィーナス（Venus de Milo）／
5 バドゥ（Budo）／6 デセプション（Deception）／
7 ゴッドチャイルド（Godchild）／8 バップリシティ（Boplicity）／
9 ロッカー（Rocker）／10 イスラエル（Israel）／11 ルージュ（Rouge）
［録音］ 1949年1月21日、4月22日、1950年3月9日
［Personnel］
マイルス・デイヴィス（tp）／カイ・ウィンディング（tb）／J.J.ジョンソン（tb）／リー・コニッツ（as）／
ジェリー・マリガン（bs、arr）／アル・ヘイグ（p）／ジョン・ルイス（p、arr）／ネルソン・ボイド（b）／
マックス・ローチ（ds）／ケニー・クラーク（ds）／ギル・エヴァンス（arr）
●ユニバーサルミュージック／UCCU-99024

☆☆☆☆☆

バグス・グルーヴ
Bags' Groove

若きマイルスが情熱的なソロを繰り広げるハード・バップ初期の名盤。1 ミルト・ジャクソン、セロニアス・モンク、ソニー・ロリンズらの、当時、東海岸を代表するメンバーによるものだ。冒頭のミルト・ジャクソン作曲による「バグス・グルーヴ」は、ベースとドラムスしか入れなかったマイルスのソロがすばらしいが、マイルスのバックでモンクがピアノを弾かなかったというエピソードを持つ有名な“クリスマス喧嘩セッション”。

[収録曲]
1 バグス・グルーヴ[テイク1](Bag's Groove[TAKE1])/2 バグス・グルーヴ[テイク2](Bag's Groove[TAKE2])/3 エアジン(Airegin)/
4 オレオ(Oleo)/5 バット・ノット・フォー・ミー[テイク2](But Not For Me[TAKE2])/6 ドキシー(Doxy)/
7 バット・ノット・フォー・ミー[テイク1](But Not For Me[TAKE1])
[録音] 1954年6月29日、12月24日
[Personnel]
マイルス・デイヴィス(tp)/ソニー・ロリンズ(ts)/ミルト・ジャクソン(vib)/セロニアス・モンク(p)/ホレス・シルヴァー(p)/
パーシー・ヒース(b)/ケニー・クラーク(ds)
●ユニバーサルミュージック/UCCO-99006

☆☆☆☆☆

マイルス・デイヴィス・オールスターズVol.1+3
Miles Davis Vol.1

モダン・ジャズの代表的レーベルとして知られている“Blue Note”。なかでも1500番台には名演が揃っているが(p.125)、その冒頭を飾る歴史的な1枚。「テンパス・フュージット」「ディア・オールド・ストックホルム」など名演揃いで、後に帝王と称されるマイルス初期の最高傑作。またビ・バップから来るべきハード・バップ黄金時代の夜明けを告げる記念碑ともいえる。Vol.2と併せて聴きたいアルバムだ。

[収録曲] 1 テンパス・フュージット(Tempus Fugit)/2 ケロ(Kelo)/3 エニグマ(Enigma)/4 レイズ・アイディア(Ray's Idea)/
5 ハウ・ディープ・イズ・ジ・オーシャン(How Deep is The Ocean)/6 C.T.A[別テイク](C.T.A[alt,take])/
7 ディア・オールド・ストックホルム(Dear Old Stockholm)/8 チャンス・イット(Chance It)/9 イエスタデイズ(Yesterdays)/
10 ドナ[別テイク](Donna[alt.take])/11 C.T.A(C.T.A)/12 ウディン・ユー[別テイク](Wouldn't You[alt.take])/
13 チャンス・イット[別テイク](Chance It[alt.take])/14 ケロ[別テイク](Kelo[alt.take])/15 エニグマ[別テイク](Enigma[alt.take])
[録音] 1952年5月9日, 1953年4月20日
[Personnel] マイルス・デイヴィス(tp)/J.J.ジョンソン(tb)/ジャッキー・マクリーン(as)/ジミー・ヒース(ts)/
ギル・コギンズ(p)/オスカー・ペティフォード(b)/パーシー・ヒース(b)/ケニー・クラーク(ds)/アート・ブレイキー(ds)
●ユニバーサルミュージック/UCCU-99159

マラソン・セッション4部作を聴く

Maraton Session Tetralogy

マイルスは1955年、ジョン・コルトレーン、レッド・ガーランド、ポール・チェンバース、フィリー・ジョー・ジョーンズとクインテットを結成。そしてプレスティッジ・レーベルからコロンビアに移籍するが、プレスティッジとの契約が残っていた。

そこで1956年5月11日と10月26日の2日間で、4枚分の収録をした。これが、後の世に伝わる“マラソン・セッション”4枚で、別名「プレスティッジ4部作」ともいわれるものだ。

☆☆☆☆ クッキン Cookin'

マラソン・セッションの代表作。センス溢れるピアノのイントロ、ミュート演奏が冴えわたり名演と評されている冒頭の「マイ・ファニー・ヴァレンタイン」。全編、緊張感に溢れた演奏が聴き手を引き込んでいく。

【収録曲】
1 マイ・ファニー・ヴァレンタイン(My Funny Valentine)／
2 ブルース・バイ・ファイヴ(Blues By Five)／3 エアジン(Airegin)／
4 チューン・アップ～ホエン・ライツ・アー・ロウ(Tune-Up～When Lights Are Low)
【録音】 1956年10月26日
●ユニバーサルミュージック／UCCO-99009

☆☆☆☆ リラクシン Relaxin

スタンダード、バラード、オリジナルの多彩な選曲と絶妙なミュート・プレイが聴き手を唸らせる名盤。よく聴くと、曲の間にスタジオ内での会話が録音されていて、その場の雰囲気が伝わってくるのも魅力だ。冒頭の入り方が美しい。

【収録曲】 1 イフ・アイ・ワー・ア・ベル(If I Were A Bell)／
2 ユーアー・マイ・エヴリシング(You're My Everything)／
3 アイ・クッド・ライト・ア・ブック(I Could Write A Book)／
4 オレオ(Oleo)／5 イット・クッド・ハプン・トゥ・ユー(It Could Happen To You)／
6 ウディン・ユー(Woody'n You)
【録音】 1956年5月11日、10月26日 ●ユニバーサルミュージック／UCCO-99016

☆☆☆☆ ワーキン Workin' With The Miles Davis Quintet

レッド・ガーランドのソロ、マイルスのミュート・プレイからスタートする冒頭の「イット・ネヴァー・エンタード・マイ・マインド」をはじめ、聴きどころ満載。力強い演奏、壊れてしまいそうなミュート演奏。マイルスの魅力が詰まっている。

【収録曲】 1 イット・ネヴァー・エンタード・マイ・マインド(It Never Entered My Mind)／
2 フォア(Four)／3 イン・ユア・オウン・スウィート・ウェイ(In Your Own Sweet Way)／
4 ザ・テーマ [テイク1](The Theme[Take1])／5 トレーンズ・ブルース(Trane's Blues)／
6 アーマッズ・ブルース(Ahmad's Blues)／7 ハーフ・ネルソン(Half Nelson)／
8 ザ・テーマ [テイク2](The Theme[Take2])
【録音】 1956年5月11日、10月26日 ●ユニバーサルミュージック／UCCO-99030

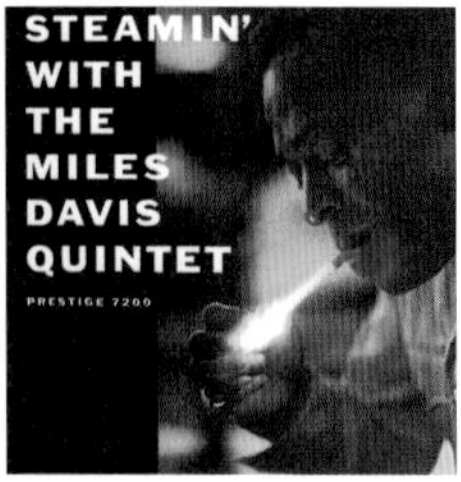

☆☆☆☆ スティーミン Steamin' With The Miles Davis Quintet

冒頭「飾りのついた四輪馬車」のミュート・プレイ、2曲目「ソルト・ピーナッツ」のスピード感溢れるプレイ。また、美しいバラードなど収録曲全体を通して緩急入り混じった展開で、聴いていて心の奥深くに余韻を残すような1枚だ。

【収録曲】 1 飾りのついた四輪馬車(Surrey With The Fringe On Top)／
2 ソルト・ピーナッツ(Salt Peanuts)／3 サムシング・アイ・ドリームド・ラスト・ナイト
(Something I Dreamed Last Night)／4 ダイアン(Diane)／
5 ウェル・ユー・ニードント(Well, You Needn't)／
6 ホエン・アイ・フォール・イン・ラヴ(When I Fall In Love)
【録音】 1956年5月11日、10月26日 ●ユニバーサルミュージック／UCCO-99044

[Personnel(共通)]
マイルス・デイヴィス(tp)／ジョン・コルトレーン(ts)／レッド・ガーランド(p)／ポール・チェンバース(b)／フィリー・ジョー・ジョーンズ(ds)

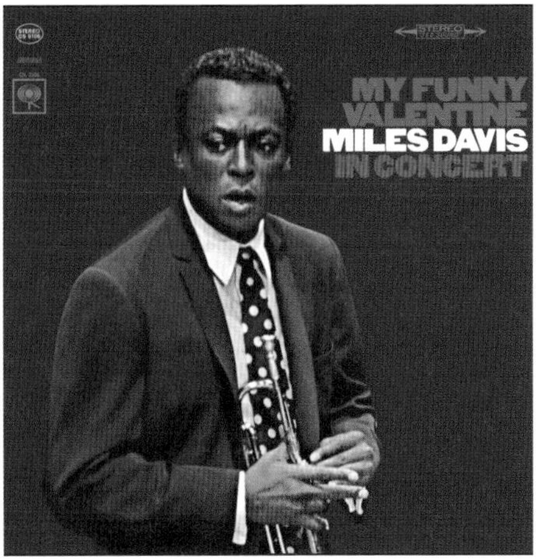

★★★★★

マイ・ファニー・ヴァレンタイン
My Funny Valentine

数あるマイルス作品のなかで1960年代前半の作品にはライブ録音が多い。この『マイ・ファニー・ヴァレンタイン』も同様で、リンカーン・センターのフィル・ハーモニック・ホールで録音されたもの（同日、『フォア・アンド・モア』（下）も録音されている）。「マイ・ファニー・ヴァレンタイン」「ステラ・バイ・スターライト」などスタンダード・バラードを丁寧に切々と吹き、聴くものたちを魅了してやまない名盤である。

【収録曲】
1 マイ・ファニー・ヴァレンタイン（My Funny Valentine）／2 オール・オブ・ユー（All of You）／
3 ステラ・バイ・スターライト（Stella by Starlight）／4 オール・ブルース（All Blues）／
5 アイ・ソート・アバウト・ユー（I Thought About You）
【録音】 1964年2月12日
[Personnel]
マイルス・デイヴィス（tp）／ジョージ・コールマン（ts）／ハービー・ハンコック（p）／ロン・カーター（b）／トニー・ウィリアムス（ds）
●ソニーミュージック／SICP-30219

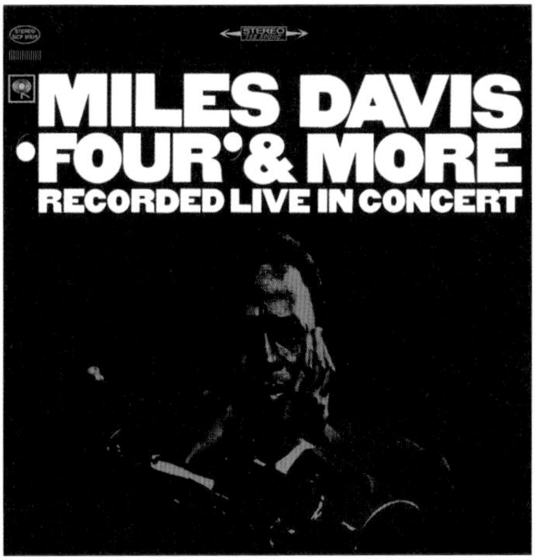

★★★★★

フォア・アンド・モア
Four & More

『マイ・ファニー・ヴァレンタイン』（上）と同日に録音されたライブ盤。『マイ・ファニー・ヴァレンタイン』がバラード中心でしっとり聴かせてくれるのに対し、こちらは、エネルギッシュでスピード感溢れるアップテンポの曲が多い。冒頭の「ソー・ホワット」は、『カインド・オブ・ブルー』（p.15）でも聴かれるが、こちらのほうがテンポが速く、聴き比べてみると面白い。『マイ・ファニー・ヴァレンタイン』とセットで聴いてみてどうだろう。

【収録曲】
1 ソー・ホワット（So What）／2 ウォーキン（Walkin'）／3 ジョシュア（Joshua）／
4 ゴー・ゴー［テーマ&アナウンスメント］（Go-Go[Theme and Announcement]）
5 フォア（Four）／6 セヴン・ステップス・トゥ・ヘヴン（Seven Steps To Heaven）／
7 ゼア・イズ・ノー・グレーター・ラブ～ゴー・ゴー（There Is No Greater Love / Go-Go）／
8 ゴー・ゴー［テーマ&アナウンスメント］（Go-Go[Theme and Announcement]）
【録音】 1964年2月12日
[Personnel] マイルス・デイヴィス（tp）／ジョージ・コールマン（ts）／ハービー・ハンコック（p）／ロン・カーター（b）／トニー・ウィリアムス（ds）
●ソニーミュージック／SICP-30220

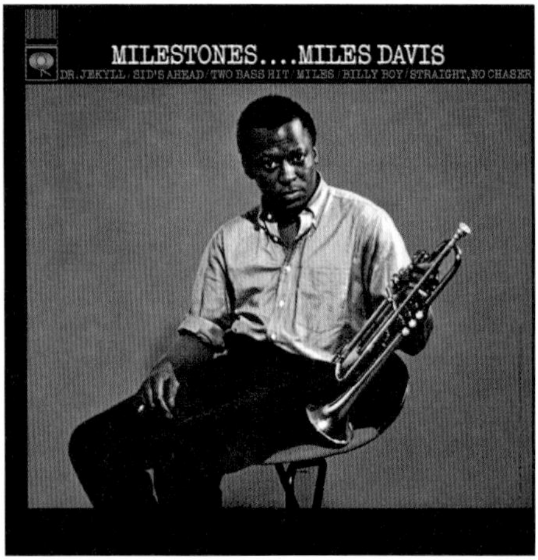

☆☆☆☆

マイルストーンズ+3

Milestones

キャノンボール・アダレイが参加したためか軽快でノリが良く、明るい印象の強いアルバムだ。なかでも4曲目の「マイルストーンズ」の躍動感溢れるイントロ部分はシンプルだけれども思わず身体が動いてしまうようなマイルスのトランペットや、ピアノトリオで演奏される。5曲目の「ビリー・ボーイ」など、非の打ち所のない、大迫力のサウンドが全編にわたって繰り広げられるアルバムで、聴いていると楽しくなってくる1枚だ。

【収録曲】
1 ドクター・ジャックル(Dr. Jackle)/2 シッズ・アヘッド(Sid's Ahead)/3 トゥー・ベース・ヒット(Two Bass Hit)/
4 マイルストーンズ(Milestones)/5 ビリー・ボーイ(Billy Boy)/6 ストレイト,ノー・チェイサー(Straight, No Chaser)/
7 トゥー・ベース・ヒット[別テイク](Two Bass Hit[Bonus Tracks])/8 マイルストーンズ[別テイク](Milestones[Bonus Tracks])/
9 ストレイト,ノー・チェイサー[別テイク](Straight, No Chase[Bonus Tracks])
【録音】 1959年2月4日、3月4日
【Personnel】 マイルス・デイヴィス(tp)/キャノンボール・アダレイ(as)/ジョン・コルトレーン(ts)/レッド・ガーランド(p)/
ポール・チェンバース(b)/フィリー・ジョー・ジョーンズ(ds)
●ソニーミュージック/SICP-10082

☆☆☆☆☆

ラウンド・アバウト・ミッドナイト +4

Round About Midnight

マイルス・デイヴィスのコロンビア移籍第一作。セロニアス・モンクの代表作「ラウンド・アバウト・ミッドナイト」に挑んだアルバムで、ミュート・トランペットの音色が特徴付けている。新人だったジョン・コルトレーンを起用、ハード・バップ・スタイルを築き上げた歴史的名盤だ。「オール・オブ・ユー」「バイ・バイ・ブラックバード」などお馴染みの曲など、これほどジャズを感じさせるアルバムは、他にはないだろう。

【収録曲】 1 ラウンド・ミッドナイト(Round Midnight)/2 アー・リュー・チャ(Ah-Leu-Cha)/3 オール・オブ・ユー(All Of You)/
4 バイ・バイ・ブラックバード(Bye Bye Blackbird)/5 タッズ・デライト(Tadd's Delight)/
6 ディア・オールド・ストックホルム(Dear Old Stockholm)/7 トゥー・ベース・ヒット[別テイク](Two Bass Hit[Bonus Tracks])/
8 リトル・メロネー [別テイク](Little Melonae[Bonus Tracks])/9 バッドオー[別テイク](Budo [Bonus Tracks])
10 スウィート・スー、ジャスト・ユー [別テイク]/(Sweet Sue, Just You[Bonus Tracks])
【録音】 1955年10月26日、1956年9月10日
【Personnel】
マイルス・デイヴィス(tp)/ジョン・コルトレーン(ts)/レッド・ガーランド(p)/ポール・チェンバース(b)/フィリー・ジョー・ジョーンズ(ds)
●ソニーミュージック/SICP-30211

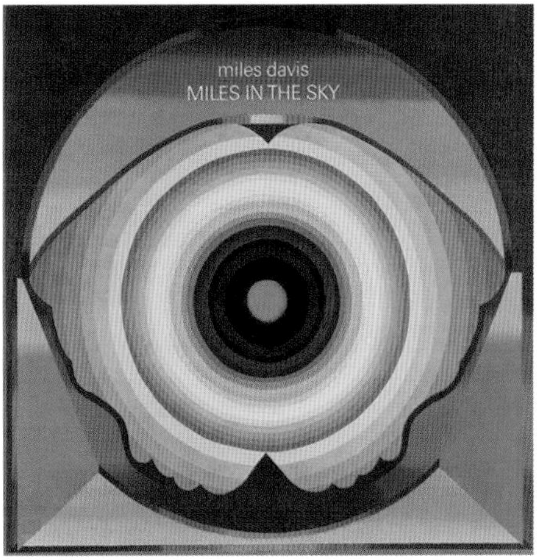

☆☆☆☆☆

マイルス・イン・ザ・スカイ+2

Miles in the Sky+2

マイルス・デイヴィスが初めてエレクトリック・ピアノとエレクトリック・ギターを使用した注目すべきアルバム。アコースティック・ジャズからエレクトリック・フュージョンへ進化していく段階を聴くことができる。冒頭の「スタッフ」は、このアルバムの後に続く『キリマンジャロの娘』を予感させる。「ブラック・コメディ」と「カントリー・サン」の2曲は、スタジオ録音におけるマイルスのアコースティック・ジャズへの最後の回帰でもある。

【収録曲】
1 スタッフ(Stuff)／2 パラフェルナリア(Paraphernalia)／3 ブラック・コメディ(Black Comedy)／
4 カントリー・サン(Country Son)／5 ブラック・コメディ[別テイク](Black Comedy[alt,take])／
6 カントリー・サン[別テイク](County Son[alt,take])
【録音】 1968年2月16日、5月15日、17日
【Personnel】
マイルス・デイヴィス(tp)／ウェイン・ショーター(ts)／ハービー・ハンコック(P、el-p)／ジョージ・ベンソン(g)／
ロン・カーター(b、el-b)／トニー・ウイリアムス(ds)
●ソニーミュージック／SICP-830

☆☆☆☆☆

スケッチ・オブ・スペイン+3

Sketches of Spain+3

スペインの情景を音楽でスケッチしてみせた一大ジャズ抒情詩。名アレンジャーとして名高いギル・エヴァンスとの共演による3作目で、黄金のコンビが創造した一大オーケストラ・サウンドが魅惑的だ。冒頭の「アランフェス協奏曲」は15分を超える大作。マイルスとギルの代表的な名演であり芸術と呼ぶに相応しい作品で、同曲の決定盤として親しまれている。また「アランフェス協奏曲」は、この演奏をきっかけとしてジャズ界に広まった。

【収録曲】 1 アランフェス協奏曲(Concierto De Aranjuez)／2 ウィル・オ・ザ・ウィスプ(Will'o The Wisp)／
3 ザ・パン・パイパー(The Pan Piper)／4 サエタ(Saeta)／5 ソレア(Solea)／6 ソング・オブ・アワー・カントリー(Song Of Our Country)／
7 アランフェス協奏曲[別テイク1](Concierto De Aranjuez[alt,take1])／
8 アランフェス協奏曲[別テイク2](Concierto De Aranjuez[alt,take2]) **【録音】** 1959年11月20日、1960年3月10日
【Personnel】 マイルス・デイヴィス(tp、flh)／ギル・エヴァンス(arr、cond)／バニー・グロウ(tp)／アーニー・ロイヤル(tp)／
ダフト・ジョーダン(tp)／ルイス・ムッチ(tp)／ジョニー・コールズ(tp)／フランク・レホーク(tb)／ディック・ヒクソン(tb)／ジミー・バフィントン(f-horm)／
ジョン・バローズ(f-horm)／アール・チェピン(f-horm)／「ジョー・シンガー(f-horm)／トニー・ミランダ(f-horm)／ヒル・バーバー(tub)／
エディ・ケイン(fl)／ハロルド・フェルドマン(fl)／ロメオ・ペンケ(fl)／アルバート・ブロック(cl)／ジャック・ニッツァー(bas)／ジャネット・パットナム(her)／
ダニー・バンク(bcl)／ポール・チェンバース(b)／ジミー・コブ(ds)／エルヴィン・ジョーンズ(perc) ●ソニーミュージック／SICJ-13

☆☆☆☆

サムデイ・
マイ・プリンス・ウィル・カム+2
SOMEDAY MY PRINCE WILL COME+2

1937年に上映されたディズニー・アニメ『白雪姫』の挿入歌「いつか王子様が（サムデイ・マイ・プリンス・ウィル・カム）」をはじめとするメロディアスなサウンドが繰り広げる人気アルバム。2曲目の「オールド・フォークス」や6曲目の「アイ・ソート・アバウト・ユー」でのマイルスのミュート・トランペットは円熟の域に達していて、とても楽しめるアルバムだ。ちなみにジョン・コルトレーンとの最後の共演を収めた1枚。

【収録曲】
1 いつか王子様が（Someday My Prince Will Come）／2 オールド・フォークス（Old Folks）／
3 プフランシング（Pfrancing）／4 ドラッド・ドッグ（Drad Dog）／5 テオ（Teo）／
6 アイ・ソート・アバウト・ユー（I Thought About You）／7 ブルースNo.2［ボーナス・トラック］（Blues No.2[Bonus Track]）／
8 いつか王子様が［別テイク］（Someday My Prince Will Come[alt,Take]）
【録音】 1961年3月7日、20日、21日
【Personnel】 マイルス・デイヴィス（tp）／ジョン・コルトレーン（ts）／ハンク・モブレー（ts）／
ウィントン・ケリー（p）／ポール・チェンバース（b）／ジミー・コブ（ds）／フィリー・ジョー・ジョーンズ（ds）
●ソニーミュージック／SICP-30218

☆☆☆☆

マイルス・イン・トーキョー
Miles In Tokyo

現在もなお語り草となっている1964年のマイルス・デイヴィス初来日公演を収録したアルバム。エリック・ドルフィーのような演奏を聴かせ、後にフリー・ジャズ界を牽引することになるサム・リヴァースが加わった唯一の作品として高い価値を持つ。バラード曲「マイ・ファニー・ヴァレンタイン」やお馴染みの「ウォーキン」など変貌を続けるマイルス・クインテットならではのパフォーマンスが網羅されている1枚。

【収録曲】
1 イントロダクション・バイ・テルオ・イソノ（Introduction By Teruo Isono）／2 イフ・アイ・ワー・ベル（If I Were A Bell）／
3 マイ・ファニー・ヴァレンタイン（My Funny Valentine）／4 ソー・ホワット（So What）／
5 ウォーキン（Walkin' ）／6 オール・オブ・ユー（All Of You）／
7 ゴー・ゴー（テーマ&アナウンスメント）（Go-Go[Theme&Announcement]）
【録音】 1964月7月14日
【Personnel】
マイルス・デイヴィス（tp）／サム・リヴァース（ts）／ハービー・ハンコック（p）／ロン・カーター（b）／トニー・ウィリアムス（ds）
●ソニーミュージック／SICP-4017

☆☆☆☆

イン・ア・サイレント・ウェイ
In A Silent Way

『キリマンジャロの娘』から参加したチック・コリアとデイブ・ホランド。後に"ウェザー・リポート"を結成するウェイン・ショーターとジョー・ザヴィヌル、マハヴィシュヌ・オーケストラを結成するジョン・マクラフリン。1970年代のフュージョン・シーンを担うプレイヤー達が一堂に会した作品。ジョー・ザヴィヌル作「イン・ア・サイレント・ウェイ」とマイルス作「イッツ・アバウト・ザット・タイム」のメドレーは秀逸。

[収録曲]
1 シュー/ピースフル(Shhh/Peaceful)/
2 イン・ア・サイレント・ウェイ/イッツ・アバウト・ザット・タイム (In A Silent Way/It's About That Time)
[録音] 1969年2月18日
[Personnel]
マイルス・デイヴィス(tp)/ウェイン・ショーター(ts)/ハービー・ハンコック(el-p)/チック・コリア(el-p)/
ジョー・ザヴィヌル(org)/ジョン・マクラフリン(g)/デイブ・ホランド(b)/トニー・ウィリアムス(ds)
●ソニーミュージック/SICP-30266

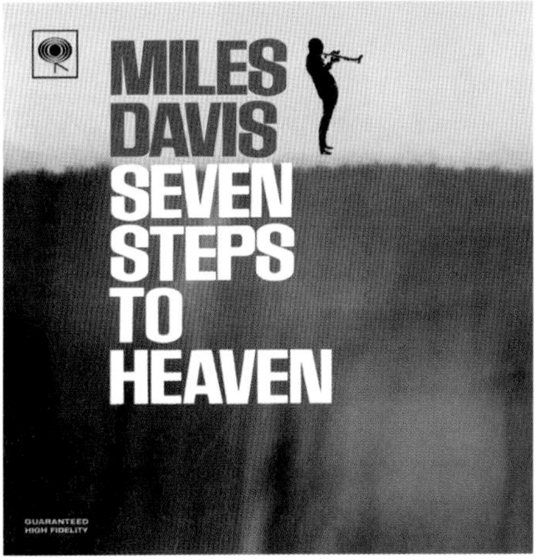

☆☆☆☆☆

セブン・ステップス・トゥ・ヘブン +2
SEVEN STEPS TO HEAVEN+2

新旧のメンバーが入り混じったマイルス・グループの過渡期を記録した作品。オープンでバリバリと威勢のいいソロを聴かせるマイルスとミュートを使った繊細な演奏を聴かせるマイルスが体験できる。また、ハービー・ハンコック、ロン・カーター、トニー・ウィリアムスが初めて顔を合わせた記念碑的アルバム。全曲ではなく2、4、6曲目の3曲で、ジョージ・コールマンを加えたクインテット演奏を披露。

[収録曲] 1 ベイズン・ストリート・ブルース(Basin Street Blues)/2 セヴン・ステップス・トゥ・ヘヴン(Seven Steps To Heaven)/
3 アイ・フォール・イン・ラヴ・トゥー・イージリィ(I Fall In Love Too Easily)/4 ソー・ニアー,ソー・ファー(So Near, So Far)/
5 家へおいでよ(Baby Won't You Please Come Home)/6 ジョシュア(Joshua)/
7 ソー・ニアー,ソー・ファー[ボーナス・トラック](So Near, So Far[Bonus Track])/
8 サマー・ナイト[ボーナス・トラック](Summer Night[Bonus Track])
[録音] 1963年4月、5月
[Personnel] マイルス・デイヴィス(tp)/ジョージ・コールマン(ts)/ハービー・ハンコック(p)/ヴィクター・フェルドマン(p)/
ロン・カーター(b)/トニー・ウィリアムス(ds)/フランク・バトラー(ds)
●ソニーミュージック/SICP-820

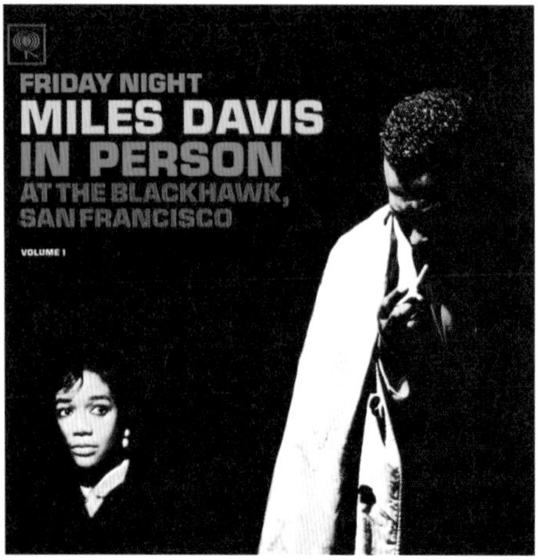

★★★★★

ブラック・ホークのマイルス・デイヴィスVol.1
Miles Davis in Person AT THE BLACKHAWK

ハンク・モブレーやウィントン・ケリーをしたがえたマイルス・デイヴィス・クインテットによるサンフランシスコのジャズ・クラブ“ブラック・ホーク”でのライブ盤。ウィントン・ケリーを中心とするリズム・セクションのグルーヴィーなスウィング、2曲目の「バイ・バイ・ブラックバード」、3曲目の「オール・オブ・ユー」でのマイルスは最高のミュート・プレイを披露している。翌日（4月22日）のライブを記録したVol.2もオススメ。

【収録曲】
1 ウォーキン（Walkin'）／2 バイ・バイ・ブラックバード（Bye Bye Blackbird）／
3 オール・オブ・ユー（All Of You）／4 ノー・ブルース（No Blues）／
5 バイ・バイ［テーマ］（Bye Bye [Theme]）／6 ラヴ、アイヴ・ファウンド・ユー（Love I've Found You）
【録音】 1961年4月21日
【Personnel】
マイルス・デイヴィス（tp）／ハンク・モブレー（ts）／ウィントン・ケリー（p）／ポール・チェンバース（b）／ジミー・コブ（ds）
●ソニーミュージック／SICP-3963

★★★★★

マイルス・イン・ベルリン+1
MILES IN BERLIN

1960年代前半、マイルス・グループを構成するウェイン・ショーター、ハービー・ハンコック、ロン・カーター、トニー・ウィリアムスによる初レコーディングとして人気のあるライブ盤。「マイルストーンズ」「枯葉」「ソー・ホワット」などお馴染み曲ばかりだが、ショーター効果を反映したサウンドは新鮮そのもの。黄金クインテットの数あるライブ盤のなかでも『フォア&モア』（p.29）に勝るとも劣らない緊迫感に漲っている1枚だ。

【収録曲】
1 マイルストーンズ（Milestones）／2 枯葉（Autumn Leaves）／
3 ソー・ホワット（So What）／4 星影のステラ［ボーナス・トラック］（Stella by Starlight[Bonus Track]）／
5 ウォーキン（Walkin'）／6 ゴー・ゴー［テーマ&アナウンスメント］（Go-Go[Theme And Announcement]）
【録音】 1964年9月25日
【Personnel】
マイルス・デイヴィス（tp）／ウェイン・ショーター（ts）／ハービー・ハンコック（p）／ロン・カーター（b）／トニー・ウィリアムス（ds）
●ソニーミュージック／SICP-825

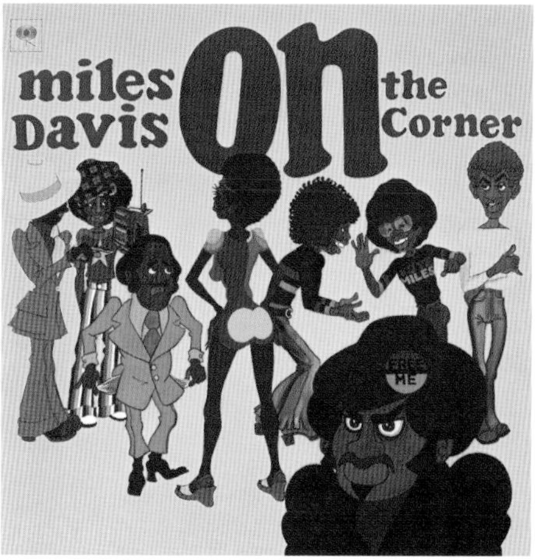

☆☆☆☆

オン・ザ・コーナー
On the Corner

全編、リズムの塊のような展開でメロディらしきものがほとんどない徹底的にリズムにこだわった打楽器のオーケストラ。マイルスのトランペットは「打つ」「叩きつける」といった「吹き方」で、細かく刻むドラム、シンプルなベース、自由なギターなどが絡み、「これはジャズか?」と思わせるファンク色の強い作品。クラブDJやクラブ・ミュージック・ファンから賞賛を浴び、後のヒップ・ポップを先取りしたようなリズミカルさが魅力の作品。

【収録曲】 1 オン・ザ・コーナー / ニューヨーク・ガール / シンキン・ワン・シング・アンド・ドゥイン・アナザー / ヴォート・フォー・マイルス(On The Corner / New York Girl / Thinkin' One Thing And Doin' Another / Vote For Miles)/2 ブラック・サテン(Black Satin)/3 ワン・アンド・ワン(One And One)/4 ヘレン・ビュート / ミスター・フリーダム X(Helen Butte / Mr. Freedom X)
【録音】 1972年6月1日、6日、7月7日 **【Personnel】** マイルス・デイヴィス(el-tp、org)/デイブ・リーブマン(ss、ts)/カルロス・ガーネット(ss、ts)/ベニー・モウピン(bcl)/チック・コリア(key)/ハービー・ハンコック(key)/ハロルド・ウィリアムス(key)/セドリック・ローソン(org)/デヴィット・クリーマー(g)/レジー・ルーカス(g)/ジョン・マクラフリン(g)/カリル・バラクリシュナ(sit)/コリン・ウォルコット(sit)/マイケル・ヘンダーソン(elb)/ドン・アライアス(perc、ds)/ジャック・ディジョネット(ds)/アル・フォスター(ds)/ビリー・ハート(ds)/ジェームズ・エムトゥーメ(perc)/バダル・ロイ(tub)/ポール・バックマスター(che)/テオ・マセロ(s) ●ソニーミュージック/SICP-30270

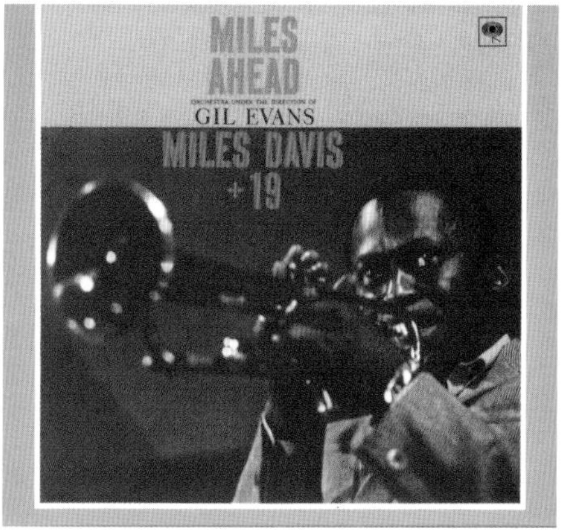

☆☆☆☆

マイルス・アヘッド+5
MILES AHEAD+5

名盤『クールの誕生』(p.26)で組んだ"帝王"マイルスと"音の魔術師"ギル・エヴァンスが本格的に取り組んだコラボレーション・アルバムで、エヴァンスの流麗で壮大なアレンジの楽曲にマイルスの爽やかでクールなフリューゲルホーンがのる改心作。トランペット5本など金管が12人、木管4人にベース、ドラムス。ここにマイルスを加えて総勢19名の大所帯。後の『スケッチ・オブ・スペイン』(p.31)の序曲ともいえる作品だ。

【収録曲】 1 スプリングスヴィル(Springsville)/2 カディスの乙女(The Maids Of Cadiz)/3 ザ・デューク(The Duke)/4 マイ・シップ(My Ship)/5 マイルス・アヘッド(Miles Ahead)/6 ブルース・フォー・パブロ(Blues For Pablo)/7 ニュー・ルンバ(New Rhumba)/8 ザ・ミーニング・オブ・ザ・ブルース(The Meaning Of The Blues)/9 ラメント(Lament)/10 アイ・ドント・ワナ・ビィ・キスト(バイ・エニワン・バット・ユー)/(I Don't Wanna Be Kissed (By Anyone But You))/11 スプリングスヴィル [リメイク・テイク7] (Springsville[remake take 7])/12 ブルース・フォー・パブロ [テイク1] (Blues For Pablo[take1]) /13 ザ・ミーニング・オブ・ザ・ブルース(The Meaning Of The Blues[rehearsal take])/14 ラメント(Lament [rehearsal take]) /15 アイ・ドント・ワナ・ビィ・キスト (バイ・エニワン・バット・ユー) [テイク8] (I Don't Wanna Be Kissed (By Anyone But You)[take 8)])
【録音】 1957年5月6日、10日、23日、27日 **【Personnel】** マイルス・デイヴィス(flh)/ギル・エヴァンス(arr、cond)/アーニー・ロイヤル(ts)/バーニー・グロウ(tp)/ルイ・ムッチ(tp)/タフト・ジョーダン(tp)/ジョニー・キャリシ(tb)/フランク・リハク(cl)/ギル・エヴァンス・オーケストラ ●ソニーミュージック/SICP-811

☆☆☆☆☆

ビッチェズ・ブリュー
Bitches Brew

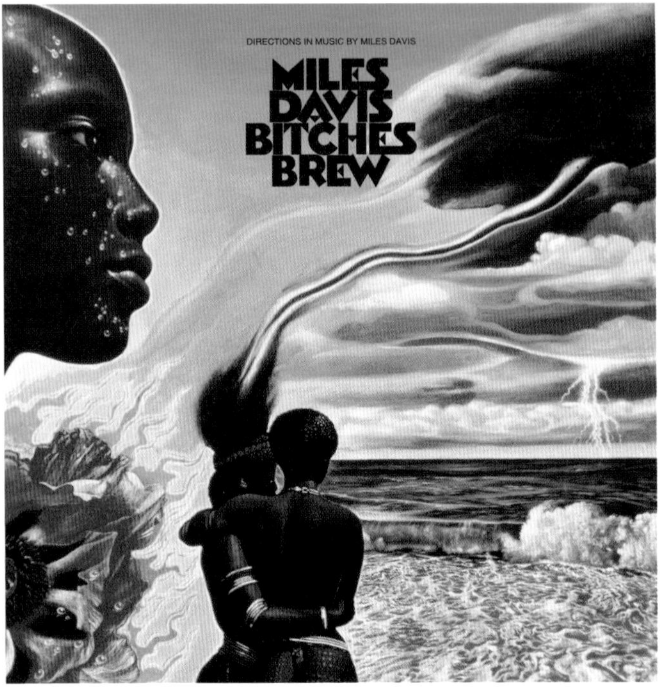

聴き手を釘付けにしてしまう緊張感。ジャズとロックとが融合した前人未到の超大作

ひと言で言えば「音の大洪水」。前作『イン・ア・サイレント・ウェイ』(p.33)に続きエレクトリック・ジャズを推し進めた内容で、フュージョンと呼ばれるカテゴリーを確立したジャズ史上、歴史的かつ革命的な作品。また、全編16ビートを基調とし、単にエレクトリック楽器を使ったというだけではなく、ドラマーとパーカッションをそれぞれ2人起用することでリズムの面でも革命をもたらした作品でもある。

冒頭の「ファラオズ・ダンス」、2曲目の27分におよぶ「ビッチェズ・ブリュー」など、4曲目の「ジョン・マクラフリン」を除き、どの曲も10分を超える大作である。マイルスを聴くと感じるが、全編に流れるのは、聴き手を釘付けにする緊張感そのものだ。ジャズだ、ロックだ、ファンクだなどという分析や電子音が入っているなどといった意味で賛否両論はあるのだろうが、斬新な試みであることに変わりはない。

[収録曲]
1 ファラオズ・ダンス(Pharaoh's Dance)／2 ビッチェズ・ブリュー(Bitches Brew)／
3 スパニッシュ・キー(Spanish Key)／4 ジョン・マクラフリン(John McLaughlin)／
5 マイルス・ランズ・ザ・ヴードゥー・ダウン(Miles Runs The Voodoo Down)／
6 サンクチュアリ(Sanctuary)
[録音] 1969年8月19日、21日
[Personnel]
マイルス・デイヴィス(tp)／ウェイン・ショーター(ss)／ベニー・モウピン(bcl)／ジョン・マクラフリン(elg)／
ジョー・ザヴィヌル(elp)／チック・コリア(elp)／ラリー・ヤング(elp)／デイヴ・ホランド(b)／
ハーヴィー・ブルックス(elb)／レニー・ホワイト(ds)／ジャック・ディジョネット(ds)／
ドン・アライアス(per)／ジム・ライリー(per)
●ソニーミュージック／SICP-30267

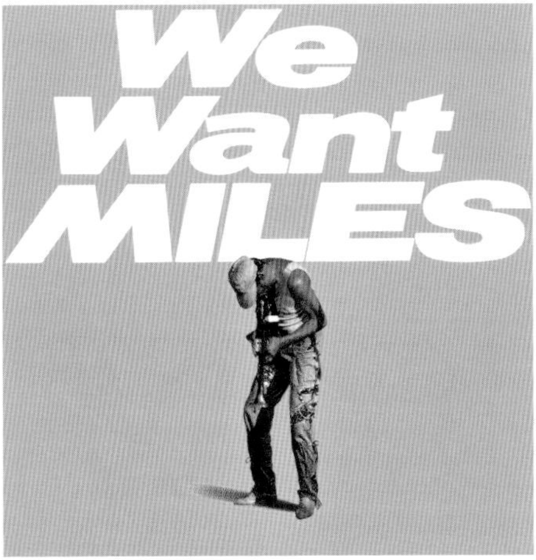

☆☆☆☆

ウィ・ウォント・マイルス+3
We Want Miles+3

1972年、交通事故によって手術。その後、後遺症や体調悪化のため1975年には音楽活動を続けられなくなったマイルス。6年後の1981年、長き沈黙を破りボストン、ニューヨーク、東京と続いたワールド・ツアーの模様を収めたアルバム。若きミュージシャンをしたがえたマイルスのトランペットが冴えまくる。ジョージ・ガーシュイン作「マイ・マンズ・ゴーン・ナウ」の約25年ぶりの再演など聴きどころ満載の1枚。

[収録曲]
【DISC1】1 ジャン・ピエール(Jean-Pierre)/2 バック・シート・ベティ(Back Seat Betty)/3 ファスト・トラック(Fast Track)/4 ジャン・ピエール(Jean-Pierre)/5 ウルスラ［ボーナス・トラック］(Ursula[Bonus Track])/6 アイーダ［ボーナス・トラック］(Aida)/【DISC2】1 マイ・マンズ・ゴーン・ナウ(My Man's Gone Now)/2 キックス(Kix)/3 ファット・タイム［ボーナス・トラック］(Fat Time[Bonus Track])
[録音] 1981年6月、7月、10月
[Personnel]
マイルス・デイヴィス(tp)/ビル・エヴァンス(ts、ss)/マイク・スターン(elg)/マーカス・ミラー(elb)/アル・フォスター(ds)
●ソニーミュージック/SICP-4019

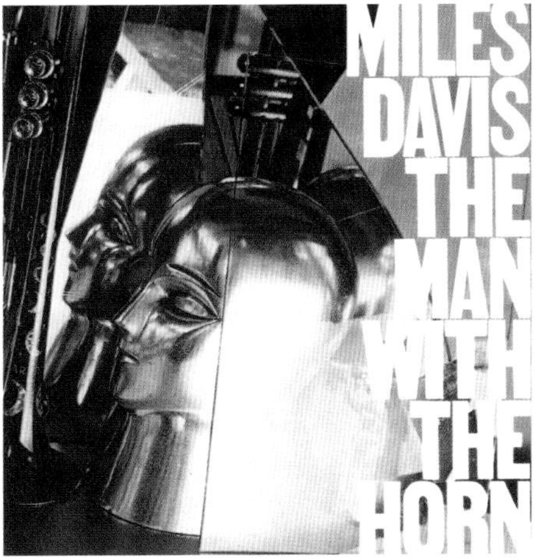

☆☆☆☆

ザ・マン・ウィズ・ザ・ホーン
THE MAN WITH THE HORN

交通事故や体調不良による活動中止から6年。復活を待ち焦がれていたファンが熱狂したカムバック・アルバム。5曲目のタイトル曲「ザ・マン・ウィズ・ザ・ホーン」を除きすべての曲をアコースティック・トランペットで演奏。マーカス・ミラーやマイク・スターンなど若手ミュージシャンもその才能を見事に発揮。万全なコンディションで再スタートしたマイルスの創造性やチャレンジ精神に“帝王”ならではのオーラが輝いている1枚。

[収録曲]
1 ファット・タイム(FAT TIME)/2 バック・シート・ベティ(BACK SEAT BETTY)/3 シャウト(SHOUT)/4 アイーダ(Aida)/5 ザ・マン・ウィズ・ザ・ホーン(THE MAN WITH THE HORN)/6 アーシュラ(URSULA)
[録音] 1981年、1982年
[Personnel]
マイルス・デイヴィス(tp)/ビル・エヴァンス(ss)/マイク・スターン(g)/バリー・フィナティ(g)/ロバート・アーヴィング(p、elp)/ランディ・ホール(g、vo、syn)/マーカス・ミラー(b)/フェルトン・クルーズ(b)/ビンセント・ウィルバーン(ds)/アル・フォスター(ds)/サミー・フィゲロア(perc)
●ソニーミュージック/SRCS-9722

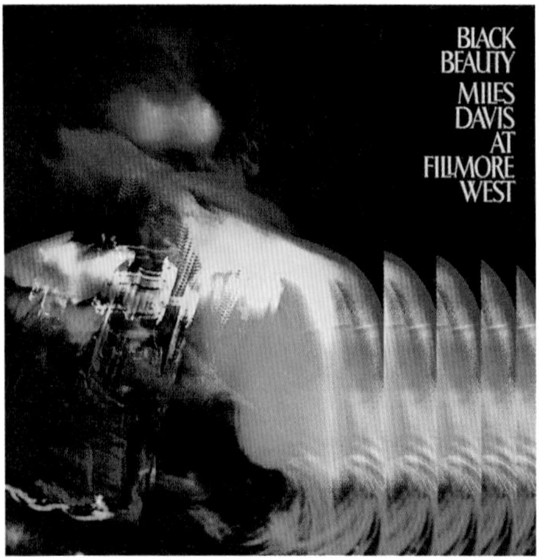

☆☆☆☆

ブラック・ビューティー

BLACK BEAUTY MILES DAVIS AT FILLMORE WEST

ロックの殿堂として名高いサンフランシスコ“フィルモア・ウエスト”で収録された2枚組のライブ盤。「ディレクションズ」「マイルス・ランズ・ザ・ヴードゥー・ダウン」「イッツ・アバウト・ザット・タイム」「スパニッシュ・キー」など、当時の代表的なレパートリーがメドレーで繰り広がられる。アコースティックとエレクトリックを使い分け演奏するマイルスの熱演や大胆なプレイを展開するチック・コリアの演奏も聴きどころだ。

[収録曲]
【DISC1】1 ディレクションズ(Directions)／2 マイルス・ランズ・ザ・ヴードゥー・ダウン(Miles Runs The Voodoo Down)／
3 ウィリー・ネルソン(Willie Nelson)／4 アイ・フォール・イン・ラヴ・トゥー・イージリィ(I Fall In Love Too Easily)／
5 サンクチュアリ(Sanctuary)／6 イッツ・アバウト・ザット・タイム(It's About That Time)／
【DISC2】1 ビッチェズ・ブリュー(Bitches Brew)／2 マスクァレロ(Masqualero)／
3 スパニッシュ・キー〜ザ・テーマ(Spanish Key/The Theme)
[録音] 1970年4月10日
[Personnel] マイルス・デイヴィス(tp)／スティーブ・グロスマン(ss)／チック・コリア(elp)／デイブ・ホランド(elb)／
ジャック・ディジョネット(ds)／アイアート・モレイラ(perc)　●ソニーミュージック／SICP-839

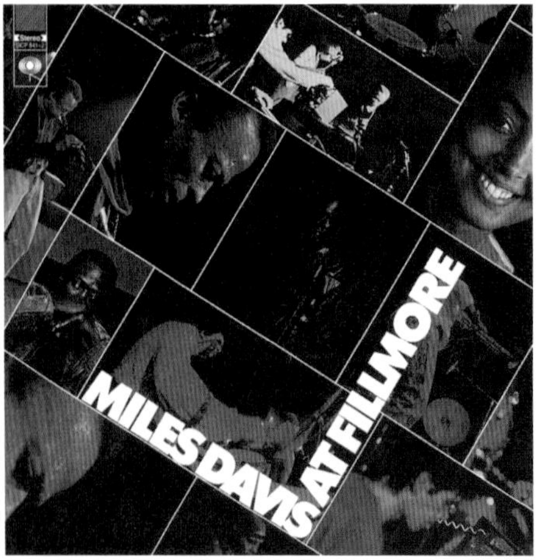

☆☆☆☆☆

マイルス・デイヴィス・アット・フィルモア

MILES DAVIS AT FILLMORE

『ブラック・ビューティー』と対をなす作品で、1970年6月17日から4日連続でサンフランシスコ“フィルモア・イースト”で繰り広げられた演奏を収録した超弩級2枚組。このアルバムからキース・ジャレットが参加し、グループ全体としてよりアグレッシブなサウンドが作り出されている。キースとチック・コリアとの共演やジャック・ディジョネットのソロなど、各パートが闘いながら互いに触発されながら突き進む熱気が伝わってくる。

[収録曲] 【DISC1】《Wednesday Miles》1 ディレクションズ(Directions)／2 ビッチェズ・ブリュー(Bitches Brew)／3 ザ・マスク(The Mask)／
4 イッツ・アバウト・ザット・タイム(It's About That Time)／5 メドレー ビッチェズ・ブリュー / ザ・テーマ(Bitches Brew/The Theme)／《Thursday Mils》
6 ディレクションズ(Directions)／7 ザ・マスク(The Mask)／8 イッツ・アバウト・ザット・タイム(It's About That Time)／【DISC2】《Friday Miles》
1 イッツ・アバウト・ザット・タイム(It's About That Time)／2 アイ・フォール・イン・ラヴ・トゥー・イージリィ(I Fall In Love Too Easily)／
3 サンクチュアリ(Sanctuary)／4 ビッチェズ・ブリュー / ザ・テーマ(Bitches Brew/The Theme)／《Saturday Miles》／
5 イッツ・アバウト・ザット・タイム(It's About That Time)／6 アイ・フォール・イン・ラヴ・トゥー・イージリィ(I Fall In Love Too Easily)／
7 サンクチュアリ(Sanctuary)／8 ビッチェズ・ブリュー(Bitches Brew)／9 メドレー ウィリー・ネルソン / ザ・テーマ(Willie Nelson/The Theme)
[録音] 1970年6月17日、18日、19日、20日　**[Personnel]** マイルス・デイヴィス(tp)／スティーブ・グロスマン(ts)／チック・コリア(elp)／
キース・ジャレット(elp)／デイブ・ホランド(b)／ジャック・ディジョネット(ds)／アイアート・モレイラ(perc)　●ソニーミュージック／SICP-841

★★★★★

アガルタ
Agharta

1975年2月1日、伝説の大阪フェスティバルホールでのコンサート午後(昼)の部を完全収録したアルバム。ジャズやロック、ファンク、ソウルなどあらゆる音楽エネルギーを凝縮させたような劇的でダイナミックなグループ・パフォーマンスは圧巻で曼荼羅絵図のような、エレクトリック・マイルスの集大成ともいえる作品。ジャケット・デザインは横尾忠則。また夜の部を収録した『パンゲア』(SRCS-9752/3)も聴きどころ満載の1枚。

【収録曲】
【DISC1】1 アガルタへのプレリュード(PRELUDE)/2 メイーシャ(MAIYSHA)/
【DISC2】1 インタールード～ジャック・ジョンソンのテーマ(INTERLUDE / THEME FROM JACK JOHNSON)
【録音】 1975年2月1日
[Personnel]
マイルス・デイヴィス(tp、org)/ソニー・フォーチュン(ss、as、fl)/レジー・ルーカス(g)/
ピート・コージー(g、syn、perc)/マイケル・ヘンダーソン(elb)/アル・フォスター(ds)/ジェームズ・エムトゥーメ(perc、cong)
●ソニーミュージック/SRCS-9720

★★★★

ゲット・アップ・ウィズ・イット
GET UP WITH IT

交通事故のよる後遺症や体調不良による活動停止前の1970年から1974年の4年間に発表された最後のスタジオ・レコーディング集。一見、「寄せ集め集」のようだが、敬愛するデューク・エリントンに捧げられた「ヒー・ラヴド・ヒム・マッドリー」をはじめ、ロック的アプローチの曲やファンク、ブラジリアン・サウンドなどバラエティーに富んだ内容で、マイルスのエレクトリック期を知るうえで傑作ばかりが揃っている。

【収録曲】【DISC1】1 ヒー・ラヴド・ヒム・マッドリー(He Loved Him Madly)/2 メイーシャ(Maiysha)/3 ホンキー・トンク(Honky Tonk)/4 レイテッドX(Rated X)/【DISC2】1 カリプソ・フレリーモ(Calypso Frelimo)/2 レッド・チャイナ・ブルース(Red China Blues)/3 エムトゥーメ(Mtume)/4 ビリー・プレストン(Billy Preston) **【録音】** 1970年5月19日、1972年3月9日、9月6日、1973年9月17日、1974年6月19日、20日、1974年10月7日、20日 **【Personnel】** マイルス・デイヴィス(tp、org、key)/スティーブ・グロスマン(ss)/カルロス・ガーネット(ss)/ジョン・スタッブルフィールド(ss)/デイブ・リーブマン(fl)/ソニー・フォーチュン(fl)/キース・ジャレット(key)/ハービー・ハンコック(key)/セドリック・ローソン(key)/ジョン・マクラフリン(g)/レジー・ルーカス(g)/ピート・コージー(g)/ドミニク・ゴーモン(g)/コーネル・デュプリー(g)/マイケル・ヘンダーソン(b)/ビリー・コブハム(ds)/アル・フォスター(ds)/バーナード・パーディ(ds)/アイアート・モレイラ(perc)/ジェームズ・エムトゥーメ(perc)/カリル・バラクリシュナ(sitar,electric sitar)/バーダル・ロイ(tabla)/ウォーリー・チェンバース(hca) ●ソニーミュージック/SRCS-9742

ビル・エヴァンス（ウィリアム・ジョン・エヴァンス）

Bill Evans（William John Evans）

気品と品格、知性に満ちた作品を残した〝ジャズ・ピアノの詩人〟

[Profile]
1929年8月16日—1980年9月15日。
アメリカ合衆国
ニュージャージー州
プレインフィールド出身。
幼い頃からクラシック音楽に親しみ、10歳代になってジャズに興味を持つようになる。1958年、マイルス・デイヴィスのグループに参加後、ジャズ史上最強として名高いピアノ・トリオを率い、数多くの名盤を残している。

モダン・ジャズを代表するピアニスト、ビル・エヴァンスを〝ピアノの詩人〟と称することがある。エヴァンスが奏でるピアノ曲は、繊細、静謐、知性、品性という形容詞が当てはまるほどで、非常に聴きやすく、初心者でも抵抗なく聴くことができる。それはエヴァンスが、クロード・ドビュッシーやモーリス・ラヴェルなどクラシックの音楽家に影響を受けたことによる。和音や創意に富んだアレンジ、優美なピアノ・タッチやインター・プレイといった演奏で、後にハービー・ハンコック、チック・コリア、キース・ジャレットなどのピアニストたちに影響を与えたといわれている。

エヴァンスがジャズ・ムーブメントの中心地・ニューヨークに出て音楽活動を開始、優秀なピアニストとして知られるようになったのは、兵役終了後の1954年のこと。こうした活動が知れ渡り、1956年、エヴァンスをリーダーとするピアノ・トリオによる初のリーダー・アルバム『ニュー・ジャズ・コンセプションズ＋1』（p. 43）を発表している（残念ながら500枚しか売れなかったと伝えられている）。

エヴァンスの特徴、ジャズ史に刻んだ功績は、〝ピアノ・トリオ〟というスタイルを確立したことにある。どういうことかというと、旧来ピアノは、クァルテット（四重奏）やクインテット（五重奏）編成におけるベースやドラムスと同様にリズム・セクションの一部としてトランペットやサックスといったホーン奏者支えるリズムを刻む伴奏者としての役割を担っていたのだが、こうした慣習を打ち破り独特の演奏スタイルを確立したことにある。

そしてピアノ・トリオの存在を決定づけたのは、天才ベーシスト、スコット・ラファロとドラムスのポール・モチアンと歴史に残るピアノ・トリオを結成したとき。3人による即興性の高い演奏が高く評価され、ピアノ・トリオの新しい方向性や可能性を世に示したことである。

この3人による名作として名高い1961年に発表した『ワルツ・フォー・デビィ＋4』（p. 13）。ちなみにこのアルバムはニューヨークの名門ジャズ・クラブ、ヴィレッジ・ヴァンガードで収録されたもので、ザワついたライブの雰囲気もジャズらしい。いまやジャズを代表する傑作としてジャンルを超えた幅広い人気を得ている作品だが、3拍子からはじまる冒頭、まさに2歳の女の子が軽やかにステップしている愛らしい姿が目に浮かぶような感さえある。ただ残念なことにアルバム収録の11日後、ラファロが交通事故で25年の生涯を閉じた。僚友を失ったエヴァンスは悲歎にくれたという。

3人による『ポートレイト・イン・ジャズ＋1』（p. 42）、『エクスプロレイションズ』（p. 46）、『ワルツ・フォー・デビイ＋4』（p. 13）とおよび同日収録の『サンディ・アット・ザ・ヴィレッジ・ヴァンガード＋5』（p. 45）は、別名〝リバーサイド4部作〟と呼ばれている。

☆☆☆☆☆

ポートレイト・イン・ジャズ+1
Portrait In Jazz

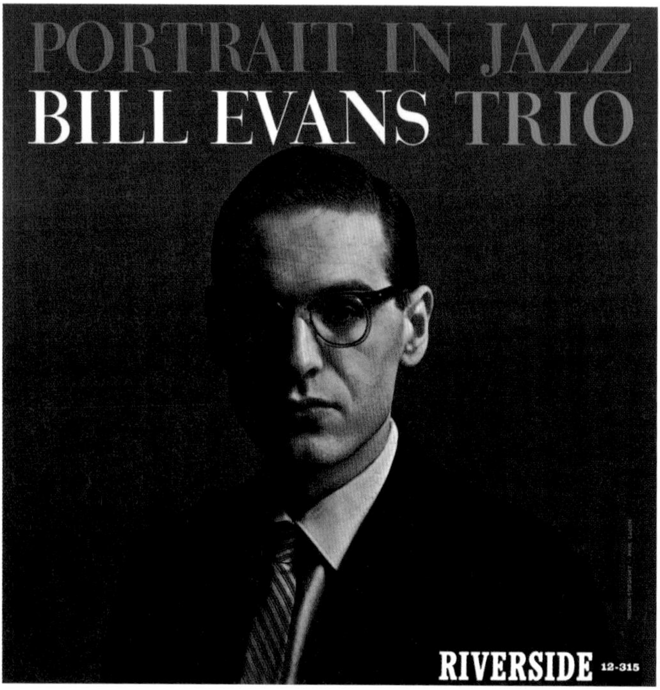

エヴァンス、ラファロ、モチアンの“黄金トリオ”が奏でるピアノ・トリオの理想的演奏

“ジャズ・ピアノの詩人”と謳われたビル・エヴァンスと天才と謳われたベーシスト、スコット・ラファロ、ドラムスのポール・モチアンの“黄金のトリオ”による初のスタジオ録音作品で、モダン・ジャズ・ピアノの世界に新風を吹き込んだ記念碑ともいえるアルバムである。

「降っても晴れても」「いつか王子様が」など、ジャズ初心者にとっては親しみやすくとても聴きやすい曲が収録されており、なかでも、多彩なアドリブを展開するスタンダード曲の「枯葉」は、名演として有名。初めての出会いながら3人が奏でるスリリングなインタープレイは、ピアノ・トリオの理想的な演奏を楽しませてくれる1枚。

ビル・エヴァンスにとっては通算4枚目となるアルバムで、大名盤としていまなお輝き続ける『ワルツ・フォー・デビイ+4』(p.13)と並んで高く評価されている。

[収録曲]
1 降っても晴れても(Come Rain Or Come Shine)/2 枯葉[テイク1](Autumn Leaves[Take1])/
3 枯葉[テイク2](Autumn Leaves[Take2])/4 ウィッチクラフト(Witchcraft)/
5 ホエン・アイ・フォール・イン・ラヴ(When I Fall In Love)/6 ペリズ・スコープ(Peri's Scope)/
7 恋とは何でしょう?(What Is This Thing Called Love?)/8 スプリング・イズ・ヒア(Spring Is Here)/
9 いつか王子様が(Someday My Prince Will Come)/10 ブルー・イン・グリーン[テイク3](Blue In Green[Take3])/
11 ブルー・イン・グリーン[テイク2](Blue In Green[Take2])
[録音] 1959年12月28日
[Personnel]
ビル・エヴァンス(p)/スコット・ラファロ(b)/ポール・モチアン(ds)
●ユニバーサルミュージック/UCCO-99003

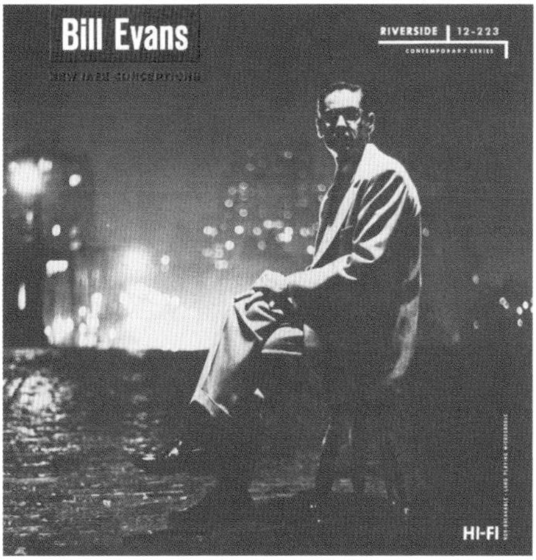

☆☆☆☆

ニュー・ジャズ・コンセプションズ+1
New Jazz Conceptions

ビル・エヴァンスが27歳、まだ無名だった時期に収録、後にエヴァンスを代表する名作『ワルツ・フォー・デビイ+4』(p.13)の初演を含む記念すべき初リーダーアルバムだ。すべての楽曲がピアノ・トリオの新しい可能性やエヴァンスらしさを表現した演奏で素晴らしく、3曲のソロ演奏では、幻想的ともいえる世界を描き出している。ビ・バップの要素が残ってはいるが、ピアノ・トリオの美しさが息づいている1枚だ。

[収録曲]
1 アイ・ラヴ・ユー(I Love You)/2 ファイヴ(Five)/3 アイ・ガット・イット・バッド(I Got It Bad)/4 コンセプション(Conception)/
5 イージー・リヴィング(Easy Living)/6 ディスプレイスメント(Displacement)/7 スピーク・ロウ(Speak Low)/
8 ワルツ・フォー・デビイ(Waltz for Debby)/9 アワ・デライト(Our Delight)/10 マイ・ロマンス(My Romance)/
11 ノー・カバー、ノー・ミニマム [テイク2](No Cover, No Minimum[Take2])/
12 ノー・カバー、ノー・ミニマム [テイク1](No Cover, No Minimum[Take1])
[録音] 1956年9月18日、27日
[Personnel] ビル・エヴァンス(p)/テディ・コティック(b)/ポール・モチアン(ds)
●ユニバーサルミュージック/UCCO-99078

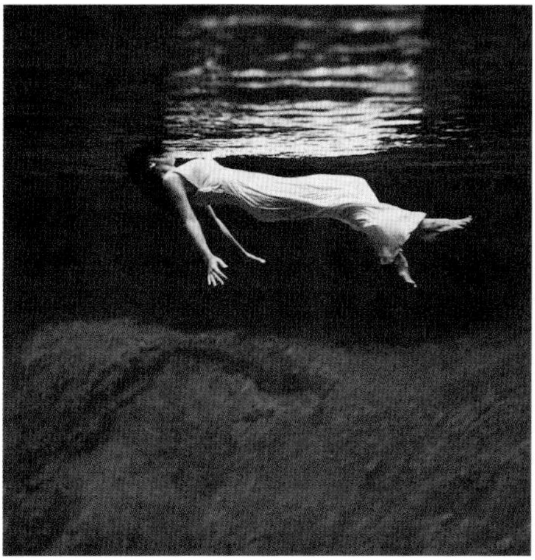

☆☆☆☆☆

アンダー・カレント/ビル・エヴァンス&ジム・ホール
Undercurrent/Bill Evans & Jin Hall

盟友、スコット・ラファロを交通事故で失った後、失意を乗り越え、ジム・ホールと共演したデュオ・アルバムだ。ピアノとギターとが織りなす会話は、「インタープレイ」という言葉を流行、定着させたといわれる。冒頭「マイ・ファニー・ヴァレンタイン」、バラード調のゆったりした演奏が多いが、その常識を一気に覆すようなスリリングな演奏で、思わず息を飲むほどだ。女性が水面下に漂う姿を捉えたジャケットが美しい。

[収録曲]
1 マイ・ファニー・ヴァレンタイン(My Funny Valentine)/2 アイ・ヒア・ア・ラプソディ(I Hear A Rhapsody)/
3 ドリーム・ジプシー(Dream Gypsy)/4 ロメイン(Romain)/
5 スケーティング・イン・セントラル・パーク(Skating In Central Park)/
6 ダーン・ザット・ドリーム(Darn That Dream)
[録音] 1962年4月24日、5月14日
[Personnel]
ビル・エヴァンス(p)/ジム・ホール(g)
●ユニバーサルミュージック/UCCU-99019

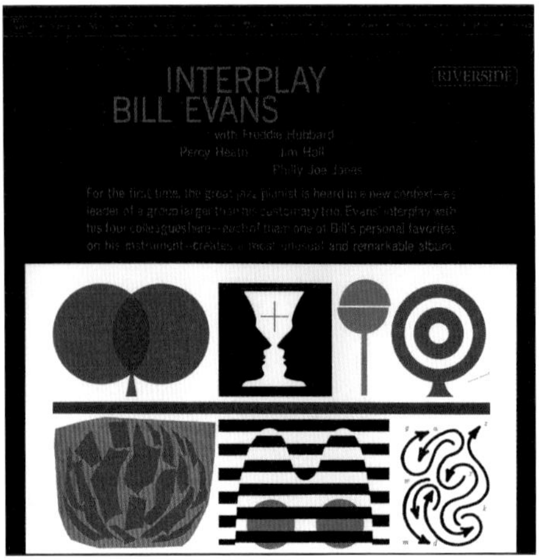

☆☆☆☆

インタープレイ+1
Interplay

トリオによる演奏を身上とする“ジャズ・ピアノの詩人”とビル・エヴァンスが、『アンダー・カレント』(p.43)で共演したジム・ホールと若きフレディ・ハバードを加え、ピアノ・トリオにギター&管楽器を加えたクインテット編成で収録したエヴァンスにしては珍しい編成によるアルバムだ。スタンダード曲を中心に、それぞれの楽器を活かすアレンジの技やピアノ・トリオにはない躍動感溢れるスリリングな演奏を楽しめるオススメの1枚だ。

[収録曲]
1 あなたと夜と音楽と(You And The Night And The Music)/2 星に願いを(When You Wish Upon a Star)/
3 アイル・ネヴァー・スマイル・アゲイン[テイク7](I'll Never Smile Again[Take7])/4 インタープレイ(Interplay)/
5 ユー・ゴー・トゥ・マイ・ヘッド(You Go To My Head)/6 苦しみを夢に隠して(Wrap Your Troubles In Dreams)/
7 アイル・ネヴァー・スマイル・アゲイン[テイク6](I'll Never Smile Again[Take6])
[録音] 1962年7月16日、17日
[Personnel]
ビル・エヴァンス(p)/フレディ・ハバード(tp)/ジム・ホール(g)/パーシー・ヒース(b)/フィリー・ジョー・ジョーンズ(ds)
●ユニバーサルミュージック/UCCO-99040

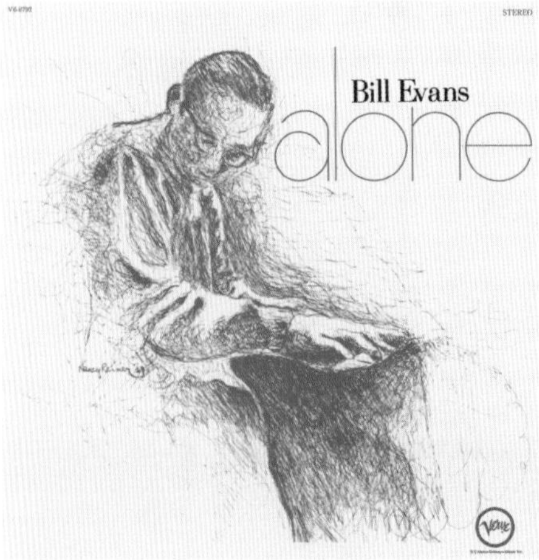

☆☆☆☆☆

アローン+2
Alone

“ジャズ・ピアノの詩人”と称されるビル・エヴァンスのソロをじっくり味わうことができるグラミー賞最優秀ソロイスト賞を獲得したアルバム。自身が納得するまでソロ演奏ができるためか、14分ほどの「ネヴァー・レット・ミー・ゴー」は圧巻だ。また一音一音が醸し出す美しいとしか言い表せないサウンドや、テンポやリズムパターンを変える、調性(Key)を変えるなど、トリオでは聴くことができないエヴァンスが堪能できる1枚だ。

[収録曲]
1 ヒアズ・ザット・レイニー・デイ(Here's That Rainy Day)/2 ア・タイム・フォー・ラヴ(A Time For Love)/
3 ミッドナイト・ムード(Midnight Mood)/4 オン・ア・クリア・デイ(On A Clear Day (You Can See Forever))/
5 ネヴァー・レット・ミー・ゴー(Never Let Me Go)/
6 オール・ザ・シングズ・ユー・アー~ミッドナイト・ムード(Medley :All The Things You Are/Midnight Mood)/
7 ア・タイム・フォー・ラヴ[別テイク](A Time For Love[Alternate Take])
[録音] 1968年9月23日、10月8日、21日.
[Personnel] ビル・エヴァンス(p)
●ユニバーサルミュージック/UCCU-99078

★★★★

モントルー・ジャズ・フェスティヴァルの ビル・エヴァンス+1
At The Montreux Jazz Festival

“お城のエヴァンス”としてファンに親しまれている、1968年のモントルー・ジャズ・フェスティヴァルのライブ盤。スコット・ラファロが築き上げたスタイルを踏襲するエディ・ゴメスと若いジャック・ディジョネット。2人の参加に刺激を受けたことによって、エヴァンス・トリオの作品のなかでも、いつもよりクールでありながら躍動感に溢れるエキサイティングな演奏が繰り広げられる。5曲目のソロ演奏も素晴らしい。

[収録曲]
1 イントロダクション/ワン・フォー・ヘレン(One for Helen)／2 ア・スリーピン・ビー(A Sleeping Bee)／3 伯爵の母(Mother of Earl)／
4 ナーディス(Nardis)／5 愛するポーギー(I Loves You, Porgy)／6 あなたの口づけ(The Touch of Your Lips)／
7 エンブレイサブル・ユー(Embraceable You)／8 いつか王子様が(Someday My Prince Will Come)／
9 ウォーキン・アップ(Walkin' Up)／10 クワイエット・ナウ[ボーナス・トラック](Quiet Now[Bonus Tracks])
[録音] 1968年6月15日
[Personnel]
ビル・エヴァンス(p)／エディ・ゴメス(b)／ジャック・ディジョネット(ds)
●ユニバーサルミュージック／UCCU-99026

★★★★

サンデイ・アット・ザ・ ヴィレッジ・ヴァンガード+5
Sunday At The Village Vanguard

名作『ワルツ・フォー・デビイ+4』(p.13)と双璧をなすと評され、ピアノ・トリオの概念を覆したといわれるメンバーによる、ニューヨークの名門ジャズ・クラブ、ヴィレッジ・ヴァンガードでのライブ盤。お互い同士が触発しあい繰り広げられる演奏が続き展開していくサマは、聴き手を別の世界へと導く。録音の11日後、スコット・ラファロが交通事故で世を去るのだが、最後のラファロを聴くことができる貴重な1枚。

[収録曲]
1 グロリアズ・ステップ[テイク2](Gloria's Step[Take2])／2 マイ・マンズ・ゴーン・ナウ(My Man's Gone Now)／3 ソーラー(Solar)／
4 不思議の国のアリス[テイク2](Alice in Wonderland[Take2])／5 オール・オブ・ユー[テイク2](All of You[Take2])／
6 ジェイド・ヴィジョンズ[テイク2](Jade Visions[Take2])／7 グロリアズ・ステップ[テイク3](Gloria's Step[Take3])／
8 不思議の国のアリス[テイク1](Alice in Wonderland[Take1])／9 オール・オブ・ユー[テイク1](All of You[Take1])／
10 オール・オブ・ユー[テイク3](All of You[Take3])／11 ジェイド・ヴィジョンズ[テイク1](Jade Visions[Take1])
[録音] 1961年6月25日
[Personnel] ビル・エヴァンス(p)／スコット・ラファロ(b)／ポール・モチアン(ds)
●ユニバーサルミュージック／UCCO-99028

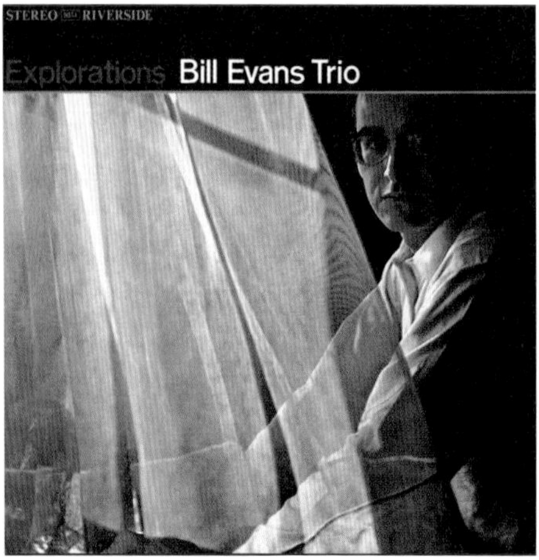

☆☆☆☆

エクスプロレイションズ
Explorations

知性と抒情、そこに品性というスパイスが加わり、“ジャズ・ピアノの詩人”と称されるビル・エヴァンスのピアノ。新境地を切り開いたと評される最強の魅力が詰まった傑作。マイルス・デイヴィスが（自身で演奏することはなく）エヴァンスに贈った「ナーディス」や「イスラエル」「エルザ」などの人気曲など、3人の息が合った演奏を楽しむことができる。名盤の名に相応しい美しさに満ち溢れた演奏で、初心者の方には聴いてほしい1枚だ。

［収録曲］
1 イスラエル（Israel）／2 魅せられし心（Haunted Heart）／3 ビューティフル・ラヴ［テイク2］（Beautiful Love[Take 2]）／
4 エルザ（Elsa）／5 ナーディス（Nardis）／6 ハウ・ディープ・イズ・ジ・オーシャン（How Deep Is the Ocean）／
7 アイ・ウィッシュ・アイ・ニュー（I Wish I Knew）／8 スウィート・アンド・ラヴリー（Sweet and Lovely）／
9 ビューティフル・ラヴ［テイク1］（Beautiful Love[Take 1]）／10 ザ・ボーイ・ネクスト・ドア（The Boy Next Door）
［録音］ 1961年2月2日
［Personnel］
ビル・エヴァンス（p）／スコット・ラファロ（b）／ポール・モチアン（ds）
●ユニバーサルミュージック／UCCO-99032

☆☆☆☆

グリーン・ドルフィン・ストリート
GREEN DOLPHIN STREET

清涼感のあるタイトル・ナンバーが魅力の作品。当時のマイルス・デイヴィス・クインテットのメンバーである、ポール・チェンバース、フィリー・ジョー・ジョーンズの強力なメンバーをバックに、軽快かつ明快なタッチで演奏を繰り広げるビル・エヴァンスの初期傑作集。なかでも、「あなたと夜と音楽と」は秀逸。全編、寛いだ雰囲気が漂う快演集だが録音当時にお蔵入りされ、公表されたのは20年後のことだ。

［収録曲］
1 あなたと夜と音楽と（You and The Night and The Music）／2 マイ・ハート・ストゥッド・スティル（My Heart Stood Still）／
3 グリーン・ドルフィン・ストリート（On Green Dolphin Street）／4 ハウ・アム・アイ・トゥ・ノウ?（How Am I to Know）／
5 ウディン・ユー［テイク1］（Woody'n You[Take1]）／6 ウディン・ユー［テイク2］（Woody'n You[Take2]）／
7 ルース・ブルース（Loose Bloose）
［録音］ 1959年1月19日（1～6）、1962年8月21日
［Personnel］ ビル・エヴァンス（p）／ポール・チェンバース（b）／フィリー・ジョー・ジョーンズ（ds）／ズート・シムズ（ts）※（7）のみ
ジム・ホール（g）※（7）のみ、ロン・カーター（b）※（7）のみ
●ユニバーサルミュージック／UCCO-99080

レコード・レーベルは、個性に満ちたジャズの宝庫

普段、レコード(CD)を購入する際、あるいは聴く際に"レコード・レーベル(以下、単にレーベル)"に気を留めることは多くはない。レコード・レーベルとは、レコード(CD)の盤面中央部分に貼付されたもので、タイトル名、演奏者名、レコード会社名などのクレジットが記載された、単純にいうと「ラベル紙」のことだ。

ジャズの初レコーディングは1917年のこと(このときのレーベルは不明)。その後、多くのレーベルから多くの作品が送り出されている。レーベルの個性を楽しむこともジャズの面白さでもある。40〜50あると思われているジャズ・レーベルの中から、よく耳にする代表的なレーベルを紹介する。

BLUE NOTE
ブルー・ノート

1939年、アルフレッド・ライオンがニューヨークに設立したジャズを代表する大レーベル。1940年代から1970年代にかけてジャズ界をリード。マイルス・デイヴィス、ソニー・ロリンズ、ソニー・クラーク、バド・パウエルなどによる歴史的名盤が多い。

バグス・グルーヴ／
マイルス・デイヴィス
[p.29]

Prestige
プレスティッジ

1949年、ボブ・ワインストックがニューヨークに設立。ブルー・ノートと双璧をなすレーベルで、マイルス・デイヴィス、ジョン・コルトレーン、ソニー・ロリンズ、レッド・ガーランド、トミー・フラナガンらのハード・バップ時代の名作が数多く残されている。

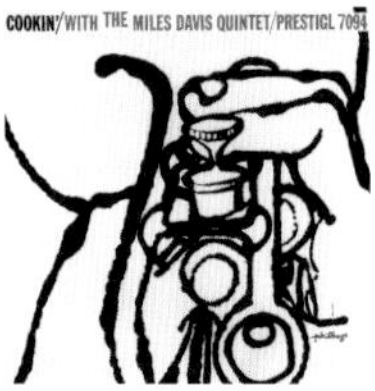

クッキン／
マイルス・デイヴィス
[p.28]

RIVERSIDE
リバーサイド

1953年、オリン・キープニュースとビル・グラウワーがニューヨークに設立したレーベルで、ブルー・ノート、プレスティッジとならぶ三大レーベルのひとつ。ビル・エヴァンス、セロニアス・モンク、ウエス・モンゴメリーなどが多くの名作を残している。

ブリリアント・コーナーズ／
セロニアス・モンク
[p.73]

Impulse!
インパルス

1960年、ABCパラマウント傘下のジャズ専門レーベルとしてクリード・テイラーによって設立されたレーベル。ジョン・コルトレーンの作品が圧倒的に多く、次いでマッコイ・タイナー、ファラオ・サンダース、またソニー・ロリンズの作品もある。

バラード／
ジョン・コルトレーン
[p.18]

Verve
ヴァーヴ

1956年、ノーマン・グランツがビバリーヒルズに設立したジャズ専門レーベル。ビ・バップの先駆的ミュージシャン、チャーリー・パーカーやエラ・フィッツジェラルドをはじめオスカー・ピーターソン、スタン・ゲッツなどがジャズ史を飾る名盤を残している。

エラ・アンド・ルイ／
エラ・フィッツジェラルド&
ルイ・アームストロング[p.120]

CONTEMPORARY
コンテンポラリー

1951年、レスター・ケーニッヒがロサンゼルスに設立したレーベル。アート・ペッパーをはじめとしアート・ファーマー、バーニー・ケッセル、ソニー・ロリンズらの秀作や場所柄ウエスト・コースト・ジャズの名盤が揃っている。1984年、ファンタジーが買収。

アート・ペッパー・ミーツ・ザ・リズムセクション+1／
アート・ペッパー[p.20]

ジョン・コルトレーン（ジョン ウイリアム コルトレーン）

John Coltrane（John William Coltrane）

聖者のようにジャズを追求し続けた〝求道者〟の姿

生涯で約60タイトルのアルバムを遺したジョン・コルトレーンが、１９６７年７月17日、肝臓癌のため40歳の若さで亡くなったとき、『ジャズは死んだ』といわれた。

サックス奏者で同時代に活躍したソニー・ロリンズに比べ〝遅咲き〟といわれたコルトレーン。無名時代が長く、第一線で活躍した期間は10年余りと短いながらも自己の音楽表現に満足することなく前進し続け、１９５０年代のハード・バップ黄金期から１９６０年代のモード・ジャズ、晩年にはフリー・ジャズに取り組むなど、それぞれの時代に大きな足跡を残し、ある意味では、マイルス・デイヴィスと双璧をなす〝ジャズ界のカリスマ〟でもある。

ただ、ミュージシャンとして評価を得るまでの道のりは順風満帆ではなく、どちらかといえば鳴かず飛ばず。マイルス・デイヴィスのバンドに抜擢されたものの評価はイマイチ。その後、天才ピアニストといわれるセロニアス・モンクに出会ったことで覚醒。圧倒的なパフォーマンスで一躍、ジャズ界のトップ・ミュージシャンの地位に駆け上がることになる。モンクとの出会いを後に、コルトレーンはこう語っている。「神の恩恵を受けた」と。

コルトレーンの音楽は〝生真面目〟という言葉が当てはまるようで、「このように吹くには理由があって、その理由に基づいて吹いている」という印象がある。ロリンズやチャーリー・パーカーが直感型、天才型演奏だとすればコルトレーンは理論型、説明型、熟慮型演奏といえるかもしれない。

１９６２年以降、ピアノのマッコイ・タイナー、ベースのジミー・ギャリソン、ドラムのエルヴィン・ジョーンズによる固定メンバーのクァルテット（〝黄金のクァルテット〟とも呼ばれる）全体が一体となって繰り広げるグループ表現によって、コンサートでは１曲の演奏時間が30分、１時間に及ぶ場合があったという。

コルトレーンのソロは長く、延々と吹き続ける演奏は、隙間なく音を敷き詰めたようなを意味する〝シーツ・オブ・サウンド〟と形容される。代表的なアルバム『ジャイアント・ステップス』（p. 53）で聴かれるソロ演奏は圧巻だ。

そんな中、１９６４年に録音されたアルバムが、ジャズ史に名を刻んだ金字塔ともいわれ、神にささげた４部構成の組曲アルバム『至上の愛』（p. 52）。このアルバム以後、コルトレーンの作品はより〝スピリチュアル〟な方向へと進んでいくことになる。

余談ながら、コルトレーンの日本公演は日本中を熱狂させたビートルズの来日公演（１９６６年６月30日〜７月２日）の１週間後、１９６６年７月９日。死の１年前のことだ。その時の記者会見で、10年後の姿を訊かれたとき、『わたしは聖者になりたい』と答えたというエピソードがある。

[Profile]
1926年9月23日—
1967年7月17日。
アメリカ合衆国ノースカロライナ州ハムレット出身。20歳の頃からプロとして活動を開始。マイルス・デイヴィス、セロニアス・モンクらとの出会いを経て評価を高める。しかし、無名期間が長かったために実質的な活動は10年余でしかないが数多くのアルバム録音を残し、ジャズ史に遺した功績は大きい。

☆☆☆☆☆

ブルー・トレイン
Blue Train

ジョン・コルトレーンがブルー・ノート・レーベルに残した唯一のリーダー・アルバムで、トランペット、トロンボーンの3管編成のエネルギーに満ち溢れた演奏が繰り広げられる名盤だ。コルトレーンが成長した時期の演奏で、堂々としたプレイを展開している。タイトル曲をはじめ「モーメンツ・ノーティス」「ロコモーション」など、どの曲もハード・バップの名演。リズム・セクションの顔触れも申し分なく、緊張感に溢れた演奏が楽しめる。

【収録曲】
1 ブルー・トレイン(Blue Train)／2 モーメンツ・ノーティス(Moment's Notice)／
3 ロコモーション(Locomotion)／4 アイム・オールド・ファッションド(I'm Old Fashioned)／
5 レイジー・バード(Lazy Bird)
【録音】 1957年9月15日
【Personnel】
ジョン・コルトレーン(ts)／リー・モーガン(tp)／カーティス・フラー(tb)／ケニー・ドリュー(p)／
ポール・チェンバース(b)／フィリー・ジョー・ジョーンズ(ds)
●ユニバーサルミュージック／UCCU-99009

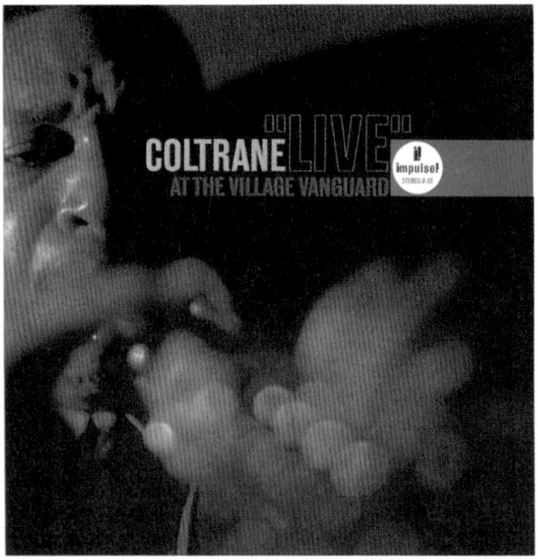

☆☆☆☆

ライヴ・アット・ザ・ヴィレッジ・ヴァンガード
Coltrane"Live" At The Village Vangauad

ジミー・ギャリソンが正式加入し"黄金のクァルテット"が結成される前のヴィレッジ・ヴァンガードでの白熱のライブ盤。エリック・ドルフィーが参加した「スピリチュアル」、マッコイ・タイナーを休ませたトリオ編成による「チェイシン・ザ・トレーン」。生涯で最もエモーショナルといわれている延々、15分間にわたる凄まじいばかりのソロは、聴いているほうも緊張感で疲れてしまいそうになるが、その熱量に圧倒されてしまう。

【収録曲】
1 スピリチュアル(Spiritual)／
2 朝日の如くさわやかに(Softly, as in a Morning Sunrise)／
3 チェイシン・ザ・トレーン(Chasin' the Trane)
【録音】 1961年11月2日、3日
【Personnel】
ジョン・コルトレーン(ss、ts)／エリック・ドルフィー(bcl)／マッコイ・タイナー(p)／
ジミー・ギャリソン(b)／レジー・ワークマン(b)／エルヴィン・ジョーンズ(ds)
●ユニバーサルミュージック／UCCU-99084

☆☆☆☆

マイ・フェイヴァリット・シングス +2
My Favorite Things

マッコイ・タイナー、エルヴィン・ジョーンズを加えたコルトレーンのレギュラー・グループによる初レコーディング作品。アルバム・タイトルの「マイ・フェイヴァリット・シングス」は、1965年公開のミュージカル映画『Sound Of Music』の挿入歌。3拍子のリズム、親しみやすいメロディ、ちょっと硬質なソプラノ・サックスの突き抜けるような音色が心地良い。ちなみにJR東海のCM“そうだ、京都行こう”でも、同曲を使用している。

【収録曲】
1 マイ・フェイヴァリット・シングス(My Favorite Things)／2 エヴリタイム・ウイ・セイ・グッドバイ(Everytime We Say Goodbye)／
3 サマータイム(Summertime)／4 バット・ノット・フォー・ミー(But Not for Me)／
5 マイ・フェイヴァリット・シングス[別テイク1](My Favorite Things[Bonus Track1])／
6 マイ・フェイヴァリット・シングス[別テイク2](My Favorite Things[Bonus Track2])
【録音】 1960年10月21日、24日、26日
【Personnel】
ジョン・コルトレーン(ss、ts)／マッコイ・タイナー(p)／スティーヴ・デイヴィス(b)／エルヴィン・ジョーンズ(ds)
●ワーナーミュージック／WPCR-27101

☆☆☆☆☆

ソウル・トレーン
Soul Trane

コルトレーンの初期プレスティッジ時代を代表する1枚。代名詞ともいえる音符を敷き詰めるような演奏から名付けられた“シーツ・オブ・サウンド”全開で、初期の傑作として人気の高いアルバム。哀愁漂うバラードが素晴らしく、「テーマ・フォー・アーニー」は名演との声が高い。冒頭のリラックスした雰囲気が漂う「グッド・ベイト」やアップテンポで展開する「ロシアの子守歌」など、聴きどころイッパイの1枚だ。

【収録曲】
1 グッド・ベイト(Good Bait)／2 アイ・ウォント・トゥ・トーク・アバウト・ユー(I Want To Talk About You)／
3 ユー・セイ・ユー・ケア(You Say You Care)／4 テーマ・フォー・アーニー(Theme For Ernie)／
5 ロシアの子守唄(Russian Lullaby)
【録音】 1958年2月7日
【Personnel】
ジョン・コルトレーン(ts)／レッド・ガーランド(p)／ポール・チェンバース(b)／アート・テイラー(ds)
●ユニバーサルミュージック／UCCO-99021

☆☆☆☆☆

至上の愛

A Love Supreme

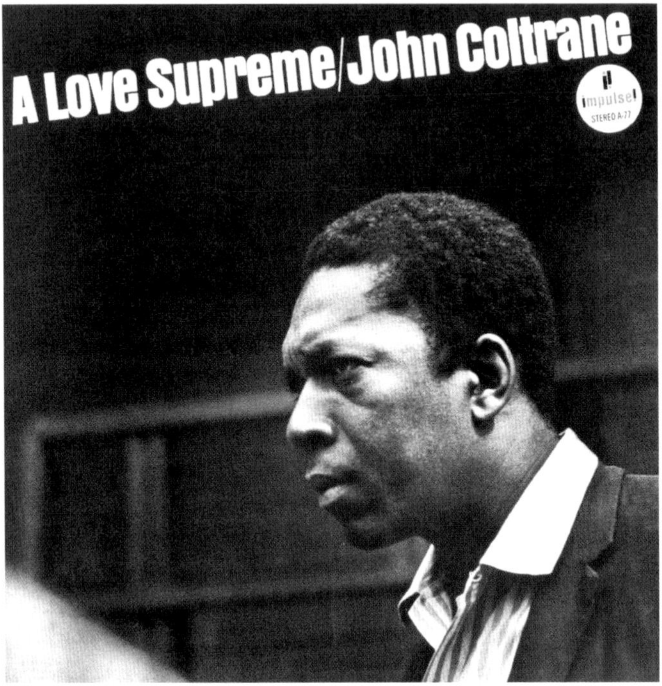

フリー・ジャズの領域に挑む4楽章からなる独創的、創造的、歴史的作品

“コルトレーン＝至上の愛”といわれるほど、コルトレーンを代表するアルバムで、複雑でありながら独創的、創造的な歴史的作品。クラシックの交響曲が4楽章から成るように、荘厳に熱く演奏される全4楽章からなる壮大な組曲で構成され、「Ballads（バラード）」（p.18）と並ぶ名盤と高い評価を得ている。

異なるリズムを並走させ、メロディーと和音と音階を軸とする西洋音楽ではなくインドやアフリカなどのリズムから大きな影響を受けた構成が難解であると同時に斬新でありながらも、「至高のクァルテット」と称される1960年代を代表するクァルテットが紡ぎだす演奏が素晴らしい。この作品をきっかけとして、その後、よりアヴァンギャルドなフリー・ジャズの領域に挑んで行く。

この作品については“よく分からない”といわれる面があるが、いずれにしろ、1960年代を代表する名盤であることに変わりはない。

［収録曲］
1 パート1：承認（Acknowledgement）／
2 パート2：決意（Resolution）／
3 パート3：追求（Pursuance）／
4 パート4：賛美（Psalm）
［録音］ 1964年12月9日
［Personnel］
ジョン・コルトレーン（ts）／
マッコイ・タイナー（p）／
ジミー・ギャリソン（b）／
エルヴィン・ジョーンズ（ds）
●ユニバーサルミュージック／UCCU-99007

★★★★★

ジャイアント・ステップス+8
Giant Steps

スピード感溢れる演奏、“シーツ・オブ・サウンド”と形容されるソロは圧巻

遅咲きで無名だったコルトレーンが、マイルス・デイヴィスのグループ時代に注目を集め独立、自らのスタイルを模索してひたすら努力と試行錯誤を重ね辿りついた記念碑的名盤。

アドリブ演奏の基本となる目まぐるしいまでのコード・チェンジを展開するタイトル曲をはじめ、2曲目のハード・バップの楽曲「カズン・マリー」や5曲目の「シーダス・ソング・フルート」、最初の妻の名をタイトルにした6曲目のバラード「ネイマ」などスロー、ミディアム、アップテンポの曲と印象深い作品が収録され、スピード感の漂う演奏が楽しめる。また、コルトレーンも代名詞と称される“シーツ・オブ・サウンド（音を敷き詰めたような）”と形容されるソロ演奏は圧巻のひと言。

このアルバムをもってして、新時代のテナー・サックス奏者コルトレーンの革新性、インプロヴィゼーション（即興）への自由が提示された1枚でもある。

[収録曲]
1 ジャイアント・ステップス（Giant Steps）／2 カズン・マリー（Cousin Mary）／3 カウントダウン（Countdown）／4 スパイラル（Spiral）／
5 シーダズ・ソング・フルート（Syeeda's Song Flute）／6 ネイマ（Naima）／7 ミスターP.C.（Mr. P.C.）／
8 ジャイアント・ステップス［別テイク］（Giant Steps[Bonus Track]）／9 ネイマ［別テイク］（Naima[Bonus Track]）／
10 カズン・マリー［別テイク］（Cousin Mary[Bonus Track]）／11 カウントダウン［別テイク］（Countdown[Bonus Track]）／
12 シーダズ・ソング・フルート［別テイク］（Syeeda's Song Flute[Bonus Track]）／
13 ジャイアント・ステップス［別テイク］（Giant Steps[Bonus Track]）／14 ネイマ［別テイク］（Naima[Bonus Track]）／
15 ジャイアント・ステップス［別テイク］（Giant Steps[Bonus Track]）
[録音] 1959年4月1日、12月2日
[Personnel]
ジョン・コルトレーン（ts）／トミー・フラナガン（p）／ウィントン・ケリー（p）／ポール・チェンバース（b）／アート・テイラー（ds）／ジミー・コブ（ds）
●ワーナーミュージック／WPCR-27201

☆☆☆☆

アフリカ・ブラス
Africa/Brass

コルトレーンのインパルス移籍第1弾アルバム。10数名からなるブラス・セクションを加えた豪華なセッティングで、モダンかつエスニカルなサウンドを創出している逸品だ。また、コルトレーンと並び60年代ジャズ界の立役者ともいえるエリック・ドルフィーと初の共同作業で、この後、ドルフィーはグループへ参加。2曲目の「グリーンスリーヴス」はマッコイ・タイナーの編曲で、2人のソロがファンタスティックだ。

[収録曲]
1 アフリカ(Africa[Album Version])/2 グリーンスリーヴス(Greensleeves)/3 ブルース・マイナー(Blues Minor[Album Version])
[録音] 1961年5月23日、6月7日
[Personnel] ジョン・コルトレーン(ss、ts)/エリック・ドルフィー(fl、b-cl、as)/マッコイ・タイナー(p)/レジー・ワークマン(b)/アート・デイヴィス(b)/エルヴィン・ジョーンズ(ds)
※ブラス・セクション　ブッカー・リトル(tp)/フレディ・ハバード(tp)/ブリット・ウッドマン(tb)/ドナルド・コラード(frh)/ボブ・ノーザン(frh)/ロバート・スイスシェルム(frh)/ジュリアス・ワトキンス(frh)/ジミー・バフィントン(frh)/チャールズ・グリーンリー(euphonium)/ジュリアン・ブリースター(euphonium)/カール・ボウマン(euphonium)/ビル・バーバー(tu)/ガーヴィン・ブッシェル(picc)/パット・パトリック(bs)　●ユニバーサルミュージック/UCCI-9322

☆☆☆☆☆

ラッシュ・ライフ
Lush Life

成長期にあったコルトレーンが骨太な音色で淡々と演奏する作品。アルバムは、3つのセクションからなるが、なかでも冒頭の「ライク・サムワン・イン・ラブ」をはじめとするピアノレス・トリオの完成度が素晴らしい。レッド・ガーランドのピアノ、ドナルド・バードの渋いプレイにも注目。スタンダードを中心にコルトレーンがテナー・サックスの限界に挑む、まさにコルトレーンのバラード演奏の神髄を垣間見ることができる1枚。

[収録曲]
1 ライク・サムワン・イン・ラブ(Like Someone In Love)/2 アイ・ラヴ・ユー(I Love You)/3 トレーンズ・スロー・ブルース(Trane's Slo Blues)/4 ラッシュ・ライフ(Lush Life)/5 アイ・ヒア・ア・ラプソディ(I Hear A Rhapsody)
[録音] 1957年5月31日、8月16日、1958年1月10日
[Personnel]
ジョン・コルトレーン(ts)/ドナルド・バード(tp)/レッド・ガーランド(p)/アール・メイ(b)/ポール・チェンバース(b)/アート・テイラー(ds)/ルイ・ヘイズ(ds)/アル・ヒース(ds)
●ユニバーサルミュージック/UCCO-99074

★★★★★

コルトレーン
Coltrane

マイルス・デイヴィス・クインテットで頭角を現し活躍、ジャズ界の新星として期待されていたコルトレーンが満を持して発表した記念すべきデビュー盤。ハード・バップの王道を行く演奏は力強く自信に満ち溢れているのが伺える。一方でこのアルバムの人気を決定づけたスタンダード曲として知られているロマンティックなバラード「コートにすみれを」での瑞々しい名演も印象的だ。寄り添うようなレッド・ガーランドのピアノが美しく優しい。

【収録曲】
1 バカイ(Bakai)／2 コートにすみれを(Violets for Your Furs)／
3 タイム・ウォズ(Time Was)／4 ストレート・ストリート(Straight Street)／
5 ホワイル・マイ・レディ・スリープス(While My Lady Sleeps)／6 クロニック・ブルース(Chronic Blues)
【録音】 1957年5月31日
【Personnel】
ジョン・コルトレーン(ts)／ジョニー・スプローン(tp)／サヒブ・シハブbs)／レッド・ガーランド(p)／
マル・ウォルドロン(p)／ポール・チェンバース(b)／アル・ヒース(ds)
●ユニバーサルミュージック／UCCO-99029

Title&Feature

コルトレーン・ジャズ+4
●1950年代末、コルトレーンが自身のレギュラーグループ結成前後の演奏を収録した意欲的なアルバム
「リトル・オールド・レディ」「ヴィレッジ・ブルース」「ハーモニク」「マイ・シャイニング・アワー」「フィフス・ハウス」など全12曲収録

アセンション
●レギュラー・クァルテットにトランペット奏者2人、サックス奏者4人、ベーシスト1人を加え、集団即興とソロとが交互に登場する構成
「アセンション[エディションI]」「アセンション[エディションII]」の全2曲収録

クレッセント
●名盤として名高い「バラード」に匹敵する“静”のコルトレーンを捉えた傑作で、音楽的に充実した時期の作品
「クレッセント」「ワイズ・ワン」「ベッシーズ・ブルース」「ローニーズ・ラメント」「ザ・ドラム・シング」の全5曲収録

ジョン・コルトレーン　オレ!+1
●2人のベーシストを迎え、ソプラノ・サックスを吹くコルトレーンを中心にスパニッシュ・モード満点の表題曲が感動的で、アトランティック最終作
「オレ!」「ダホメ・ダンス」「アイシャ」「トゥー・ハー・レディシップ」の全4曲収録

インプレッションズ
●伝説となったヴィレッジ・ヴァンガード最終日から2曲、スタジオ録音2曲をカップリングしたアルバム。タイトル曲のコルトレーンは圧巻
「インディア」「アップ・ゲインスト・ザ・ウォール」「インプレッションズ」「アフター・ザ・レイン」の全4曲収録

エクスプレッション
●1960年代を疾風怒濤のごとく駆け抜け、1967年7月17日、肝臓がんのため40歳で亡くなったコルトレーンの遺作となったアルバム
「オグンデ」「トゥ・ビー」「オファリング」「エクスプレッション」の全4曲収録

ジョン・コルトレーン　ライブ・アット・バードランド
●黄金のクァルテットがNYの名門ジャズ・クラブ、バードランドでのライブ録音とスタジオ録音とが収録されたアルバム
「アフロ・ブルー」「アイ・ウォント・トゥ・トーク・アバウト・ユー」「ザ・プロミス」「アラバマ」など全5曲収録

クル・セ・ママ
●アフリカ回帰を志向した壮大なタイトル曲に感銘をうける、後期のコルトレーンを代表するアルバム
「クル・セ・ママ」「ヴィジル」「ウェルカム」の全3曲を収録

メディテーションズ
●ファラオ・サンダース、ラシッド・アリの新加入により未踏の領域へ歩むコルトレーンの大作組曲
「ザ・ファーザー・アンド・ザ・サン・アンド・ザ・ホリー・ゴースト」「コムパッション」「ラヴ」「コンシークエンス」など全5曲収録

ジョン・コルトレーン&ジョニー・ハートマン
●情感豊かなバリトン・ヴォイスの持ち主ジョニー・ハートマンが共演した傑作
「ゼイ・セイ・イッツ・ワンダフル」「デディケイテッド・トゥ・ユー」「マイ・ワン・アンド・オンリー」など全6曲収録

ソニー・ロリンズ（セオドア・ウォルター・ロリンズ）

Sonny Rollins（Theodore Walter Rollins）

〝歌心〟を感じさせるメロディアスなフレーズが繰り出される

リーダーとして、また他のバンドの参加メンバーとして約70タイトルほどのアルバムを残したソニー・ロリンズ。92歳を超えてなお健在（2022年9月30日現在）なロリンズは、謂わずと知れた〝Jazz Giants〟のひとりである。

人間の生育や職業に生まれ育った環境が大きく影響することがあるが、ロリンズが生まれ育ったのは、ビ・バップ揺籃の地といわれたニューヨーク・ハーレム。幼少の頃からジャズの環境に囲まれて育ったことと、ジャズ・ミュージシャンになったことはあながち無関係ではないかもしれない。子どものころの遊び場が、黒人音楽の聖地といわれた〝アポロ劇場〟。そこで、デューク・エリントンやカウント・ベイシー楽団といった超一流のジャズを日常的に聴いていたようだ。さらには、若き日のジャッキー・マクリーンやケニー・ドリューなど、後に世に出るミュージシャンの卵たちが住んでいたり、ロリンズのアイドルでもあるコールマン・ホーキンスといった一線級のジャズマンの演奏に接して育ったという。

高校卒業後、本格的にプロの道に進み、若くして才能が評判になり、当時から神格化されていたという。

ロリンズの奏法は豪快、自由奔放、イマジネーション豊かなフレーズなど、大きなスケールを感じさせる。と同時に、〝歌心〟に溢れていると評されている。この〝歌心〟とは、あたかも歌を歌っているようなメロディアスなフレーズが繰り出されるということ。これは演奏から受けるニュアンスなので、「コレコレ、こういうことです」と説明するのは難しい。

一方ロリンズは、多くの作品でピアノレス編成を試みている。この〝ピアノ抜き〟という編成は画期的で、（ピアノは和音を出せるが）サックスはその構造上、和音を出せないため演奏に厚みを持たせることが難しくなるが、そうした制約がありながらも数々の名演を生み出したロリンズは、稀有な存在でもあり天才的でもある。

こうした特徴を備えたロリンズの魅力が如何なく発揮されているアルバムは『ヴィレッジ・ヴァンガードの夜』（p.58）、『ウェイ・アウト・ウエスト＋3』（p.59）など数多く残されているが、なかでも有名なのが『サキソフォン・コロッサス』（p.14）。「セント・トーマス」をはじめとする収録曲は、どれもが楽しく、親しみやすい。

また奇行とはいえないが、優れたミュージシャンと名演を繰り広げ絶頂期にあった29歳のとき、自分の演奏を見つめなおすため突如、沈黙する。こうした行為から感じるのは、自由奔放、豪放な演奏の影に、自身を見つめ直す求道者的な面も垣間見える。その間、ニューヨーク市イースト川に架かっているウィリアムズバーグ橋で練習を重ね、鮮やかに復活する。ロリンズはジャズの予備知識なしでも聴ける数少ないミュージシャンだ。

[Profile]
1930年9月7日。
アメリカ合衆国ニューヨーク州ニューヨーク出身。
1940年代からのモダン・ジャズ史を飾ったミュージシャンが世を去った現在、第一線で活躍し続けている、代表的テナーサックス奏者であり「大御所」。豪快で奔放でいながら朗々とした演奏は歌心に溢れ、聴くものをリラックスさせ多くのファンに支持されている。

☆☆☆☆☆

ヴィレッジ・ヴァンガードの夜
A Night At The“Village Vanguard”

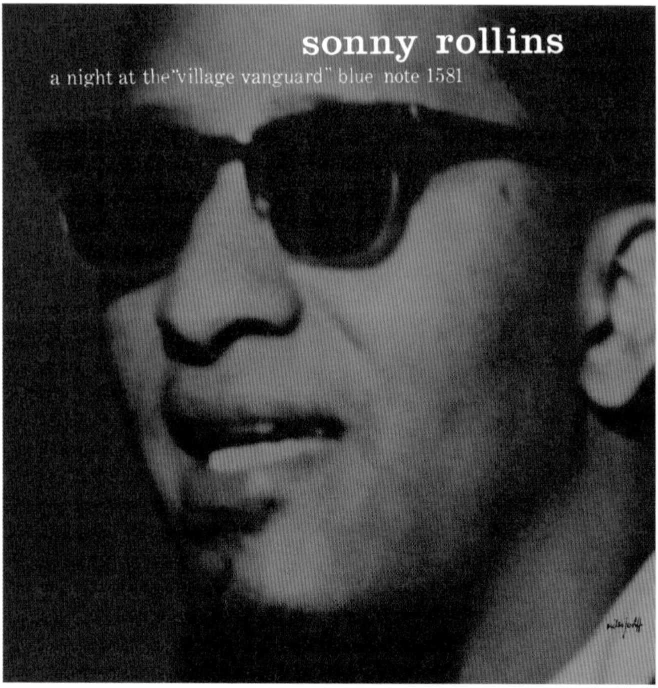

ピアノレスながら迫力とスリル、熱気を満喫できる分厚い演奏を

　このアルバムは、“初”と“初”とが重なったもの。
　ひとつは1935年にオープンしたニューヨークのナイト・クラブ、ヴィレッジ・ヴァンガード初のライブ録音であること。もうひとつはソニー・ロリンズが昼夜でメンバーを入れ替えた自身のコンボを率いての初のライブ録音であることだ。
　当日は午後の部で5曲、夜の部で15曲演奏。午後の部と夜の部ではバック・バンドが違うが、テナー・サックス、ベース、ドラムというシンプルな構成によるピアノレス・トリオながら豪快で奔放、朗々と吹くロリンズは熱気に溢れたスリリングで自由奔放で重厚な演奏を展開している。夜の部で初共演したエルヴィン・ジョーンズのドラミングも圧巻だ。
　録音した全20曲のなかから6曲をアルバム収録。「チュニジアの夜」のみ午後の部で、他の5曲は夜の部から選曲したもの。

【収録曲】
1 オールド・デヴィル・ムーン(Old Devil Moon)／
2 朝日のようにさわやかに(Softly as in a Morning Sunrise)／
3 ストライヴァーズ・ロウ(Striver's Row)／
4 ソニームーン・フォー・トゥー(Sonnymoon for Two)／
5 チュニジアの夜(A Night in Tunisia)／
6 言い出しかねて(I Can't Get Started)
【録音】 1957年11月4日
[Personnel]
ソニー・ロリンズ(ts)／ドナルド・ベイリー(b)／ウィルバー・ウェア(b)／ピート・ラロカ(ds)／エルヴィン・ジョーンズ(ds)
●ユニバーサルミュージック／UCCU-99040

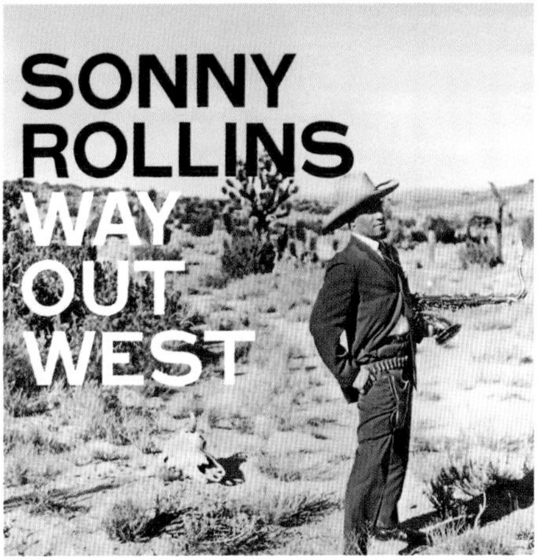

★★★★

ウェイ・アウト・ウエスト+3
Way Out West

ニューヨークを拠点に活動していたソニー・ロリンズが西海岸で録音したピアノレス・トリオの初アルバムで、名作『サキソフォン・コロッサス』(p.14)と並び称されるロリンズの傑作。ピアノレスの弱点ともいえる部分をロリンズが自身の持ち味をいかんなく発揮し、明るく楽しく、開放的な雰囲気を創り上げている。「俺は老カウボーイ」など西部劇映画の楽曲をカバーするなど、サービス精神も旺盛でユーモラスさも感じられる。

[収録曲]
1 俺は老カウボーイ(I'm An Old Cowhand)/2 ソリチュード(Solitude)/
3 カム、ゴーン(Come, Gone)/4 ワゴン・ホイール(Wagon Wheels)/
5 ノー・グレイター・ラヴ(There Is No Greater Love)/6 ウェイ・アウト・ウエスト(Way Out West)/
7 俺は老カウボーイ[別テイク](I'm An Old Cowhand[Alternate Take])/8 カム、ゴーン[別テイク](Come, Gone[Alternate Take])/
9 ウェイ・アウト・ウエスト[別テイク](Way Out West[Alternate Take])
[録音] 1957年3月7日
[Personnel] ソニー・ロリンズ(ts)/レイ・ブラウン(b)/シェリー・マン(ds)
●ユニバーサルミュージック/UCCO-99025

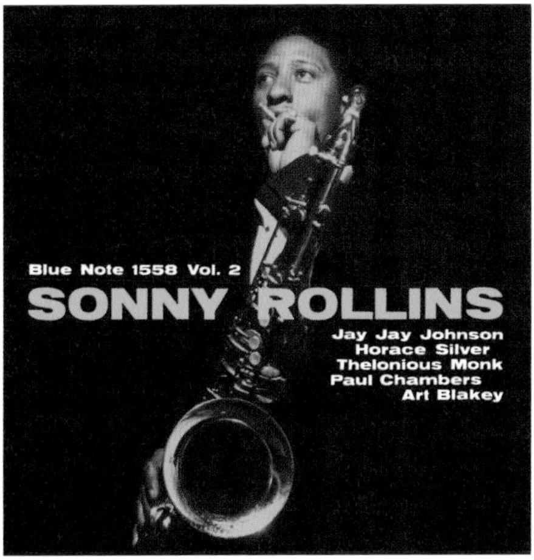

★★★★

ソニー・ロリンズVol.2
Sonny Rollins Vol.2

豪華なメンバー(ベースのポール・チェンバース以外、自身のバンドを率いていた)の顔合わせによる、ロリンズ絶好調時のアルバムで、活気に溢れジャズの魅力、醍醐味をいかんなく発揮。冒頭の「ホワイ・ドント・アイ」をはじめロリンズのプレイは実に素晴らしく、アイディアに溢れた演奏を聴かせてくれる。3曲目の「ミステリオーソ」でのセロニアス・モンクとホレス・シルヴァーの連弾(*)も聴きどころだ。

*連弾=一台の鍵盤楽器を複数で同時に弾くこと。一般的には、ピアノを二人で演奏することを指す。

[収録曲]
1 ホワイ・ドント・アイ(Why Don't I)/2 ウェイル・マーチ(Wail March)/
3 ミステリオーソ(Misterioso)/4 リフレクションズ(Reflections)/
5 ユー・ステップト・アウト・オブ・ア・ドリーム(You Stepped Out Of A Dream)/6 プア・バタフライ(Poor Butterfly)
[録音] 1957年4月14日
[Personnel]
ソニー・ロリンズ(ts)/J.J.ジョンソン(tb)/ホレス・シルヴァー(p)/セロニアス・モンク(p)/ポール・チェンバース(b)/アート・ブレイキー(ds)
●ユニバーサルミュージック/UCCU-99176

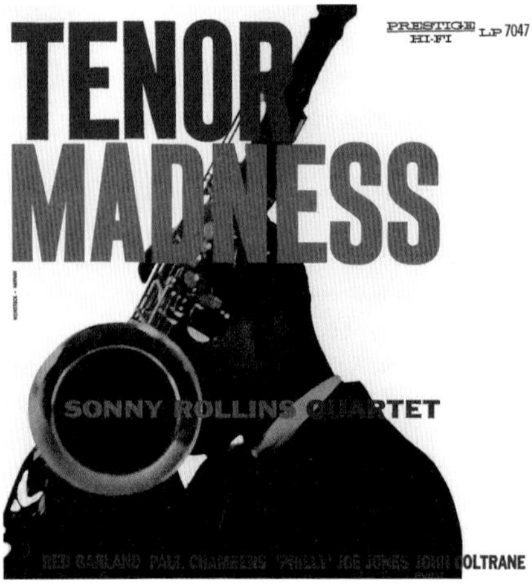

☆☆☆☆

テナー・マッドネス
Tenor Madness

タイトルの「テナー・マッドネス」は、全盛期のソニー・ロリンズと未完で頭角を現したジョン・コルトレーンが共演した唯一のアルバムで、モダン・ジャズ史上、最も有名な対決といわれている。当時のマイルス・デイヴィス・クインテットのリズム・セクションを従えての演奏は、プレスティッジらしいハード・バップの連続。2曲めからの4曲ではワン・ホーンによるロリンズならではの男性的で豪快なテナー演奏、いわゆる"ロリンズ節"を聴かせてくれる。

[収録曲]
1 テナー・マッドネス(Tenor Madness)/2 恋人が行ってしまったら(When Your Lover Has Gone)/
3 ポールズ・パル(Paul's Pal)/4 マイ・レヴェリー(My Reverie)/
5 世界一美しい娘(The Most Beautiful Girl In the World)
[録音] 1956年5月24日
[Personnel]
ソニー・ロリンズ(ts)/ジョン・コルトレーン(ts)/レッド・ガーランド(p)/ポール・チェンバース(b)/フィリー・ジョー・ジョーンズ(ds)
●ユニバーサルミュージック/UCCO-99048

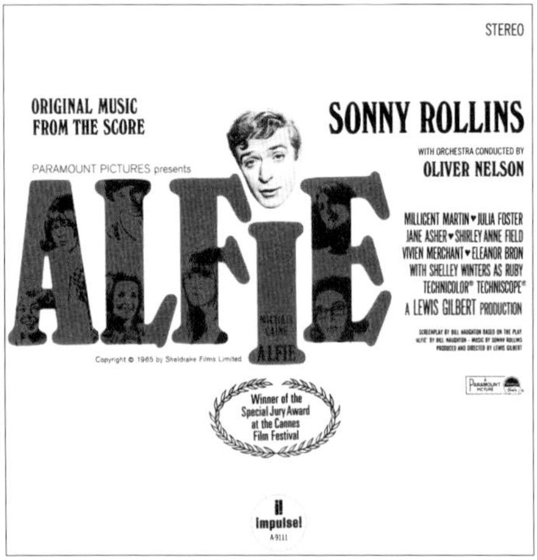

☆☆☆

アルフィー
Alfie

豪快な音色、スリリングなアドリブ、溢れ出るユーモアが満喫できるソニー・ロリンズ永遠のヒット作。ロリンズが書き下ろしたイギリス映画『アルフィー』の映画音楽を別途録音したもので、人気のあるアルバムである。なかでも、冒頭の「アルフィーのテーマ」は、ジャズを聴いたことがなくても、とっつきやすくスンナリ聴くことができる曲だ。指揮とアレンジはオリヴァー・ネルソンが担当、豪快で奔放なソロは聴きどころだ。

[収録曲] 1 アルフィーのテーマ(Alfie's Theme)/2 ヒーズ・ヤンガー・ザン・ユー・アー(He's Younger Than You Are)/
3 ストリート・ランナー・ウィズ・チャイルド(Street Runner with Child)/
4 トランジション・テーマ(Transition Theme For Minor Blues Or Little Malcolm Loves His Dad)/5 オン・インパルス(On Impulse)/
6 アルフィーのテーマII(Alfie's Theme Differently)
[録音] 1966年1月26日
[Personnel] ソニー・ロリンズ(ts)/ロバート・アシュトン(ts)/ダニー・バンク(ts)/フィル・ウッズ(as)/
J.J.ジョンソン(tb)/ジミー・クリーヴランド(tb)/ケニー・バレル(g)/ロジャー・ケラウェイ(p)/
ウォルター・ブッカー(b)/フランキー・ダンロップ(ds)/オリヴァー・ネルソン(arr、cond)
●ユニバーサルミュージック/UCCU-6134

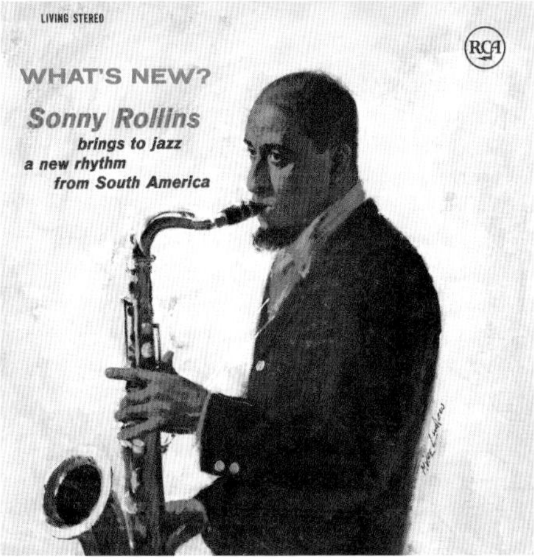

☆☆☆

ホワッツ・ニュー
What's New?

ソニー・ロリンズの演奏は、豪快で奔放、豊かな音色、歌心に溢れている。このアルバムは、29歳のとき一旦、活動を休止、2年後に再開したカムバック第2作目にあたる。冒頭「ドント・ストップ・ザ・カーニヴァル」は、緩やかに、でもどこかダイナミックで、これぞロリンズという雰囲気に満ち溢れている。また、ジム・ホールとのコラボレーション、コーラスを交えたアプローチ、打楽器とのバトルなど、聴きどころ満載。

【収録曲】
1 ドント・ストップ・ザ・カーニヴァル(Don't Stop the Carnival)／2 もし貴方と別れる時は(If Ever I Would Leave You)／
3 ブラウンスキン・ガール(Brownskin Girl)／4 ブルーソンゴ(Bluesongo)／
5 夜は千の眼をもつ(The Night Has a Thousand Eyes)／6 ジャンゴソ(Jungoso)
【録音】 1962年4月5日、5月26日
【Personnel】
ソニー・ロリンズ(ts)／ジム・ホール(g)／ボブ・クランショウ(b)／ベン・ライリー(ds)／キャンディド(perc)
●ソニーミュージック／SICP-4246

☆☆☆

ソニー・ロリンズ・ウィズ・モダン・ジャズ・カルテット
Sonny Rollins with Modern Jazz Quartet

ジャズ史を代表するソニー・ロリンズがモダン・ジャズ・カルテット(MJQ)やマイルス・デイヴィスと共演した記念すべき初リーダー・アルバム。MJQとの共演による「オールモスト・ライク・ビーイング・イン・ラブ」、マイルスとの共演による「アイ・ノウ」やケニー・ドリューらをバックに従えた「オン・ア・スロウ・ボート・トゥ・チャイナ」など3つのセッションによる演奏は男性的で豪快。すでに大器の片鱗を随所に発揮している。

【収録曲】 1 ザ・ストッパー(The Stopper)／2 オールモスト・ライク・ビーイング・イン・ラブ(Almost Like Being In Love)／
3 ノー・モー(No Moe)／4 イン・ア・センチメンタル・ムード(In A Sentimental Mood)／5 スクープス(Scoops)／
6 ウィズ・ア・ソング・イン・マイ・ハート(With A Song In My Heart)／7 ニュークス・フェイドアウェイ(Newk's Fadeaway)／
8 タイム・オン・マイ・ハンズ(Time On My Hands)／9 ジス・ラヴ・オブ・マイン(This Love Of Mine)／10 シャドラック(Shadrack)／
11 オン・ア・スロウ・ボート・トゥ・チャイナ(On a Slow Boat To Chaina)／12 マンボ・バウンス(Manbo Bounce)／13 アイ・ノウ(I Know)
【録音】 1951年1月17日、12月17日、1953年10月7日
【Personnel】 ソニー・ロリンズ(ts)／ミルト・ジャクソン(vib)／ジョン・ルイス(p)／ケニー・ドリュー(p)／
マイルス・デイヴィス(p)／パーシー・ヒース(b)／ケニー・クラーク(ds)／アート・ブレイキー(ds)／ロイ・ヘインズ(ds)
●ユニバーサルミュージック／UCCO-5533

バド・パウエル（アール・ルドルフ・パウエル）

Bud Powell（Earl Rudolph Powell）

高速演奏のように時代を駆け抜けた〝ジャズ・ピアノの開祖〟

[Profile]
1924年9月27日−
1966年7月31日。
アメリカ合衆国ニューヨーク州ニューヨーク市出身。
音楽一家で育った影響でクラシックを学ぶがジャズに興味を持つようになり、15歳になる頃には、兄のバンドでピアノを弾くようになる。麻薬やアルコール中毒に苦しみ41歳という若さで世を去ったが、ジャズ・ピアノ・シーンに残した功績は大きい。

ジャズ・ピアノの歴史に画期的な変化をもたらしたピアニストのひとりで、〝ピアノのチャーリー・パーカー〟とも呼ばれたバド・パウエル。その演奏の特徴は、〝天才的〟〝神がかり的〟ともいえる狂気を孕んだような閃きに溢れ、鍵盤の上を疾走するかのようなスピード感にある。具体的にいうと、右手が紡ぎ出す高速のシングルトーンと左手は複雑で頻繁なコードチェンジに徹するというスタイルでビ・バップの音楽性そのものを表現している。

またパウエルが残した変革という意味ではピアノ・トリオという編成、演奏スタイルを確立したことが挙げられる。つまり、パウエルが登場するまでは、ジャズ・コンボにおいて主役のトランペットやホーン奏者の演奏をサポートするドラム、ベースとともにリズムを構築する脇役的存在であったジャズ・ピアノを、独立したユニットとして新しい世界、演奏スタイルを築き、地位に高めたことにある。まさに〝ピアノ・トリオの生みの親〟といえる。

パウエルは、1940年代後半から1950年代初頭にかけて音楽的な面で最盛期を迎えるが、1950年代中頃以降、麻薬やアルコール中毒などに苦しみ精神障害（統合失調症）を患う。しかし、こうした不調期にもかかわらず1958年、名盤として名高い『ザ・シーン・チェンジズ』（p. 64）を発表している。このアルバムはパウエルがブルー・ノートに残した『アメイジング・バド・パウエル』第1集から第5集の第5集目にあたり、なかでも有名なのが「クレオパトラの夢」で、鬼気迫るような演奏を聴くことができる。

代表的なアルバムとしては『ジャズ・ジャイアント』（p. 65）やモダン・ジャズ・ピアノのバイブルともいわれる『バド・パウエルの芸術』（p. 66）などが挙げられる。また楽曲としてはパウエルの狂気的な鍵盤上を駆け抜ける疾走感に息をすることさえ忘れてしまうような緊迫感に溢れた「　」（『アメイジング・バド・パウエル』第1集目収録）や「神の子はみな踊る」（『ジャズ・ジャイアント』収録）もパウエルの真髄、個性を味わうことができる名曲といえる。

一方で、1960年代初頭、本場アメリカにジャズ不況が起き、多くのミュージシャンがヨーロッパに活動の場を移したが、パウエルも同様、フランスに渡って活動を続けた。この異教の地で発表したのが、デューク・エリントンのプロデュースによる『バド・パウエル・イン・パリ（＋2）』（p. 65）。しかし1960年代の晩年のアルバムでは、指が動かないことがもどかしいのか呻き声を発しながらも自身のアイデンティティともいえる鬼気せまる狂気に満ちた演奏を繰り広げている様子が見て取れる。

長年、麻薬やアルコールに蝕まれながらもアドリブ演奏と格闘した肉体は限界を迎え、1966年夏、41歳で死去。ハーレムで行われた葬儀には5000人が参列したという。

★★★★★

ザ・シーン・チェンジズ

The Scene Changes The Amazing Bud Powell

モダン・ジャズ史上屈指の名曲として名高いピアノ・トリオの名演「クレオパトラの夢」

バド・パウエルがブルー・ノートに残した名演として名高い『The Amazing Bud Powell』は第5集まであり、そのうち第5集目がこのアルバム。全曲オリジナル曲で構成。なかでもモダン・ジャズ史上屈指の人気曲といわれる「クレオパトラの夢」をはじめピアノ・トリオの名盤と評価は高い。その「クレオパトラの夢」は耳に残る印象的な曲調で、特に日本のファンに圧倒的な人気を誇っている。全編に流れるエキゾチックな主題メロディーと連続する親しみやすいアドリブとが相まってジャズを聴いたことがない人にも親しみやすいことから広く知られている。「クレオパトラの夢」をはじめとする収録曲すべての曲の完成度の高さに耳が奪われてしまう1枚だ。

ちなみにジャケット写真でバド・パウエルの右側から顔をのぞかせているのは、当時3歳だった愛息・アール・ダグラス・ジョン・パウエルである。

【収録曲】
1 クレオパトラの夢(Cleopatra's Dream)／
2 デュイッド・ディード(Duid Deed)／
3 ダウン・ウィズ・イット(Down With It)／
4 ダンスランド(Danceland)／
5 ボーダリック(Borderick)／
6 クロッシン・ザ・チャンネル(Crossin' The Channel)／
7 カミン・アップ(Comin' Up)／
8 ゲッティン・ゼア(Getting' There)／
9 ザ・シーン・チェンジズ(The Scene Changes)
【録音】 1958年12月29日
【Personnel】 バド・パウエル(p)／ポール・チェンバース(b)／アート・テイラー(ds)　●ユニバーサルミュージック／UCCU-99048

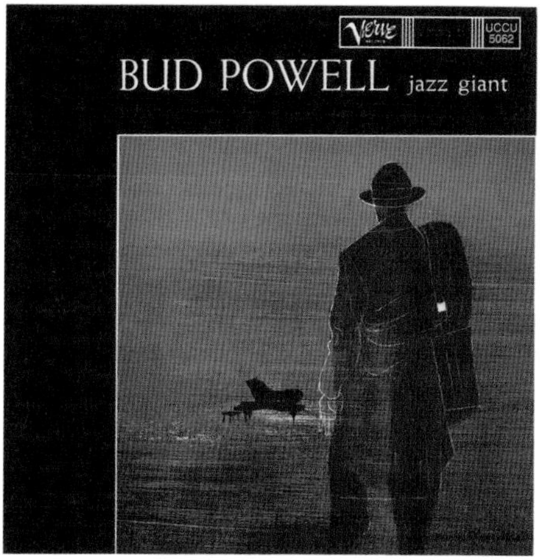

☆☆☆☆

ジャズ・ジャイアント
Jazz Giant

モダン・ジャズ・ピアノを確立したと評される天才バド・パウエル。パウエルの演奏には、狂気かと思わせるような異様とも思える疾走感、鬼気迫るような凄み、そして切々とした優美さなど聴き手を魅了するものがある。このアルバムは絶頂期を捉えた傑作。異様な疾走感をもった冒頭のオリジナル曲「テンパス・フュージット」や「神の子はみな踊る」での高速演奏、「ストリクトリー・コンフィデンシャル」などとの低速バラード演奏の組み合わせが面白い。

[収録曲]
1 テンパス・フュージット(Tempus Fuge-it)/2 シリア(Celia)/3 チェロキー(Cherokee)/
4 アイル・キープ・ラヴィング・ユー(I'll Keep Loving You)/5 ストリクトリー・コンフィデンシャル(Strictly Confidential)/
6 神の子はみな踊る(All God's Chillun Got Rhythm)/7 ソー・ソーリー・プリーズ(So Sorry, Please)/8 ゲット・ハッピー(Get Happy)/
9 サムタイムズ・アイム・ハッピー(Sometimes I'm Happy)/10 スウィート・ジョージア・ブラウン(Sweet Georgia Brown)/
11 イエスタデイズ(Yesterdays)/12 エイプリル・イン・パリ(April In Paris)/13 身も心も(Body and Soul)
[録音] 1949年2月23日、1950年2月
[Personnel] バド・パウエル(p)/レイ・ブラウン(b)/カーリー・ラッセル(b)/マックス・ローチ(ds)
●ユニバーサルミュージック/UCCU-99035

☆☆☆☆

バド・パウエル・イン・パリ(+2)
Bud Powell In Paris

アメリカを離れ異郷の地フランスでデューク・エリントンがプロデュースした、バド・パウエル晩年の傑作だ。50年代のような鬼気迫るような天才的な閃きや狂気とも思える疾走感は希薄だが、ビ・バップの名曲を中心にしっとりとした枯れた味わいのなかにも絶頂期を思わせるプレイを展開。2曲目の「ディア・オールド・ストックホルム」は名演との評価が高い。名作『ザ・シーン・チェンジズ』(p.64)と並んで広く愛聴されてきた人気盤。

[収録曲]
1 ハウ・ハイ・ザ・ムーン(How High The Moon)/2 ディア・オールド・ストックホルム(Dear Old Stockholm)/
3 身も心も(Body And Soul)/4 ジョードゥ(Jor-Du)/5 リーツ・アンド・アイ(Reets And I)/6 サテン・ドール(Satin Doll)/
7 パリの大通り(Parisian Thoroughfare)/8 言い出しかねて(I Can't Get Started)/9 リトル・ベニー(Little Benny)/
10 インディアナ(INDIANA(Back Home Again In))/11 Bフラット・ブルース(B-FLAT BLUES)
[録音] 1963年2月
[Personnel]
バド・パウエル(p)/ジルベルト・ビビ・ロヴェール(b)/カンザス・フィールズ(ds)
●ワーナーミュージック/WPCR-27104

☆☆☆☆

バド・パウエルの芸術
Bud Powell

ジャズ・スピリットと驚異的なテクニックが合致した名演で、バド・パウエル最高の演奏が収録された“モダン・ジャズ・ピアノのバイブル”ともいわれ、ピアノ・トリオのスタイルを築き上げた名盤として人気を誇るアルバムだ。息をすることさえ忘れてしまうような張り詰めた緊張感、凄み。一方で優美で抒情的でもある演奏が素晴らしい。まさに絶頂期のプレイであり、かつ図抜けたテクニックを備えた天才ぶりが漲っている1枚だ。

【収録曲】 1 四月の思い出(I'll Remember April)／2 インディアナ(Indiana)／3 誰かが私を愛している(Somebody Loves Me)／
4 アイ・シュッド・ケア(I Should Care)／5 バッズ・バブル(Bud's Bubble)／6 オフ・マイナー(Off Minor)／
7 ナイス・ワーク・イフ・ユー・キャン・ゲット・イット(Nice Work If You Can Get It)／
8 エヴリシング・ハプンズ・トゥ・ミー(Everything Happens To Me)／9 エンブレイサブル・ユー(Embraceable You)／
10 バート・カヴァーズ・バド(Burt Covers Bud)／11 マイ・ハート・ストゥッド・スティル(My Heart Stood Still)／
12 ユード・ビー・ソー・ナイス・トゥ・カム・ホーム・トゥ(You'd Be So Nice To Come Home To)／13 バグス・グルーヴ(Bag's Groove)／
14 マイ・デヴォーション(My Devotion)／15 星影のステラ(Stella By Starlight)／16 ウディン・ユー(Woody'n You)
【録音】 1947年1月10日(1～8)、1953年9月(9～16)　**【Personnel】** バド・パウエル(p)／ジョージ・デュヴィヴィエ(b)／カーリー・ラッセル(b)／
アート・テイラー(ds)／マックス・ローチ(ds)　●ユニバーサルミュージック／WPCR-29051

☆☆☆☆☆

ザ・ジニアス・オブ・バド・パウエル+2
The Genious of Bud Powell

天才バド・パウエル初期のソロ&トリオの2セッションを収めた傑作。狂気ともいえるような鍵盤上を疾走するスピード感溢れるパウエルの指遣い。レイ・ブラウンとバディ・リッチを従えた冒頭(1～3)の「ティー・フォー・トゥー」の鬼気迫る演奏は有名で、聴くものを圧倒する。レイ・ブラウン、バディ・リッチとのトリオ演奏も凄いが、オリジナル曲「パリの目抜き通りで」を含む一人スウィングの極致、バドのソロの真髄が楽しめる。

【収録曲】 1 ティー・フォー・トゥー[別テイク](Tea for Two[take5])／2 ティー・フォー・トゥー(Tea for Two)／
3 ティー・フォー・トゥー[別テイク](Tea for Two[take10])／4 ハレルヤ(Hallelujah)／5 パリの目抜き通りで(Parisian Thoroughfare)／
6 オブリヴィオン(Oblivion)／7 ダスク・イン・サンディ(Dusk in Sandi)／8 ハルシネイションズ(Hallucinations)／
9 ザ・フルーツ(The Fruit)／10 ア・ナイチンゲール・サング・イン・バークレイ・スクェア(A Nightingale Sang in Berkeley Square)／
11 ジャスト・ワン・オブ・ゾーズ・シングス(Just One of Those Things)／
12 ザ・ラスト・タイム・アイ・ソウ・パリ(The Last Time I Saw Paris)
【録音】 1950年7月1日、1951年2月
【Personnel】 バド・パウエル(p)／レイ・ブラウン(b)／バディ・リッチ(ds)
●ユニバーサルミュージック／UCCU-99063

クリフォード・ブラウン

Clifford Brown

5年ほどの活動ながら、その死が惜しまれた天才トランペッター

1956年6月26日、雨の降る深夜。ジャズ界に舞い降りた天才トランペッター、クリフォード・ブラウン（通称〝ブラウニー〟）が不慮の事故で世を去った。演奏旅行のためシカゴへ向かう途中だったという（この事故で、車に同乗していたバド・パウエル（p.62）の弟、リッチー・パウエルも亡くなった）。

12歳の頃からトランペットを吹き始めた〝ブラウニー〟。19歳の時、ディジー・ガレスピー・バンドの代役トランペッターとして声がかかり参加したのだが、その演奏が大絶賛を受け、それがきっかけで本格的にジャズ・ミュージシャンを目指すようになる。

〝ブラウニー〟の高度なテクニックと豊かな音色は、チャーリー・パーカーやディジー・ガレスピーなど当時の一流プレイヤーから高く評価され、ビ・バップ時代に活躍し26歳という、これまた若くして世を去った天才トランペッター、ファッツ・ナバロ（1923-1950）の再来ともいわれた。

類稀なるテクニックをもつ〝ブラウニー〟がニューヨークに進出したのは〝ハード・バップ前夜の年〟1953年のこと。その翌年、アート・ブレイキーの名盤として名高い『バードランドの夜』（p.17）に参加し、ハード・バップの夜明けを告げる新人スターとして注目されることになる。そして同じ年、ドラマーのマックス・ローチとともに西海岸に赴き、双頭クインテットとして知られる〝クリフォード・ブラウン&マックス・ローチ・クインテット〟を結成、『クリフォード・ブラウン&マックス・ローチ+2』（p.70）などの名作を残している。

実質的には5年にも満たない短い活動期間ながら類稀なる演奏を数多く残した〝ブラウニー〟が奏でる音は、金管楽器特有の金属的な音ではなく、トランペットならではの特性や長所を最大限に生かし、暖かく、柔らかく、爽やかで豊かな、ゆったりとした艶やかな音色で、高音部分はシャープに的確に聴かせる雰囲気がある。

こうした特徴を兼ね備えていたことが、コンボによる演奏だけではなく、ストリングスとのコラボによる『クリフォード・ブラウン・ウィズ・ストリングス』（p.68）や女性ヴォーカリストをサポートした『サラ・ヴォーン・ウィズ・クリフォード・ブラウン+1』（p.122）、『ヘレン・メリル・ウィズ・クリフォード・ブラウン』（p.124）など、多方面にわたって音楽表現の幅を広げることに繋がっている。

〝ブラウニー〟の死に激しい衝撃を受けたサックス奏者のベニー・ゴルソンは、1957年、追悼曲「アイ・リメンバー・クリフォード」を作曲。同曲は、スタンダードとして定着、なかでもリー・モーガンの『リー・モーガン Vol・3+1』（p.101）が有名である。

[Profile]
1930年10月30日―1956年6月26日。
アメリカ合衆国デラウェア州ウィルミントン出身。
父親の影響で12歳の頃からトランペットを吹き始める。ハード・バップ初期、卓越したテクニックで高く評価されたが、25歳の若さで交通事故のため世を去る。疾風怒濤のごとくジャズ・シーンを駆け抜けたが、その輝きは色褪せることはない。

★★★★★

クリフォード・ブラウン・ウィズ・ストリングス
Clifford Brown With Strings

一度は聴いたたことがあるスタンダード曲を歌い上げたバラード・アルバムの決定盤

25歳にして世を去った夭逝のトランペッター、クリフォード・ブラウン（通称“ブラウニー”）がベイシー楽団のアレンジャーとして知られるニール・ヘフティの指揮によるストリングスをバックに名曲を朗々と歌い上げたバラード・アルバムの決定盤。“ブラウニー”の持ち味である、柔らかく豊かなトーンは、輝かしくありながらケバケバしさのない絶妙の重量感を伴った響きでトランペット・サウンドの最良モデルともいえる。本作は、その“ブラウニー”が奏でるバラードを中心とした楽曲で構成され、センスをいかんなく発揮している。「イエスタデイズ」や「スターダスト」「煙が目にしみる」「ローラ」など、誰もが、一度は耳にしたことがあるだろう美しいスタンダード曲に軽いフェイクを施しながら、豊かな表情でメロディアスなソロを展開、しっとりと歌いあげている。

ジャズ初心者が気負わずに聴け、ジャズの多様性を味わうことができる1枚だ。

[収録曲]
1 イエスタデイズ（Yesterdays）／2 ローラ（Laura）／
3 ホワッツ・ニュー（What's New?）／4 ブルー・ムーン（Blue Moon）／
5 愛さずにはいられない（Can't Help Lovin' Dat Man）／6 エンブレイサブル・ユー（Embraceable You）／
7 ウィロー・ウィープ・フォー・ミー（Willow Weep for Me）／8 メモリーズ・オブ・ユー（Memories of You）／
9 煙が目にしみる（Smoke Gets in Your Eyes）／10 ジェニーの肖像（Portrait of Jenny）／
11 いつかどこかで（Where or When）／12 スターダスト（Stardust）
[録音] 1955年1月18日～20日
[Personnel]
クリフォード・ブラウン（tp）／リッチー・パウエル（p）／バリー・ガルブレイス（g）／ジョージ・モロウ（b）／マックス・ローチ（ds）／＋ストリングス
●ユニバーサルミュージック／UCCU-99027

★★★★

ザ・ビギニング・アンド・ザ・エンド
The Beginning And The End

25歳という若さで世を去った“ブラウニー”の最初と最後の録音をカップリングしたアルバム。柔らかさや暖かさ、豊かさを備えた音色が心地良い。冒頭の「アイ・カム・フロム・ジャマイカ」と2曲目「アイダ・レッド」では端正なソロを、4曲目の「チュニジアの夜」と5曲目の「ドナ・リー」は風格のあるソロを披露。この録音後、シカゴへ向かう途中、交通事故に遭遇し亡くなっているので、歴史的にも価値のある1枚だ。

【収録曲】
1 アイ・カム・フロム・ジャマイカ(I Come From Jamaica)／2 アイダ・レッド(Ida Red)／
3 ウォーキン(Walkin')／4 チュニジアの夜(Night In Tunisia)／
5 ドナ・リー(Donna Lee)
【録音】 1956年6月25日(説)
[Personnel]
クリフォード・ブラウン(tp)／ジギー・ヴァインス(ts)／ビリー・ルート(ts)／サム・ドッケリー(p)／エース・ティゾーン(b)／エリス・トーリン(ds)
●ソニーミュージック／SICP-725

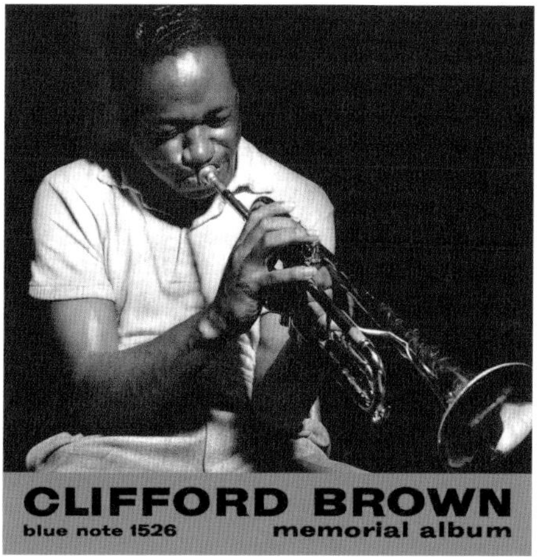

★★★

クリフォード・ブラウン・メモリアル・アルバム+8
Clifford Brown Memorial Album

“ブラウニー”が活躍したのは、25歳で亡くなったこともあり僅か5年間ほどだが、その短い時間ながら高密度・濃密度で数多くの名演を残している。そのなかにあって、この1枚は初期の頃、ルー・ドナルドソンとの双頭クインテット、アート・ブレイキーが加わるセクステット(6人編成)による初リーダーとなって録音した貴重な1枚。豊かで艶やかな音色はもちろん、「チェロキー」「クッキン」など、その天才らしさを伺わせる名盤である。

【収録曲】 1 ヒム・オヴ・ジ・オリエント(Hymn Of The Orient)／2 イージー・リヴィング(Easy Living)／3 マイナー・ムード(Minor Mood)／
4 チェロキー(Cherokee)／5 ウェイル・ベイト(Wail Bait)／6 ブラウニー・スピークス(Brownie Speaks)／7 ディー・ダー(De-Dah)／
8 クッキン(Cookin')／9 ユー・ゴー・トゥ・マイ・ヘッド(You Go To My Head)／10 カーヴィング・ザ・ロック(Carving The Rock)／
11 ブラウニー・アイズ(Brownie Eyes)／12 ヒム・オヴ・ジ・オリエント[別テイク](Hymn Of The Orient[alt,take])／
13 チェロキー[別テイク](Cherokee[alt,take])／14 ウェイル・ベイト[別テイク](Wail Bait[alt,take])／15 ベラローサ(Bellarosa)／
16 クッキン[別テイク](Cookin'[alt,take])／17 カーヴィング・ザ・ロック[別テイク1](Carving The Rock[alt,take1])／
18 カーヴィング・ザ・ロック[別テイク2](Carving The Rock[alt,take2]) **【録音】** 1953年6月9日、8月28日
[Personnel] クリフォード・ブラウン(tp)／ジジ・グライス(as, fl)／ルー・ドナルドソン(as)／チャーリー・ラウズ(ts)／エルモ・ホープ(p)／
ジョン・ルイス(p)／パーシー・ヒース(b)／フィリー・ジョー・ジョーンズ(ds)／アート・ブレイキー(ds) ●ユニバーサルミュージック／UCCU-5681

★★★★★

クリフォード・ブラウン&マックス・ローチ+2

Clifford Brown and Max Roach

多くの名演を残したクリフォード・ブラウン(通称“ブラウニー”)とマックス・ローチの初スタジオ録音盤。ふたりの演奏は歌うとたとえられるほど、“歌心”に溢れている。“ブラウニー”のオリジナル曲「ジョイ・スプリング」「デライラ」など、グループの代表的なレパートリーが収録されている。“ブラウニー”が奏でるトランペットの温かみある音色、それぞれの持ち味を発揮したメンバーとの一体感のある演奏が素晴らしい作品に結実している。

[収録曲]
1 デライラ(Delilah)/2 パリジャン・ソロウフェア(Parisian Thorougfare)/3 ザ・ブルース・ウォーク(The Blues Walk)/
4 ダフード(Daahoud)/5 ジョイ・スプリング((Joy Spring)/6 ジョードゥ(Jordu)/
7 ホワット・アム・アイ・ヒア・フォー(What Am I Here For)/8 ジョイ・スプリング[別テイク](Joy Spring[alt. take])/
9 ダフード[別テイク](Daahoud[alt. take])
[録音] 1955年5月23日〜25日
[Personnel]
クリフォード・ブラウン(ts)/ハロルド・ランド(ts)/リッチー・パウエル(p)/ジョージ・モロー(b)/マックス・ローチ(ds)
●ユニバーサルミュージック/UCCU-99068

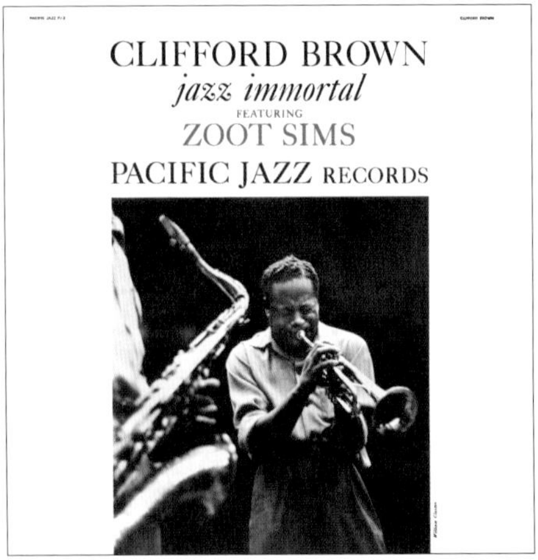

★★★

ジャズ・イモータル

Jazz Immortal

超人的ともいえるソロ・プレイを身上とするクリフォード・ブラウン(通称“ブラウニー”)とマックス・ローチは、LAでクインテットを結成。その時期、編曲を重視するウエスト・コーストを代表するミュージシャンと共演した異色作。“ブラウニー”の流れるような、爽やかなメロディラインが見事に噛み合いズート・シムズとの相性もいい。後にブラウン=ローチ・クインテットで不朽の名演を残す「ジョイ・スプリング」「タフード」の初演を収録。

[収録曲]
1 タニー・ケイパーズ(Tiny Capers)/2 風と共に去りぬ(Gone With The Wind)/3 ファインダーズ・キーパーズ(Finders Keepers)/
4 ブルーベリー・ヒル(Blueberry Hill)/5 ジョイ・スプリング(Joy Spring)/6 ボーンズ・フォー・ジョーンズ(Bones for Jones)/
7 ボーンズ・フォー・ズート(Bones for Zoot)/8 ダフード(Daahoud)
[収録]1954年8月13日(ライナー・ノートより)
[Personnel]
クリフォード・ブラウン(tp)/ズート・シムズ(ts)/ステュ・ウィリアムソン(vtb)/ボブ・ゴードン(bs)/
ラス・フリーマン(p)/ジョー・モンドラゴン(b)/カーソン・スミス(b)/シェリー・マン(ds)/ジャック・モントローズ(arr)
●ユニバーサルミュージック/UCCU-99205

セロニアス モンク(セロニアス スフィア モンク)

Thelonious Monk (Thelonious Sphere Monk)

〝ピアノは間違った音を出さない〟とモンクはいった

　帽子とサングラスがトレード・マークのセロニアス・モンク。即興演奏における独特のスタイルと「ラウンド・ミッドナイト」「ストレート・ノー・チェイサー」などスタンダード曲の作曲者として知られ、〝ビ・バップの高僧〟とも呼ばれたモンク。名曲も存在感も残したジャズ・ピアニストであり、かつ〝ユニーク〟という言葉がこれほど的確で当て嵌まるミュージシャンは、モンク以外、存在しないのではないだろうか。ただ、その〝ユニーク〟さゆえに世に名前が出るまで、15年ほどの時間を要したという。

　モンクは、生涯、約40のリーダー・アルバムを残しているが、その演奏は野太いガツガツしたような印象で、ときには子どもがふざけてピアノを弾いているようにも聞こえる。が、じっくり聴いてみると、独特の間の取り方やなぜか心地よい不協和音、あるいは鍵盤を叩きつけるように弾く音など、他のピアニストにはない独創的な演奏に耳を傾けてしまう。

　モンクがピアノを弾き始めたのは6歳の頃。10歳から12歳までクラシック音楽のレッスンを受けているが、ジャズ・ピアノに関しては独学だったと考えられる。こうした経歴が〝ユニーク〟な演奏を生み出した原点なのかもしれない。

　モンクの音楽を支えている大きな特徴は、88の鍵盤のどこを叩くかといった音の選び方や和音の組立、リズム、メロディの感覚などが基本的には自由であるということ。独特の間がありギクシャクした印象になってしまうが、そこがモンクのモンクたる所以でもある。また、モンクの演奏スタイルは〝ハード・スウィンギング〟と呼ばれるもので、視覚障碍者でありながら超絶的な技法で多くのピアニストに影響を与えたといわれるアート・テイタムに近かった。

　初レコーディングはコールマン・ホーキンスのバンドに参加した1944年。ブルー・ノートやプレスティッジ、リバーサイドなどのレーベルに演奏を残しているが、プレスティッジの時代までレコードは売れず、生活は困窮していたらしい。

　モンクの残したアルバムには、ソニー・ロリンズ、マックス・ローチらによる『ブリリアント・コーナーズ』(p.73)やジョン・コルトレーンを起用しピアノ+テナー・サックス+ベースという珍しいトリオ編成による『セロニアス・ヒムセルフ+1』(p.74)などがあるが、総じてリバーサイド時代の作品が多いようだ。

　よく〝ジャズが分かる〟とか、反対に〝ジャズって難しくて分からない〟ということを言う人がいる。〝分かる、分からない〟の基準は、すんなり、なんの抵抗もなく聴けるかどうかではないだろうか。その意味では〝分からない〟の代表がモンクだといえなくもない。

　1988年、俳優&監督のクリント・イーストウッドがモンクの生涯と音楽についてのドキュメンター映画「ストレート・ノー・チェイサー」を制作、発表した。ご覧あれ!

[Profile]
1917年10月10日―1982年2月17日。アメリカ合衆国ノースカロライナ州ロッキーマウント出身。6歳の頃からピアノを弾き始め、レッスンを受けたようだが基本的には独学のようだ。1940年代初頭からジャズ・ピアニストとして活動を開始。死後、その音楽が再発見され、ジャズ史における偉大なミュージシャンの一人に数えられている。

☆☆☆☆☆

ブリリアント・コーナーズ
Brilliant Corners

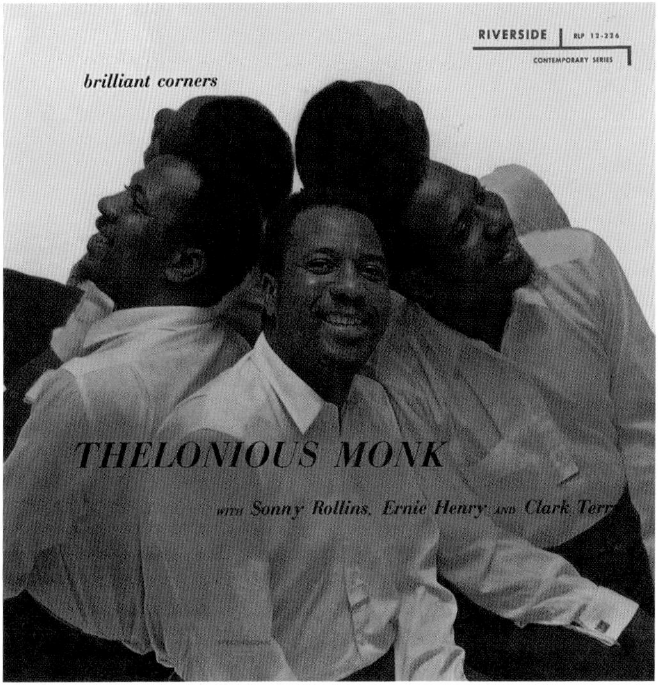

不協和音のなかで繰り広げられる摩訶不思議なモンク・ワールド

特有としか言いようのない美意識。それでいてスリルに溢れ、予測がつかない楽曲の展開が持ち味の孤高の天才と呼ばれるセロニアス・モンクの代表的名盤。7小節単位の展開や頻繁なテンポ・チェンジなどモンクの先進的な作曲能力が発揮されている。ソニー・ロリンズ、マックス・ローチという旧知の仲である2人をはじめアーニー・ヘンリーなどを交えて展開する曲は、各自の個性がぶつかり合うような、ごった煮のような摩訶不思議な魅力に溢れ強烈なモンク・ワールドを描きだしている。タイトル曲の「ブリリアント・コーナーズ」は、不協和音（同時に響く2つ以上の音が、美しくないとされる和音、協和融合しない状態にある和音のことで、聴いていて違和感がある）を多用、複雑なテンポ・チェンジなど斬新的で、聴くものを翻弄する。4曲目の「アイ・サレンダー、ディア」は、ビング・クロスビー（＊）の歌で大ヒットした曲で、ルイ・アームストロングなども取り上げたスタンダード曲。

［収録曲］
1 ブリリアント・コーナーズ（Brilliant Corners）／
2 バルー・ボリヴァー・バルーズ・アー（Ba-lue Bolivar Ba-lues-are）／
3 パノニカ（Pannonica）／
4 アイ・サレンダー、ディア（I Surrender, Dear）／
5 ベムシャ・スウィング（Bemsha Swing）
［録音］ 1956年10月9日、15日、12月7日
［Personnel］
セロニアス・モンク（p）／クラーク・テリー（tp）／ソニー・ロリンズ（ts）／
アーニー・ヘンリー（as）／オスカー・ペティフォード（b）／ポール・チェンバース（b）／マックス・ローチ（ds）
●ユニバーサルミュージック／UCCO-99019
＊アメリカ合衆国の歌手&俳優。20世紀を代表する世界的な人気と影響力を持つ音楽家。

☆☆☆

セロニアス・ヒムセルフ+1
Thelonious Himself

孤高の天才と称されたセロニアス・モンクの傑作で、美しさと不快さが同居しているような不思議な感覚に襲われ、彼のストイックな内面が滲み出ているような印象のアルバムだ。収録曲のうち「モンクス・ムード」だけが、ジョン・コルトレーンとウィルバー・ウェアがサポートしているが、その他はすべてモンクのソロ。「パリの四月」などの美しいスタンダード曲をシンプルかつイマジネイティブに弾きあげモンクならではの曲想で聴かせてくれる。

[収録曲]
1 パリの四月(April in Paris)/2 ゴースト・オブ・ア・チャンス(A Ghost of a Chance with You)/3 ファンクショナル(Functional)/
4 センチになって(I'm Getting Sentimental over You)/5 アイ・シュッド・ケア(I Should Care)/6 ラウンド・ミッドナイト(Round Midnight)/
7 オール・アローン(All Alone)/8 モンクス・ムード(Monk's Mood)/
9 ラウンド・ミッドナイト[イン・プログレス])(Round Midnight[In Progress])
[録音] 1957年4月12日、16日
[Personnel]
セロニアス・モンク(p)/ジョン・コルトレーン(ts)/ウィルバー・ウェア(b)
●ユニバーサルミュージック/UCCO-99008

☆☆☆

モンクス・ミュージック+2
Monk's Music

自ら書き上げた曲のなかから、自分らしいと判断した個性的なナンバーを選び自作自演したアルバム。セロニアス・モンクのアルバムのなかでは、偉大なる大失敗と評されたことで却って存在感を高めた1枚で、不思議なモンク・ワールドが展開される。2曲目の「ウェル、ユー・ニードント」演奏途中に「コルトレーン、コルトレーン」と叫ぶモンクの声にメンバー全員がパニックを起こすハプニングも魅力的に聴こえるモンク・ワールド。

[収録曲]
1 アバイド・ウィズ・ミー(Abide With Me)/2 ウェル、ユー・ニードント(Well, You Needn't)/3 ルビー、マイ・ディア(Ruby, My Dear)/
4 オフ・マイナー(Off Minor)/5 エピストロフィー(Epistrophy)/6 クレプスキュール・ウィズ・ネリー(Crepuscle With Nellie)/
7 オフ・マイナー[テイク4](Off Minor[Take4])/8 クレプスキュール・ウィズ・ネリー[別テイク4&5](Crepuscle With Nellie[Takes4&5])
[録音] 1957年6月26日
[Personnel]
セロニアス・モンク(p)/レイ・コープランド(tp)/ジジ・グライス(as)/ジョン・コルトレーン(ts)/
コールマン・ホーキンス(ts)/ウィルバー・ウェア(b)/アート・ブレイキー(ds)
●ユニバーサルミュージック/UCCO-99037

チャーリー・パーカー&ディジー・ガレスピー

Bird & Diz

モダン・ジャズの礎、ビ・バップを築いたB・i・r・dとD・i・z

ジャズに興味があるか、ジャズを聴くかどうかは別にして、21世紀の現在、一般的にジャズといえば、モダン・ジャズのことを指す。ただ、このモダン・ジャズ、自然発生的に生まれたのではなく、ふたりの革新的なジャズ・ミュージシャンが創造したものだ。そのふたりとは、天才的ともいえるアルト・サックス奏者のチャーリー・パーカー(Bird)とジャズ史に深く名を刻んだトランペッターのディジー・ガレスピー(Diz)。

彼らが築いた演奏スタイルはビ・バップと呼ばれ、現在、モダン・ジャズと称されるジャズの礎となり、ここからさまざまな演奏スタイルの源となった(※詳しくは、p. 5「ビ・バップ」を参照)。このふたりの存在なくして、ジャズは語れない。

Charlie Parker Jr.

チャーリー・パーカー

1940年代後半、疾風怒涛のごとくジャズ・シーンを駆け抜け34歳で世を去ったチャーリー・パーカー(通称〝バード〟)。〝天才〟という形容詞がもっとも的確だろう。さらに、ディジー・ガレスピーとともにビ・バップという演奏スタイルを確立し、モダン・ジャズの道筋を創造したという意味で重要な人物である。

ジャズの魅力は自由さにあるが、〝バード〟以前、その自由度は決して大きくはなく、せいぜい、テンポを変えたりメロディを装飾したりと、小幅であった。これを大胆に変え、自由度を飛躍的に広げたのが〝バード〟。その演奏は、スピード感、緊張感に溢れる展開が特徴で、ジャズの新しい扉を開けた。〝バード〟が〝モダン・ジャズの父〟と呼ばれる所以がここにある。

音楽活動の最盛期は1945年から1948年と決して長くはなかったが、天才的な閃きによって奏でられたアドリブは伝説となり、その技法は多くのミュージシャンに伝わっている。

Dizzy Gillespie (John Birks Gillespie)

ディジー・ガレスピー (ジョン・バークス・ガレスピー)

ベルが上に突き出したトランペットを、頬をいっぱいに膨らませ、高らかなトーンで豪快に吹くスタイルで人気を博したディジー・ガレスピー。1940年代後半、天才的アルト・サックス・プレーヤーとも謳われたチャーリー・パーカー(通称〝バード〟)と知り合い、誰も踏み入れたことのない領域を開拓。モダン・ジャズの源となる演奏スタイル、ビ・バップを築いたジャズ史を飾るトランペッターとして知られている。

また、1942年に作曲した「チュニジアの夜」をはじめ、「ブルーン・ブギー」「ソルト・ピーナッツ」「マンテカ」「ウディン・ユー」「アンソロポロジー」など膨大な数のナンバーを作曲し、これらは後世まで演奏され、現在ではジャズ・スタンダード曲となっている。一方ではトランペット奏者としてだけではなく、ダミ声でのスキャットを得意とする個性溢れるジャズ歌手としても知られている。

チャーリー・パーカー
[Profile]

1920年8月29日—
1955年3月12日。
アメリカ合衆国カンザス州カンザスシティ出身。
1940年代、モダン・ジャズの原型ともいえる“ビ・バップ”の創始者の一人として、「モダン・ジャズの父」ともいわれている。“バード”という愛称で親しまれ、ニューヨークのジャズ・クラブ「バードランド」は、この名に由来している。

ディジー・ガレスピー
[Profile]

1917年10月21日—
1993年1月6日。
アメリカ合衆国サウスカロライナ州チロー出身。
14歳からトロンボーンを演奏するようになるが、すぐにトランペットに転じ、18歳の頃からローカルバンドで活動。やがて1940年代中頃に、チャーリー・パーカーとともに“ビ・バップ”という新しいスタイルを打ち出し、多くの名曲を世に送り出した。

★★★★

ジャズ・アット・マッセイ・ホール

Jazz At Massey Hall

ジャズ史に名を刻んだ“神たち”のたった一度の共演

“一期一会”。ジャズ史上最強のヘビー級クインテットと言い伝えられているチャーリー・パーカー、ディジー・ガレスピー、バド・パウエル。チャーリー・ミンガス、マックス・ローチによる編成。ジャズファン垂涎のメンバーがたった一度だけ揃ったアルバム。ビ・バップを代表するこの5人が一同に集まったカナダ・トロントのマッセイ・ホールでの歴史的コンサートのライブ盤だ。まさに“夢の共演”とでもいうか、ベテラン揃いだけあって白熱した演奏が繰り広げられている。一説によれば、パーカーは自身のアルト・サックスを質屋に入れてしまい借り物で演奏したとか。いずれにしろ当時の代表作を聴けるのは嬉しい。パーカーの奔放なソロ、ガレスピーのホットなプレイ、閃きに満ちたパウエルのアドリブ。まさに“神たち”によるスリリングな演奏に圧倒されてしまう。ビ・バップの後、来るべきハード・バップ誕生直前にあがったビ・バップ最後の狼煙ともいえる1枚だ。

[収録曲]
1 パーディド(Perdido)／
2 ソルト・ピーナッツ(Salt Peanuts)／
3 オール・ザ・シングス・ユー・アー ～52丁目のテーマ(All The Things You Are/52nd Street Theme)／
4 ウィー(Wee)／
5 ホット・ハウス(Hot House)／
6 チュニジアの夜(A Night In Tunisia)
[録音] 1953年5月15日
[Personnel]
チャーリー・パーカー(as)／ディジー・ガレスピー(tp)／バド・パウエル(p)／チャーリー・ミンガス(b)／マックス・ローチ(ds)
●ユニバーサルミュージック／UCCO-99013

★★★★

ナウ・ザ・タイム+1
Now's The Time

天才と評されたチャーリー・パーカー（通称“バード”）が晩年ヴァーブに残したワン・ホーン・クァルテットの名盤。麻薬と病気に侵されていた晩年の傑作。パーカーの教科書のようなフレーズが展開される。タイトル曲「ナウ・ザ・タイム」、13曲目「コンファメーション」というビバップを代表するオリジナル・ナンバーの名演を収録。限りなく豊かな音色に彩られたアドリブの世界に引き込まれてしまう絶品の1枚。

【収録曲】
1 ザ・ソング・イズ・ユー（The Song Is You）／2 レアード・ベアード（Laird Baird）／3 キム［別テイク］（Kim[alt,take]）／4 キム（Kim）／5 コズミック・レイズ（Cosmic Rays）／6 コズミック・レイズ［別テイク］（Cosmic Rays[alt,take]）／7 チ・チ［テイク1］（Chi-Chi[alt,take1]）／8 チ・チ［テイク3］（Chi-Chi[alt,take3]）／9 チ・チ［テイク4］（Chi-Chi[alt,take4]）／10 チ・チ（Chi-Chi）／11 アイ・リメンバー・ユー（I Remember You）／12 ナウズ・ザ・タイム（Now's The Time）／13 コンファメーション（Confirmation）
【録音】 1952年12月30日、1953年8月4日
[Personnel]
チャーリー・パーカー（as）／ハンク・ジョーンズ（p）／アル・ヘイグ（p）／テディ・コティック（b）／パーシー・ヒース（b）／マックス・ローチ（ds）
●ユニバーサルミュージック／UCCU-99010

★★★★

チャーリー・パーカー
バード・アンド・ディズ+3
Charlie Parker & Dizzy Gillespie

ビ・バップの2大巨匠、チャーリー・パーカーとディジー・ガレスピーが熱気にあふれた激しいプレイを繰り広げる歴史的名盤。長い曲でも4分以内、短い曲では3分以内と別テイクを含め全13曲収録しているが8曲目の「リープ・フロッグ」でのテクニックは圧巻のひと言だ。またこの時代を代表するピアニスト、セロニアス・モンクが参加し個性的なバッキングで両者を鼓舞しているのも聴きどころで、各曲ともテイクの聴き比べも面白い。

【収録曲】 1 ブルームディド（Bloomdido）／2 アン・オスカー・フォー・トレッドウェル［別テイク］／（An Oscar For Treadwell [Alternate Take]）／3 アン・オスカー・フォー・トレッドウェル［マスター・テイク］／（An Oscar For Treadwell [Master Take]）／4 モホーク［別テイク］（Mohawk [Alternate Take]）／5 モホーク［マスター・テイク］Mohawk [Master Take]）／6 マイ・メランコリー・ベイビー［別テイク］（My Melancholy Baby [Alternate Take]）／7 マイ・メランコリー・ベイビー［マスター・テイク］（My Melancholy Baby [Master Take]）／8 リープ・フロッグ［別テイク1）（Leap Frog [Alternate Take 1]）／9 リープ・フロッグ［別テイク2）（Leap Frog [Alternate Take 2]）／10 リープ・フロッグ［別テイク3］（Leap Frog [Alternate Take 3]）／11 リープ・フロッグ［マスター・テイク］（Leap Frog [Master Take]）／12 リラクシン・ウィズ・リー［別テイク］（Relaxin' with Lee [Alternate Take]）／13 リラクシン・ウィズ・リー［マスター・テイク］（Relaxin' with Lee [Master Take]）
【録音】 1950年6月6日　**[Personnel]** チャーリー・パーカー（as）／ディジー・ガレスピー（tp）／セロニアス・モンク（p）／カーリー・ラッセル（b）／バディ・リッチ（ds）　●ユニバーサルミュージック／UCCU-99104

アート・ブレイキー

Art Blakey

ジャズと日本人との距離を縮めた親日家ドラマー

〝ナイアガラ・ロール〟といわれる、まるでナイアガラの滝を彷彿とさせるような極端に短い32分音符でスネアドラムを連打するドラミング奏法で知られるアート・ブレイキー。

　10代後半からジャズ・バンドで活躍し、ニューヨークへ進出。当初はピアニストだったようだが、なんらかのきっかけでドラムに転向。転向間もない頃の腕は未熟だったそうだが、友人のトランペッターのディジー・ガレスピーのアドバイスを受け、上達したという。

　1954年から1955年にかけて、ザ・ジャズ・メッセンジャーズ結成へと繋がることになるホレス・シルヴァーとクリフォード・ブラウン、ルー・ドナルドソンらを擁し、チャーリー・パーカーの偉業を讃え開店したニューヨークの名門ジャズクラブ・バードランドでの演奏を記録してハード・バップの幕開けを告げたといわれる名盤『バードランドの夜』(p.17)を発表、人気を博する。

　1956年にホレス・シルヴァーがグループを脱退するが、ベニー・ゴルソン、リー・モーガン、ボビー・ティモンズらによる新メンバーがアルバム『モーニン』(p.79)を発表。収録曲の「モーニン」は、流行当時、蕎麦屋の出前持ちが口ずさみ自転車を漕いだというエピソードが残っているほどである。

　また、このアルバム録音直後のヨーロッパ公演の際、1958年12月21日にパリのサンジェルマンで録音されたライブ盤『サンジェルマンのジャズ・メッセンジャーズ』(p.80)を発表。また、フランス映画の〝危険な関係〟や〝殺られる〟への音楽参加を契機として日本でもこれらの曲が大ヒット、空前のファンキー・ブームが起こった。

　またアート・ブレイキーは、いわば〝ジャズの学校〟とでもいうか、才能ある若手を登用。1950年代後半からはリー・モーガン、ボビー・ティモンズ、ウェイン・ショーター、1960年代にはフレディ・ハバード、キース・ジャレット、チャック・マンジョーネ、シダー・ウォルトン、レジー・ワークマンなど数多くの新人を発掘。彼らは、ジャズ・メッセンジャーズ在籍をきっかけにスターになっている。

　ジャズ・メッセンジャーズの構成は2管(または3管)+3リズムが基本。アート・ブレイキーのドラミングの特徴は、メリハリがあって元気溌剌といった、豪快でワイルド。

　アフリカのリズムやドラムの新しい奏法を取り入れるなど、ジャズ・シーンに果たした役割、残した功績は後世に大きな影響を与えたひとりでもある。

　一方では、自分の息子に「Taro(太郎)」と名付けるほどの親日家で、1961年の初来日以来、何度も日本公演を開催、鈴木良雄やジョージ川口などとも親交を重ねた。日本酒をこよなく愛し、晩年、使っているドラム・セットは日本製だったという。

[Profile]
1919年10月11日—
1990年10月16日。
アメリカ合衆国ペンシルバニア州ピッツバーグ出身。
10代後半からバンド活動、当初はピアニストであったが、あることをきっかけにドラマーに転身。1954年から1955年にかけてピアノのホレス・シルヴァーと初代ジャズ・メッセンジャーズを結成、以後何代か続き、晩年までリーダーを務めた。

☆☆☆☆☆

モーニン／アート・ブレイキー&ザ・ジャズ・メッセンジャーズ
Moanin'/Art Blakey & The Jazz Messengers

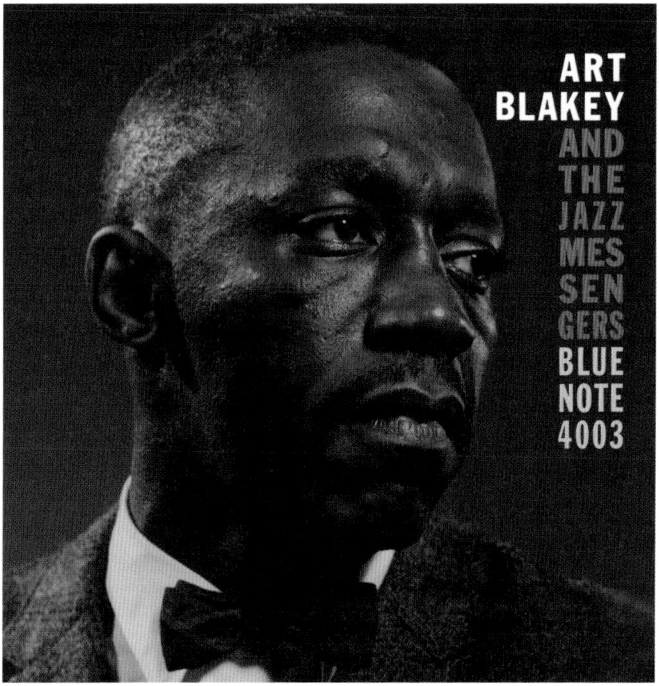

“楽しさ”“痛快さ”“わかりやすさ”が世界中にファンキー・ブームを巻き起こした

ボビー・ティモンズ作曲のタイトル曲「モーニン」と人気曲「ブルース・マーチ」。日本では蕎麦屋の出前持ちが口ずさんだといわれるほどの社会的な現象を引き起こし、世界中にファンキー・ブームを巻き起こし、ファンキー・ジャズのバイブルとも言われる傑作。

アート・ブレイキー率いるジャズ・メッセンジャーズはメンバー・チェンジが多かったことで知られるが、このアルバムは、新加入のテナー・サックス奏者のベニー・ゴルソンが作曲した4曲目の「ドラム・サンダー組曲」は、ブレイキーのドラムを前面に押し出した曲。またメンバー全員が熱気溢れる遠藤を繰り広げているが、溌剌としたソロを聴かせるリー・モーガンの瑞々しいプレイやエキサイティングなソロを繰り出すブレイキー。

時代を超えてなおこのアルバムが人気なのは、ジャズ初心者でも気軽に聴くことができる“楽しさ”“痛快さ”“わかりやすさ”の3拍子が揃っているからだ。

[収録曲]
1 モーニン(Moanin')／
2 アー・ユー・リアル(Are You Real)／
3 アロング・ケイム・ベティ(Along Came Betty)／
4 ドラム・サンダー組曲(The Drum Thunder Suite)／
5 ブルース・マーチ(Blues March)／
6 カム・レイン・オア・カム・シャイン(Come Rain or Come Shine)
[録音] 1958年10月30日
[Personnel]
アート・ブレイキー(ds)／リー・モーガン(tp)／ベニー・ゴルソン(ts)／ボビー・ティモンズ(p)／ジミー・メリット(b)
●ユニバーサルミュージック／UCCU-99020

☆☆☆☆

サンジェルマンの ジャズ・メッセンジャーズVol.2

Au Club St.Germain Vol.2

ファンキー・ジャズを代表するドラマー、アート・ブレイキー率いる黄金期のジャズ・メッセンジャーズが、パリのジャズ・クラブ、サンジュルマンで繰り広げた伝説的なライブ盤。ソウルフルなプレイで観客が失神した「モーニン」、世界一ソウルフルなマーチとして名高い「ブルース・マーチ」というブラック・ミュージック史上に残る2大名曲を収録。ブレイキーの得意技でもある豪快な“ナイアガラ・ロール”が堪能できる1枚だ。

【収録曲】
1 モーニン(モーニン)／
2 エヴィデンス(Evidence)／
3 ブルース・マーチ(Blues March)／
4 ライク・サムワン・イン・ラヴ(Like Someone In Love)
【録音】 1958年12月21日
[Personnel]
アート・ブレイキー(ds)／リー・モーガン(tp)／ベニー・ゴルソン(ts)／ボビー・ティモンズ(p)／ジミー・メリット(b)
●ソニーミュージック／SICP-3967

☆☆☆☆

チュニジアの夜+2

A Night In Tunisia

ウェイン・ショーターが加入し音楽監督的な役割を果たしたアルバムで、ジャズ・メッセンジャーズ黄金期を飾る金字塔ともいえる傑作。アート・ブレイキーお得意のドラム・ソロから始まる「チュニジアの夜」。ここで繰り広げられる全員の圧倒的なソロの応酬は、観客の興奮を誘う。ダイナミックに疾走するタイトル曲と3曲目の「ソー・タイアード」はグループを代表する名演で、ファンキー・ジャズの魅力がギッシリ詰まった名演。

【収録曲】
1 チュニジアの夜(A Night In Tunisia)／2 シンシアリー・ダイアナ(Sincerely Diana)／
3 ソー・タイアード(So Tired)／4 ヤマ(Yama)／
5 小僧のワルツ(Kozo's Waltz)／6 ホエン・ユア・ラヴァー・ハズ・ゴーン(When Your Lover Has Gone)／
7 シンシアリー・ダイアナ[別テイク](Sincerely Diana[alt,take])
【録音】 1960年8月7日、14日
[Personnel]
アート・ブレイキー(ds)／リー・モーガン(tp)／ウェイン・ショーター(ts)／ボビー・ティモンズ(p)／ジミー・メリット(b)
●ユニバーサルミュージック／UCCU-99077

オスカー・ピーターソン

Oscar Peterson

超絶的なテクニックでジャズの楽しさを語った〝鍵盤の皇帝〟

明朗かつパワフルで88の鍵盤をフルに使いこなす演奏とともに、繊細で端麗なアドリブ表現にも長けたジャズ界屈指のテクニシャンとして知られ、卓越した演奏技法と芸術性を備えたジャズ・ピアニスト、オスカー・ピーターソン。

半世紀を超える活動を続けたピーターソンはスウィングとバップを融合させた独自のスタイルを確立。ディジー・ガレスピーやルイ・アームストロングなど著名なジャズ・ミュージシャンと共演するなど、モダン・ジャズの歴史に名を刻んだひとりである。

ジャズ・ピアニストであり作曲家でもあるピーターソンが生れたのは、カナダのケベック州モントリオール。5歳の頃から父にピアノとトランペットの手ほどきを受け、ピアノに専念したのは7歳の頃。早くから才能を開花させ、モントリオールで活動を開始していたピーターソンだったが、１９４９年に、著名なジャズのプロデューサーで、ヴァーヴとパブロのレーベルを創設したノーマン・グランツに見いだされ、グランツが創ったジャズ楽団〝J・A・T・P（ジャズ・アット・ザ・フィルハーモニック）〟に加わり、カーネギー・ホールでデビュー。アメリカの聴衆や評論家は、ピーターソンの演奏に驚嘆したという。

ピーターソンの演奏は、ほとんどミスタッチをすることがない正確な指使い、心地良いリズム、流れるような華麗なメロディライン、疾走するようなスピード感、閃くようなアドリブが縦横無尽に繰り広げられるのが特徴で、ジャズならではのスウィング感が伝わってくる。こうした要素が重なってピーターソンが弾き出す曲は、ジャズを聴いたことがない人、聴きなれない人にとってもジャズの魅力が実感できる作品が多い。

ピーターソンが残した演奏はトリオ編成のものが多いが、なかでも１９５９年から１９６６年までの7年間続いたレイ・ブラウンとエド・シグペンのメンバーによるアルバムは数多く、ピアノ・トリオの神髄を余すところなく展開している。その魅力は、『プリーズ・リクエスト』（p. 82）や『ザ・トリオ〜オスカー・ピーターソン・トリオの神髄』（p. 83）『ナイト・トレイン』（p. 83）などに聴くことができる。

生涯で約２５０枚のアルバムを発表、7度のグラミー賞を獲得したピーターソンだが、ピアニストとしてだけではなく、作曲家としても活動。〝カナダ組曲〟〝自由の賛歌〟〝アフリカ組曲〟や１９９８年、カナダ・カルガリーで開催された冬季オリンピックの開会式の音楽など、３００曲ほどの曲を書いている。

ピアノの前に座ると88の鍵盤が半分以上隠れてしまうほどの大きな身体と1オクターブをカバーできる大きな手を持ったオスカー・ピーターソン。そして彼は、ジャズの楽しさをとても〝分かちやすく〟伝えてくれるピアニストでもある。

[Profile]
1925年8月15日―2007年12月23日。
カナダ・ケベック州モントリオール出身。
5歳の頃、父親からトランペットとピアノを習うが、7歳のとき、結核に罹り、その後ピアノに専念するようになる。88の鍵盤上を縦横無尽に駆け巡るダイナミックな演奏はスウィング感に溢れ明快で親しみやすく、初心者でもジャズの楽しさが実感できる。

★★★★★

プリーズ・リクエスト
We Get Requests

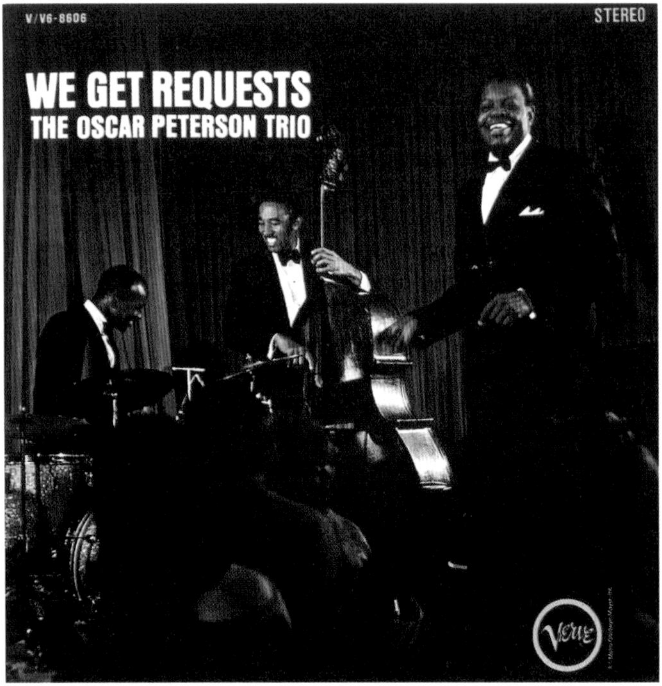

コンパクトに凝縮されたピアノタッチの美しさと親しみやすさ

ジャズ初心者におススメする1枚。アルバム・タイトルが示すように収録されている曲は、ファンからのリクエストによるもの。人気スタンダードやボサノバなどをコンパクトに演奏した内容。1曲1曲は決して長くはないが、ピーターソンの技術と粋が凝縮されており、短い中にも粒のそろった美しいタッチと端正なフレーミングで綴られる音楽は珠玉。またピーターソンは難解になりがちなジャズを分かりやすく、親しみやすく聴かせてくれるピアニストで、その圧倒的なテクニックによる展開はスウィング感に溢れ、聴くものをウキウキさせてくれる。2曲目の「酒とバラの日々」や7曲目の「イパネマの娘」などお馴染みのスタンダード曲など3人の見事なまでのコンビネーションが美しく、まとまりもいい。ただし残念なことに、“黄金のトリオ”といわれたメンバーは録音後に解散。このアルバムが3人による最後のアルバムとなった。だからこそ、初心者の方には聴いてほしい名盤だ。

[収録曲]
1 コルコヴァード(Quiet Nights of Quiet Stars (Corcovado))／2 酒とバラの日々(Days of Wine And Roses)／
3 マイ・ワン・アンド・オンリー・ラヴ(My One And Only Love)／4 ピープル(People)／
5 ジョーンズ嬢に会ったかい?(Have You Met Miss Jones?)／6 ユー・ルック・グッド・トゥ・ミー(You Look Good To Me)／
7 イパネマの娘(The Girl From Ipanema)／8 D & E(D & E)／
9 タイム・アンド・アゲイン(Time And Again)／10 グッドバイJ.D.(Goodbye J.D.)
[録音] 1964年10月19日、20日
[Personnel]
オスカー・ピーターソン(p)／レイ・ブラウン(b)／エド・シグペン(ds)
●ユニバーサルミュージック／UCCU-99005

★★★★

ザ・トリオ ～オスカー・ピーターソン・トリオの神髄

The Trio Live From Chicago

1961年7月、シカゴのロンドン・ハウスで収録されたライブ盤。息のあった3人が織りなすスウィンギーなプレイが楽しく繰り広げられ、まさに“黄金トリオの神髄”がギッシリ詰まっている。3曲目の「シカゴ」の迫力や7曲目の「ビリー・ボーイ」など10本の指が鍵盤の上を流れるように、軽快で豪快に弾くピーターソン、ドライブ感溢れるベース、メロディックなドラムとの一体感が圧巻だ。初心者にオススメの1枚。

【収録曲】
1 恋したことはない（I've Never Been in Love Before）／2 ウィー・スモール・アワーズ（In The Wee Small House of the Morning）／
3 シカゴ（Chicago）／4 夜に生きる（The Night We Called it a Day）／
5 サムタイムズ・アイム・ハッピー（Sometimes I'm Happy）／
6 ウィスパー・ノット（Whisper Not）／
7 ビリー・ボーイ（Billy Boy）
【録音】 1961年7月28日、29日
[Personnel] オスカー・ピーターソン（p）／レイ・ブラウン（b）／エド・シグペン（ds）
●ユニバーサルミュージック／UCCU-99065

★★★★

ナイト・トレイン

Night Train

オスカー・ピーターソン・トリオ最強のメンバーといわれる“ザ・トリオ”によって収録されたロング・セラー・アルバム。「C・ジャム・ブルース」「我が心のジョージア」「昔は良かったね」など人気のタンダード曲を小気味よく聴かせてくれる。またラストのピーターソン自身の作曲による「自由への讃歌」の感動的名演を収録。ジャズ本来の醍醐味が満喫できる秀作で、名盤と呼ぶに相応しい1枚である。

【収録曲】
1 C・ジャム・ブルース（C Jam Blues）／2 ナイト・トレイン（Night Train）／3 我が心のジョージア（Georgia on My Mind）／
4 バグズ・グルーヴ（Bag's Groove）／5 モーテン・スウィング（Moten Swing）／6 イージー・ダズ・イット（Easy Does It）／
7 ハニー・ドリッパー（Honey Dripper）／8 昔はよかったね（Things Ain't What They Used to Be）／
9 アイ・ガット・イット・バッド（I Got It Bad and That Ain't Good）／10 バンド・コール（Band Call）／11 自由への賛歌（Hymn to Freedom）
【録音】 1962年12月15日、16日
[Personnel]
オスカー・ピーターソン（p）／レイ・ブラウン（b）／エド・シグペン（ds）
●ユニバーサルミュージック／UCCU-99042

MJQ（Modern Jazz Quartet）

上質で知的、格調高い室内楽を思わせるエレガントなジャズ

1952年、ヴィブラフォンのミルト・ジャクソン、ピアノのジョン・ルイスを中心にベースのパーシー・ヒース、モダン・ドラミングの開祖といわれたケニー・クラークの4人によって結成されたモダン・ジャズ・クァルテット（以下MJQ。結成前の1951年にはミルト・ジャクソン・クァルテットと名乗っていたが、〝MJ〟を〝モダン・ジャズ〟の略称として置き換えたもの）。

MJQ結成前夜の1950年代前後、チャーリー・パーカー・オールスターズやデューク・エリントン楽団というようにリーダーの個性がグループ全体、音楽性を引っ張っていくグループが圧倒的で、極端にいえば「個人のコンセプト」「点」の時代であった。そうした時代に「グループのコンセプト」を打ち出し、チームプレイを身上として登場したのが、MJQである。いまでこそ、「グループ・コンセプト」を打ち出し活躍しているグループは多くなったが、彼らは、相当に早く時代を先取りしていたことになる。

MJQのレパートリーは、ビ・バップやスウィング時代のスタンダード曲が多く、管楽器を使わず、ミルト・ジャクソンのヴィブラフォン、ジョン・ルイスのピアノを前面にした演奏は知的で格調が高く上品であり、ハード・バップ的なアドリブ奏法、室内楽的なアレンジを施したアンサンブル、そしてイージー・リスニング性と三つの要素を備えている。また、あらかじめ作曲された部分と即興的に演奏される部分の配合、組み合わせが絶妙で、結果として統一が取れた演奏に結びついている。

活動中に約45タイトルほどの多くのアルバムを残したMJQだが、ジョン・ルイス作曲によるベルギーのジャズ・ギターリスト、ジャンゴ・ラインハルトに捧げた『ジャンゴ』（p.85）、アンサンブル作品を中心にした『コンコルド』（p.86）などに知的でエレガントな雰囲気を味わうことができる。

ジャズとクラシックとの融合ともいえるMJQの演奏を支えたのは、原曲とアドリブを有機的に結び付け、音楽を全体として捉えようという発想が根底にあるが、こうした姿勢を実現するためには、メンバーが自分たちの音楽に対するセンスを共有することが重要。そのためには〝いつものメンバー〟であることが必要不可欠であることを実証したMJQ。

1974年、ミルト・ジャクソンがグループを去り解散（1981年に再結成）することに。

活動開始から23年間、結成後の1955年にドラムのケニー・クラークが脱退、後任にコニー・ケイが参加して以来のメンバーの交代はなく不動のメンバーで活動しMJQとしてのクオリティを保ち続けたことがファンを惹き付けた要素だろうし、ジャズ史に残る名グループであることに疑いの余地はない。

[Profile]
1952年、ミルト・ジャクソンらによって結成されたアメリカ合衆国の4人組のジャズ・バンド。管楽器は使わず、ミルト・ジャクソンのヴィブラフォンを中心にしした調和のとれた知的な室内楽を感じさせるようなジャズ演奏が広く支持され、人気を博した。

★★★★★

ジャンゴ
Django

典雅で斬新、静謐な演奏は、宮廷音楽を聴いているような雰囲気を醸し出している

MJQ（Modern Jazz Quartet）の魅力は、トランペットやサックスなどの管楽器を使用せずピアノとヴィヴラフォンを中心に据えた編成から生まれる趣のあるサウンドにある。

タイトル曲「ジャンゴ」は、ジョン・ルイスが1953年に他界した天才と謳われたギタリスト、ジャンゴ・ラインハルトに捧げ書き下ろしたもの。タイトル曲や3曲目の「ラ・ロンド組曲」に代表される室内楽風の独自のサウンドを打ち出し、典雅で斬新な演奏でMJQの名声を決定づけた不朽の名盤である。格調の高い構成やメロディラインなど、MJQの魅力が凝縮したアルバムで、ジャズでありながら上質でシックな宮廷音楽を聴いているような雰囲気に包まれる。

個人が前面に出るのではなく4人でひとつのユニットとして機能しているMJQならではの良さが散りばめられた1枚だ。

【収録曲】
1 ジャンゴ（Django）／
2 ワン・ベース・ヒット（One Bass Hit）／
3 ラ・ロンド組曲（La Ronde Suite）／
4 ザ・クイーンズ・ファンシー（The Queen's Fancy）／
5 デローネイのジレンマ（Delaunay's Dilemma）／
6 ニューヨークの秋（Autumn In New York）／
7 バット・ノット・フォー・ミー（But Not For Me）／
8 ミラノ（Milano）
【録音】 1953年6月25日、1954年12月23日、1955年1月9日
【Personnel】 ミルト・ジャクソン（vib）／ジョン・ルイス（p）／パーシー・ヒース（b）／ケニー・クラーク（ds）
●ユニバーサルミュージック／UCCO-99010

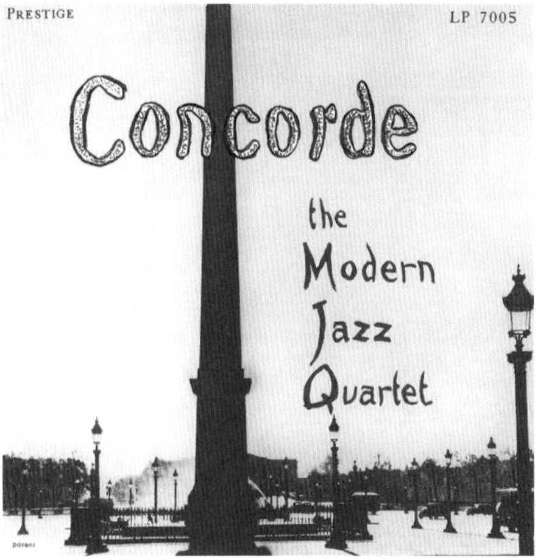

☆☆☆☆

コンコルド
Concorde

クラシカルな響きを感じさせる名門ジャズ・コンボ、MJQの格調の高い室内楽風のサウンドが魅力のアルバム。ドラマーがケニー・クラークからコニー・ケイに変わった最初のアルバムだが4人の技量が結集し、MJQ特有の詩的で知的でエレガントな雰囲気に変わりはない。室内楽の典雅さとブルース・フィーリングの出会いが新鮮で絶妙だ。4曲目の「ガーシュイン・メドレー」や5曲目の「朝日のようにさわやかに」など聴いていてホッとする。

【収録曲】
1 ラルフズ・ニュー・ブルース(Ralph's New Blues)／2 オール・オブ・ユー(All of You)／
3 四月の想い出(I'll Remember April)／4 ガーシュイン・メドレー(Gershwin Medley)／
5 朝日のようにさわやかに(Softly, as in a Morning Sunrise)／6 コンコルド(Concorde)
【録音】 1955年7月2日
【Personnel】
ミルト・ジャクソン(vib)／ジョン・ルイス(p)／パーシー・ヒース(b)／コニー・ケイ(ds)
●ユニバーサルミュージック／UCCO-99035

☆☆☆☆☆

ラスト・コンサート(完全版)
The Last Concert

1974年11月25日、NYのリンカーン・センターでの"最後のコンサート"を収録したライブ盤(2枚組)。23年間という長きにわたる活動を終えることを決意して臨んだMJQの代表作で、完成度の高さ、様式美などどれをとってもMJQそのもので名盤と呼ぶに相応しい。「朝日のようにさわやかに」「シリンダー」「ゴールデン・ストライカー」などを収録。主たちが立ち去り、楽器だけが残ったステージが印象的だ(ただし、1981年に再結成された)。

【収録曲】【DISK1】1 朝日のようにさわやかに(Softly, As In a Morning Sunrise)／2 シリンダー(The Cylinder)／3 サマータイム(Summertime)／
4 リアリー・トゥルー・ブルース(Really True Blues)／5 ホワッツ・ニュー(What's New?)／6 Aマイナーのブルース(Blues in A Minor)／
7 コンファメイション(Confirmation)／8 ラウンド・ミッドナイト('Round Midnight)／9 チュニジアの夜(A Night In Tunisia)／
10 ティアーズ・フロム・ザ・チルドレン(Tears from the Children)／11 H(B)のブルース(Blues in H (B))／12 イングランズ・キャロル(England's Carol)／
【DISK2】1 ゴールデン・ストライカー(Golden Striker)／2 ひとしれず(One Never Knows)／3 トラヴリン(Trav'lin')／
4 スケーティング・イン・セントラル・パーク(Skating In Central Park)／5 リジェンダリー・プロフィール(Legendary Profile)／
6 アランフェス協奏曲(Concierto de Aranjuez)／7 ジャスミン・トゥリー(Jasmine Tree)／8 イン・メモリアム(In Memoriam)／
9 ジャンゴ[アンコール](Django)／10 バグス・グルーヴ[アンコール](Bags' Groove) **【録音】** 1974年11月25日
【Personnel】 ジョン・ルイス(p)／ミルト・ジャクソン(vib)／パーシー・ヒース(b)／コニー・ケイ(ds) ●ワーナーミュージック／WPCR-13427

チャールズ・ミンガス

Charles Mingus

ベーシストであり、作曲家でもあり人種差別とも闘ったミンガス

チャールズ・ミンガスは、ハード・バップ全盛の時代、それまでの発想や形式に捉われない、自由で個性的なサウンドを確立したベーシスト。と同時に、作曲家であり卓越した統率力を持つバンドリーダーとしてジャズ史に名を残したミュージシャンでもある。

デューク・エリントンに憧れて音楽の道を志すようになり、1943年、ルイ・アームストロングやライオネル・ハンプトンのバンドで活動を開始。1945年には初のレコーディングを経験。1950年代前半にはチャーリー・パーカーやバド・パウエルとも共演し、ベーシストとしての名を広めた。また、ミンガスの音楽の多くはハード・バップの感触を持ち、ゴスペルの影響を受けていたり、時にはサード・ストリームやフリー・ジャズ、スペイン音楽の要素を取り入れるなどの特徴を備えている。

ミンガスが弾き出すベース・プレイで特徴なのは、音色の強さにある。つまり、ゆったりした「ボン、ボン」という柔らかく暖かさが感じられるというより、「ビシッ！バシッ！」とした強く硬い印象で、初めて聴くには抵抗感があるかもしれない。(やや専門的になるが)その理由は、人差し指1本による〝ワン・フィンガー奏法〟を主体とした弾き方に起因している。この奏法は、人差し指を弦と平行に近い角度(一般的には直角に近い)でピッキングしていたために指と弦との接触面積が増え、そのために力強い音色に繋がったと考えられる。また、音の伸び(サスティン)も短めで、弦高を高めのセッティングをしていたことも理由のひとつになっているのかもしれない。

ミンガスは、約50タイトルほどのアルバムを残しているが、なかでも1956年にリリースした『直立猿人』(p.89)は代表的作品だ。タイトル曲の「直立猿人」は、文明社会を風刺した4部構成の組曲で、ジャズに文学的要素を持ち込んだとして高い評価を受けている。また、この作品の成功によって、ベーシストとしてだけではなく、作曲家としての地位も確立した。

個性的なミンガスのもとに参加したミュージシャン(ジョン・ハンディ、エリック・ドルフィー、ローランド・カークなど)はみな個性の強い、アクの強いメンバーが多く、彼らを統率し、ミンガス・バンド特有のサウンドを編み出し、数々の名盤を送り出している。

一方でミンガスは、1959年に発表したアルバム『ミンガス・アー・アム』では、1957年に起きたリトルロック高校事件を基に、差別主義者の白人知事を皮肉った曲「フォーバス知事の寓話」を発表するなど、人種差別とも闘った〝戦闘的〟なミュージシャンでもあった。

ミンガスは、ベーシストでありながら生涯にわたってオリジナル曲をコンスタントにリリース、作曲家としても成功したジャズ史上初のミュージシャンといっても過言ではない。

[Profile]
1922年4月22日—
1979年1月5日。
アメリカ合衆国アリゾナ州出身。「怒れるベーシスト」という形容詞がピッタリの怖そうな風貌。ベーシストであるだけではなく、作曲者、編曲者、リーダーとしての力を備え、おまけにピアニスト(ピアノ・ソロの作品も発表!)、ヴォーカリストでもあるなど、多彩な一面を持つ。

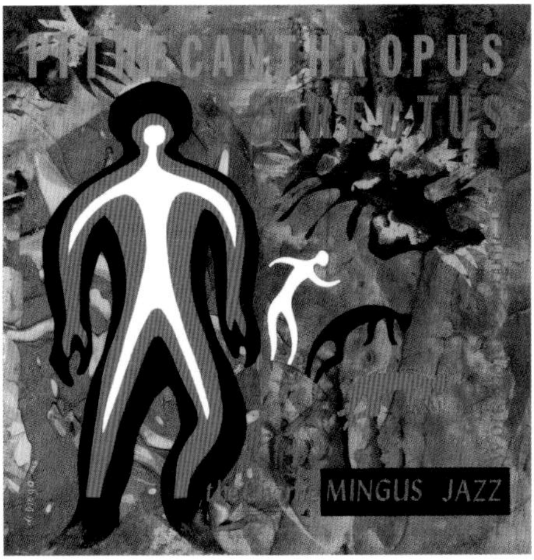

☆☆☆☆

直立猿人
Pithecanthropus Erectus

ミンガスが作曲者として、またバンドリーダーとして不動の地位を確立したアルバム。タイトル曲の「直立猿人」は、交響楽が4楽章から成るように4つのパートから成り立っている大作だ。「直立歩行」を始めた「猿人」の衰退から滅亡にいたるストーリー性を持った内容で、ジャズに文学的要素を持ち込んだ曲として巧みに計算されたテーマ部分と破壊的な即興演奏がコントラストを織りなす個性的で革新的なサウンドに満ちた1枚。

[収録曲]
1 直立猿人(Pithecanthropus Erectus)／
2 霧深き日(A Foggy Day)／
3 ジャッキーの肖像(Profile of Jackie)／
4 ラヴ・チャント(Love Chant)
[録音] 録音:1956年1月30日
[Personnel]
チャールス・ミンガス(b)／ジャッキー・マクリーン(as)／J.R. モンテローズ(ts)／マル・ウォルドロン(p)／ウィリー・ジョーンズ(ds)
●ワーナーミュージック／WPCR-27351

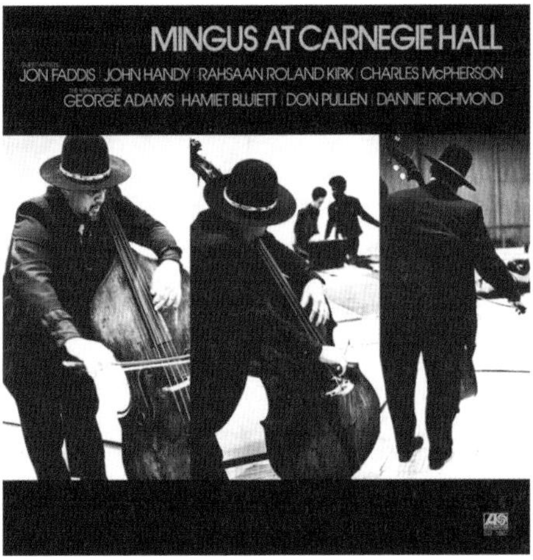

☆☆☆

ミンガス・アット・カーネギー・ホール
Mingus At Carnegie Hall

1974年のカーネギー・ホールでの白熱のコンサートを収録したミンガス後期の大傑作として知られる名盤中の名盤。当時のレギュラー・セクステットを軸にローランド・カークやチャールズ・マクファーソンらを加えてのエキサイティングな演奏が展開される。ローランド・カークのロング・ソロは圧巻だ。本作はアンコール曲のみを収録したものだが、2時間におよぶコンサートの演奏を収録した完全盤も発売されている。

[収録曲]
1 Cジャム・ブルース(C Jam Blues)／
2 パーディド(Perdido)
[録音] 1974年1月19日
[Personnel]
チャールス・ミンガス(b)／ジョージ・アダムス(ts)／ハミエット・ブルイエット(bs)／ジョン・ファディス(tp)／ジョン・ハンディ(as、ts)／ローランド・カーク(ts、stritch)／チャールズ・マクファーソン(as)／ドン・ピューレン(p)／ダニー・リッチモンド(ds)
●ワーナーミュージック／WPCR-27005

どこかで聴いたことが……[PART❶]

TV番組やTV-CMを彩るJAZZの力

演奏、ヴォーカルを合わせてジャズの楽曲はどれほどあるのか、その数は膨大すぎて分からない。だが、すべてがオリジナル曲だけではなく、伝統的な民謡や映画、ミュージカルで歌われた曲をアレンジし演奏された曲もある。「どこかで聴いたことが…… [PART ❶]」では、テレビ番組やTV-CMでジャズがどのような演出をしているか、原曲とどのように違うのかを聴き比べることで、ジャズの魅力、楽曲の魅力を発見する（使用の際には、アレンジや演奏方法の違いがあるが、該当する楽曲が収録されているアルバムを紹介）。

サッポロ・ビール「缶生」～
クレオパトラの夢（Cleopatra's Dream）

30年以上も前の事だが、サッポロ・ビールが「缶生」のCMで使用した「クレオパトラの夢」。バド・パウエルの名作『ザ・シーン・チェンジズ』[p.64]の1曲目に収録されている。同CMではほかにも、ソニー・ロリンズの「セント・トーマス」（『サキソフォン・コロッサス』[p.14]）や、ソニー・クラークの「クール・ストラッティン」（『クール・ストラッティン』[p.16]）も使用された。

ザ・シーン・チェンジズ／バド・パウエル [p.64]

NHK-BS「美の壺」～
モーニン（Moanin'）

アート・ブレイキーとジャズ・メッセンジャーズによる「モーニン」は、伝統工芸や物作りを中心に日常を離れた仕来りや現在に伝わる日本の文化を掘り下げ、知的好奇心を刺激する番組のオープニングを飾る曲。ファンキー・ブームを引き起こしたといわれた『モーニン／アート・ブレイキー&ザ・ジャズ・メッセンジャーズ』[p.79]の冒頭に収録されている。また同番組は、ジャズをBGM的に使用していることが多い。

モーニン／アート・ブレイキー&ザ・ジャズ・メッセンジャーズ [p.79]

JR東海「そうだ 京都、行こう」～
マイ・フェイヴァリット・シングス（My Favorite Things）

「そうだ 京都、行こう」は、JR東海が、1993年の平安遷都1200年を記念したキャンペーンのキャッチ・フレーズ。原曲は1959年に発表されたミュージカル「サウンド・オブ・ミュージック」の挿入歌。原曲は3拍子だが、ジャズでは6/8や4拍子で演奏されることが多い。『マイ・フェイヴァリット・シングス+2』[p.51]の冒頭と5、6曲目で別テイクを聴きことができる。

マイ・フェイヴァリット・シングス+2／ジョン・コルトレーン [p.51]

JR東海CM「そうだ　京都、行こう」。
2022年で同CMは29年目を迎えた。

JAZZ Sceneに煌めく Virtuosoの巧みなPLAY

“Virtuoso”（ヴァーチュオーゾ）とはイタリア語で“音楽演奏において格別な技巧や能力によって名人、達人の域に達した人物”のことをいう。いわば“手練れ”だ。
ジャズの初レコーディングは1917年。それから100年を超える間に、ジャズ史に名を刻んだ“Jazz Giants”たち。その一方で独特の個性を発揮し、彼ら（Jazz Giants）たちの演奏に勝るとも劣らない卓越した才能とテクニック（技）を持って数多くの名演奏を残した“Virtuoso”と呼ぶに相応しい名手たち。
JAZZ Sceneを飾る“名人”“いぶし銀”たちが残した名盤を味わってみよう。

Chick Corea (p)

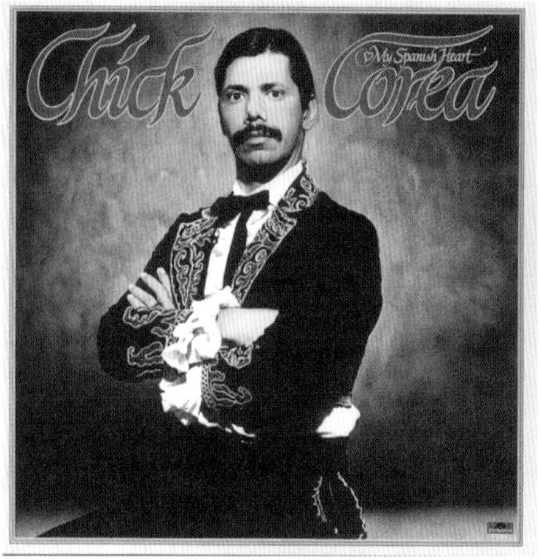

☆☆☆☆

マイ・スパニッシュ・ハート+1
My Spanish Heart

コンポーザー&アレンジャーとしてその才能、手腕をいかんなく発揮した鬼才チック・コリアが、ラテン〜スペイン音楽への想いを綴ったベスト・セラー・アルバム。1972年にリリースされた『リターン・トゥ・フーエヴァー』で共演したベーシスト、僚友スタンリー・クラークとともに創り上げたファンタスティックな物語。哀愁漂うメロディーが印象的な「ナイト・ストリーツ」「アルマンドのルンバ」など名曲の揃った1枚だ。

【収録曲】 1 ラヴ・キャッスル(Love Castle)/2 ザ・ガーデンズ(The Gardens)/3 デイ・ダンス(Day Danse)/4 マイ・スパニッシュ・ハート(My Spanish Heart)/5 ナイト・ストリーツ(Night Streets)/6 ザ・ヒルトップ(The Hilltop)/7 ザ・スカイ(The Sky)/8 ウィンド・ダンス(Wind Danse)/9 アルマンドのルンバ(Armando's Rhumba)/10 プレリュード・トゥ・エル・ボゾ(Prelude To El Bozo)/11 エル・ボゾ[パート1](El Bozo[PartⅠ])/12 エル・ボゾ[パート2](El Bozo[PartⅡ])/13 エル・ボゾ[パート3](El Bozo[PartⅢ])/14 スパニッシュ・ファンタジー[パート1](Spanish Fantasy[PartⅠ])/15 スパニッシュ・ファンタジー[パート2](Spanish Fantasy[PartⅡ])/16 スパニッシュ・ファンタジー[パート3](Spanish Fantasy[PartⅢ])/17 スパニッシュ・ファンタジー[パート4](Spanish Fantasy[PartⅣ])/18 ザ・クラウズ[ボーナス・トラック](The Clous[Bonus Track]) **【録音】** 1976年10月
[Personnel] チック・コリア(p、synth、key)/ジャン・リュック・ポンティ(vin)/スタンリー・クラーク(b)/スティーヴ・ガッド(ds)/ドン・アライアス(perc)/ゲイル・モラン(vo) ●ユニバーサルミュージック/UCCU-99101

☆☆☆☆

ピアノ・インプロヴィゼーションVOL1
PIANO IMPROVISATIONS VOL.1

1950年代末から1960年代にかけ、従来のジャズとは異なる何の制約もなく思うがまま、自由に演奏する新しいジャンルとして登場したフリー・ジャズ。端的にいえば"インプロヴィゼーション=即興"。このムーブメントを先導したアンソニー・ブラクストンらが結成していたフリー・インプロヴィゼーション・グループ解散後に録音したソロ・アルバム。ソロ・ピアノ・ブームの起爆剤となり、チック・コリアの名声を高めた1枚。

【収録曲】
1 ヌーン・ソング(NOON SONG)/2 ソング・フォー・サリー(SONG FOR SALLY)/3 バラード・フォー・アンナ(BALLAD FOR ANNA)/
4 ソング・オブ・ザ・ウィンド(SONG OF THE WIND)/5 サムタイム・アゴー(SOMETIME AGO)/
6 ホエア・アー・ユー・ナウ?〜8つの絵の組曲―ピクチャー1(WHERE ARE YOU NOW?―A SUITE OF EIGHT PICTURES―PICTURE1)/
7 ピクチャー2(PICTURE2)/8 ピクチャー3(PICTURE3)/9 ピクチャー4(PICTURE4)/10 ピクチャー5(PICTURE5)/
11 ピクチャー6(PICTURE6)/12 ピクチャー7(PICTURE7)/13 ピクチャー8(PICTURE8)
【録音】 1971年4月
[Personnel] チック・コリア(p)
●ユニバーサルミュージック/UCCU-5725

☆☆☆☆

ナイウ・ヒー・シングス・ナウ・ヒー・ソブス
Now He Sings,Now He Sobs

1950年代から60年代にかけ数々の名作を残したピアニストに続く新世代を代表するピアニストのひとり、チック・コリアの出世作。強力なリズム・セクションにサポートされた演奏は、スピード感に溢れ切れ味もいい。2曲目の繊細でよどみのない斬新なフレーズが連続する「マトリックス」は初期の代表作。『リターン・トゥ・フォーエヴァー』と比べるととっつき難い面があるが傑作の1枚。ミロスラフ・ヴィトウスのベースは聴きどころだ。

[収録曲]
1 ステップス-ホワット・ワズ(Steps - What Was)/2 マトリックス(Matrix)/
3 ナウ・ヒー・シングス-ナウ・ヒー・ソブス(How He Sings, Now He Sobs)/
4 ナウ・ヒー・ビーツ・ザ・ドラム-ナウ・ヒー・ストップス(Now He Beats The Drum, Now He Stops)/
5 ザ・ロウ・オブ・フォーリング・アンド・キャッチング・アップ(The Law of Falling and Catching Up)
[録音] 1968年3月14日、19日
[Personnel]
チック・コリア(p)/ミロスラフ・ヴィトウス(b)/ロイ・ヘインズ(ds)
●ユニバーサルミュージック/UCCU-99089

☆☆☆☆☆

リターン・トゥ・フォーエヴァー
Return To Forever

とても明るく開放的、躍動的なメロディラインが新鮮で、ジャズ・ファンばかりかジャズを聴いたことがなかった人にもインパクトを与え、大ベストセラーになったアルバム。全曲、チック・コリアのオリジナルだが、パーカッションやヴォーカルを取り入れるなど、どの曲も輝きを放っている。1970年代のフュージョン・ミュージックの先鞭をつけたアルバムだ。聴きどころはたくさんあるが、ベースのテクニックには驚かされる。

[収録曲]
1 リターン・トゥ・フォー・エヴァー(Return to Forever)/
2 クリスタル・サイレンス(Crystal Silence)/
3 ホワット・ゲーム・シャル・ウィ・プレイ・トゥデイ(What Game Shall We Play Today)/
4 サムタイム・アゴー〜ラ・フィエスタ(Sometime Ago - La Fiesta)
[録音] 1972年2月2日、3日
[Personnel]
チック・コリア(el-p)/ジョー・ファレル(fl、ss)/スタンリー・クラーク(b、el-b)/アイアート・モレイラ(ds、perc)/フローラ・プリム(vo、perc)
●ユニバーサルミュージック/UCCU-99008

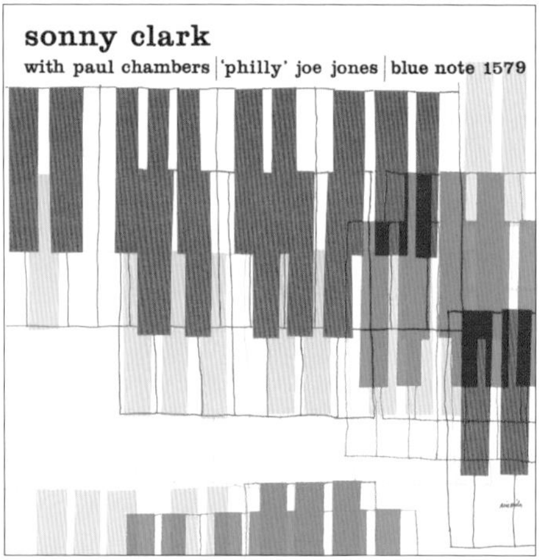

Sonny Clark (p)

☆☆☆☆☆

ソニー・クラーク・トリオ+3
Sonny Clark Trio

31歳という若さで世を去ったソニー・クラークが残した傑作。このアルバムは、名作『クール・ストラッティン』(p.16)の前年に録音された、クラークが絶頂期の演奏である。鍵盤を打つタイミングやブルース・フィーリングなど独特で粘り気のあるサウンドは、早死にしたためかも知れないがどこか哀愁を感じる。冒頭のスリリングな「ビ・バップ」は魅力的な演奏で、5曲目の「朝日のようにさわやかに」も名演として名高い。

【収録曲】
1 ビ・バップ(Be-Bop)/2 時さえ忘れて(I Didn't Know What Time It Was)/3 トゥー・ベース・ヒット(Two Bass Hit)/
4 タッズ・デライト(Tadd's Delight)/5 朝日のようにさわやかに(Softly as in a Morning Sunrise)/
6 四月の思い出(I'll Remember April)/7 時さえ忘れて［別テイク］(I Didn't Know What Time It Was [Bonus Track])/
8 トゥー・ベース・ヒット［別テイク］(Two Bass Hit [Bonus Track])/9 タッズ ディライト［別テイク］(Tadd's Delight [Bonus Track])/
【録音】 1957年10月13日
[Personnel]
ソニー・クラーク(p)/ポール・チェンバース(b)/フィリー・ジョー・ジョーンズ(ds)　●ユニバーサルミュージック/UCCU-99098

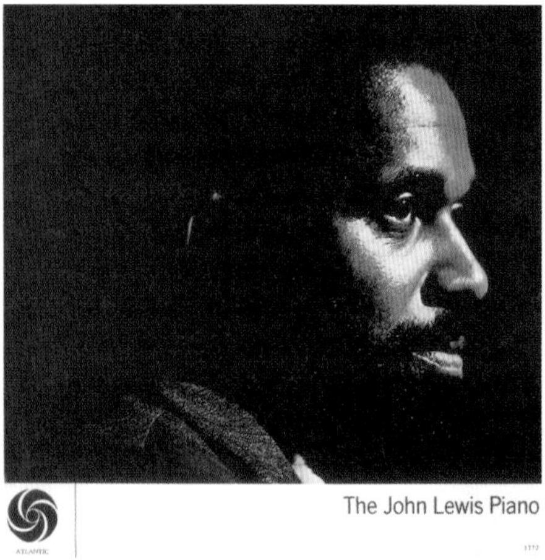

John Lewis (p)

☆☆☆

ジョン・ルイス・ピアノ
The John Lewis Piano

哲学者を思わせるような知的な佇まいのジョン・ルイス。ジャズばかりかクラシックにも精通し、MJQの音楽監督でありピアニストであるルイスの代表作だ。デュオとトリオによる演奏は、どの曲も端正で知的であり、洗練された演奏が楽しめる。と同時に彼が奏でるピアノ演奏は地味な印象だがシンプルな美しさに満ち溢れ、味わい深い。知性を散りばめたような、豊かな時間を演出してくれ、静かな佇まいのアルバムだ。

【収録曲】
1 ハルレキン(Harlequin)/2 リトル・ガール・ブルー(Little Girl Blue)/
3 悪人と美女(The Bad And The Beautiful)/4 D & E(D & E)/
5 イット・ネヴァー・エンタード・マイ・マインド(It Never Entered My Mind)/6 ワルムライト(Warmeland)/
7 二つの抒情作品:a.ピエロ b.コンピーネ(Two Lyric Pieces)
【録音】 1956年7月30日、1957年2月21日、8月24日
[Personnel]
ジョン・ルイス(p)/ジム・ホール(g)/バリー・ガルブレイス(g)/パーシー・ヒース(b)/コニー・ケイ(ds)
●ワーナーミュージック/WPCR-27089

Kenny Drew (p)

☆☆☆☆

ケニー・ドリュー・トリオ
Kenny Drew Trio

ケニュー・ドリューは生粋のハード・バップ・ピアニスト。このアルバムは、当時、マイルス・デイヴィスのグループで活躍していたリズム・セクション〜ポール・チェンバース、フィリー・ジョー・ジョーンズ〜のサポートを得て録音したもので、実に小気味がいい。デューク・エリントンの名曲「キャラヴァン」などエネルギッシュで躍動的なリズム感溢れる演奏によって一躍、彼を有名にした1枚で、ゆっくり楽しめるアルバムだ。

【収録曲】
1 キャラヴァン(Caravan)／2 降っても晴れても(Come Rain or Come Shine)／3 ルビー、マイ・ディア(Ruby, My Dear)／
4 ウィアード・オー(Weird-O)／5 テイキング・ア・チャンス・オン・ラヴ(Taking a Chance on Love)／
6 星に願いを(When You Wish Upon a Star)／7 ブルース・フォー・ニカ(Blues for Nica)／
8 イッツ・オンリー・ア・ペイパー・ムーン(It's Only a Paper Moon)
【録音】 1956年9月20日、26日
[Personnel]
ケニー・ドリュー(p)／ポール・チェンバース(b)／フィリー・ジョー・ジョーンズ(ds)
●ユニバーサルミュージック／UCCO-99050

Keith Jarrett (p)

☆☆☆☆

フェイシング・ユー
Facing You

マイルス・デイヴィスのグループ在籍中に録音。フォーク調の「イン・フロント」や、格調高く幻想的な「リトゥーリア」など、全曲がキース・ジャレットの作曲によるオリジナルのソロ・アルバム第一作。キースのピアノはジャズなのか、ジャズではないのかの論争が生まれたが、豊かなイマジネーションで自由に、躍動的に弾き出されるサウンドに魅了される。キースは、ピアノ・ソロというスタイルを確立した功労者でもある。

【収録曲】
1 イン・フロント(In Front)／2 リトゥーリア(Ritooria)／
3 ラレーヌ(Lalene)／4 マイ・レディ、マイ・チャイルド(My Lady, My Child)／
5 ランドスケイプ・フォー・フューチャー・アース(Landscape for Future Earth)／
6 スターブライト(Starbright)／7 ヴァパリア(Vapallia)／
8 センブレンス(Semblence)
【録音】 1971年11月10日
[Personnel] キース・ジャレット(p)
●ユニバーサルミュージック／UCCU-99108

Wynton Kelly (p)

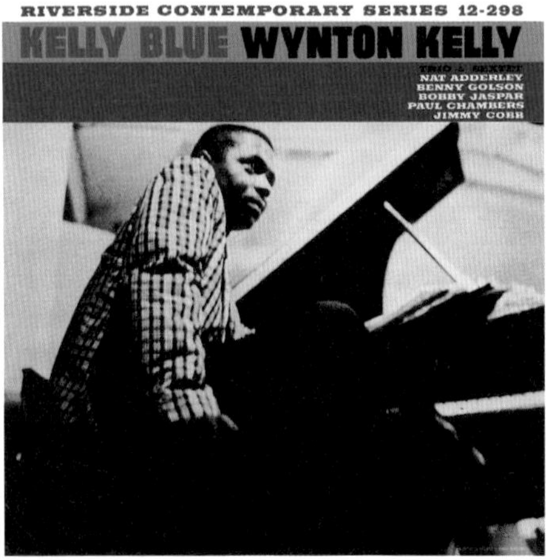

★★★★★

ケリー・ブルー+2
Kelly Blue+2

ハード・バップを代表する人気ピアニスト、ウィントン・ケリーの名演。セクステットとトリオという2つの編成で、ケリーの魅力が堪能できる。ジャズ喫茶でも大ヒットした冒頭のタイトル曲、セクステット演奏による「ケリー・ブルー」からスタンダード曲など、どの曲も完成度は高く、素晴らしい演奏を繰り広げている。2曲目の「朝日のようにさわやかに」はブルージーな哀愁が漂わせた演奏で、どの収録曲もスウィンギーな魅力がいっぱいの1枚。

【収録曲】 1 ケリー・ブルー(Kelly Blue)/2 朝日のようにさわやかに(Softly, As In a Morning Sunrise)/
3 オン・グリーン・ドルフィン・ストリート(On Green Dolphin Street)/4 柳よ泣いておくれ(Willow Weep for Me)/
5 キープ・イット・ムーヴィング[テイク4](Keep It Moving[Take4])/6 オールド・クローズ(Old Clothes)/
7 ドゥ・ナッシン・ティル・ユー・ヒア・フロム・ミー(Do Nothin' Till You Hear from Me)/
8 キープ・イット・ムーヴィング[テイク3](Keep It Moving[Take3])
【録音】 1959年2月19日、3月10日
【Personnel】
ウィントン・ケリー(p)/ナット・アダレイ(cor)/ベニー・ゴルソン(ts)/ボビー・ジャスパー(fl)/ポール・チェンバース(b)/ジミー・コブ(ds)
●ユニバーサルミュージック/UCCO-99011

★★★★

ケリー・グレイト
Kelly Great

名盤として名高い『ケリー・ブルー+2』(上)に続く、ヴィー・ジェイ・レーベル移籍第一弾。フロントはジャズ・メッセンジャーズのメンバー、リー・モーガンとウェイン・ショーター。バックはポール・チェンバースとフィリー・ジョー・ジョーンズというマイルス・グループのリズム・セクションとが合体した人気のクインテット作品。冒頭のケリー節が冴えわたるファンキー・ブルース「リンクルズ」など、全曲楽しさに満ち溢れたアルバム。

【収録曲】
1 リンクルズ(Wrinkles)/2 ママ"G"(Mama"G")/
3 ジューン・ナイト(June Night)/4 ホワット・ノウ(What Know)/
5 シドニー(Sydney)
【録音】 1959年8月12日
【Personnel】
ウィントン・ケリー(p)/リー・モーガン(tp)/ウェイン・ショーター(ts)/
ポール・チェンバース(b)/フィリー・ジョー・ジョーンズ(ds)
●ユニバーサルミュージック/UCCO-99075

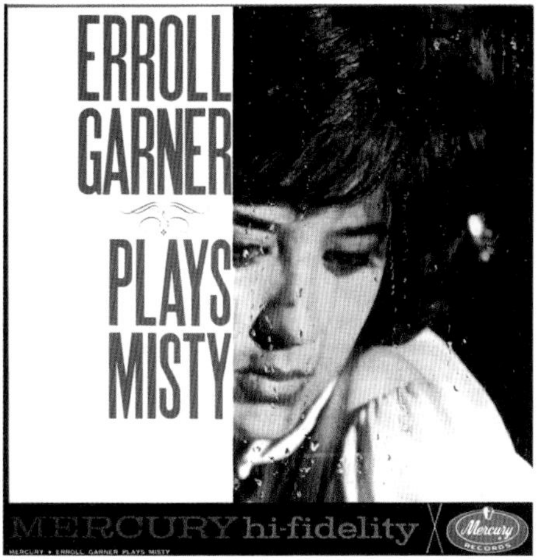

Erroll Garner(p)

☆☆☆☆

ミスティ
Erroll Garner Plays Misty

雨なのか、滴が当たっているガラス越しに、伏し目がちに佇んでいる女性。ジャズ・レコードのジャケットはお洒落なものが多いが、このジャケットも印象的だ。このアルバムは、世界で、もっとも美しいメロディを持つといわれている「ミスティ」の作者、エロール・ガーナーの初演を収録したもの。またガーナーは"ビハインド・ザ・ビート"と呼ばれる独特な演奏スタイルが特徴で、パワフルな演奏やピアノ・ソロも楽しむことができる。

[収録曲]
1 ミスティ(Misty)/2 イグザクトリー・ライク・ユー(Exactly Like You)/3 ユー・アー・マイ・サンシャイン(You Are My Sunshine)/
4 恋とは何でしょう(What Is This Thing Called Love)/5 フラントナリティ(Frantenality)/6 アゲイン(Again)/
7 いつかどこかで(Where or When)/8 ラヴ・イン・ブルーム(Love in Bloom)/
9 スルー・ア・ロング・アンド・スリープレス・ナイト(Through a Long and Sleepless Night)/
10 ザット・オールド・フィーリング(That Old Feeling)
[録音] 1954年7月1日
[Personnel] エロール・ガーナー(p)/ワイアット・ルーサー(b)/ユージン・ファッツ・ハート(ds)
●ユニバーサルミュージック/UCCU-99031

Horace Silver(p)

☆☆☆

ソング・フォー・マイ・ファーザー+4
Song For My Father

ファンキー・ジャズを代表するピアニスト、ホレス・シルヴァーが、父親へ、ファミリーへ捧げたアルバムだ。ジョー・ヘンダーソンを含む新メンバーによるエキサイティングな冒頭のタイトル曲「ソング・フォー・マイ・ファーザー」は、彼の魅力がギューッと詰まったような内容、展開で、ラテン的な要素もチラリと感じられる1曲。ブルー・ノートを代表する名曲であるばかりか、彼が作曲した数多くの曲のなかでも60年代を代表する作品である。

[収録曲]
1 ソング・フォー・マイ・ファーザー(Song For My Father)/2 ザ・ネイティヴス・アー・レストレス・トゥナイト(The Natives Are Restless Tonight)
3 カルカッタ・キューティ(Calcutta Cutie)/4 ケ・パサ(Que Pasa)/5 ザ・キッカー(The Kicker)/6 ロンリー・ウーマン(Lonely Woman)/
7 にせ信者サム(Sanctimonious Sam)/8 ケ・パサ[トリオ・バージョン](Que Pasa?[Trio Version])/9 嘆きと叫び(Sighin' And Cryin')/
10 シルヴァー・トレッズ・アマング・マイ・ソウル(Silver Treads Among My Soul)
[録音] 1963年10月31日、1964年1月28日、10月26日
[Personnel] ホレス・シルヴァー(p)/カーメル・ジョーンズ(tp)/ブルー・ミッチェル(tp)/ジョー・ヘンダーソン(ts)/ジュニア・クック(ts)/
テディ・スミス(b)/ジーン・テイラー(b)/ロジャー・ハンフリーズ(ds)/ロイ・ブルックス(ds)　●ユニバーサルミュージック/UCCU-5667

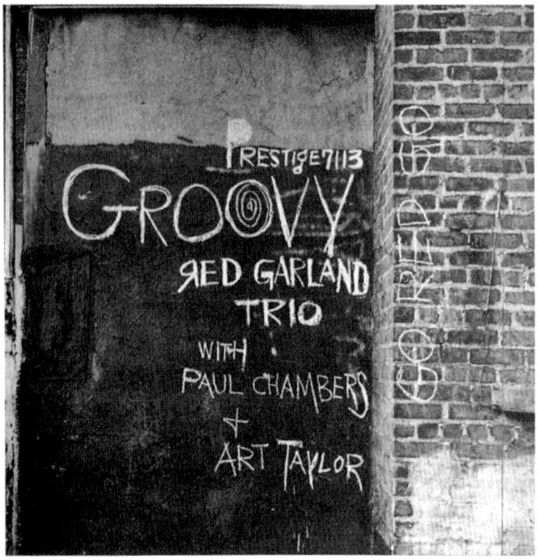

Red Garland (p)

★★★★★

グルーヴィー
Groovy

マイルス・デイヴィスのバンドで活躍していたピアニスト、レッド・ガーランドとベース、ドラムスによる自己のグループで録音したピアノ・トリオの傑作。彼の演奏の特徴は、左手のブロック・コードと右手のシングル・トーンのコンビネーションが絶妙で、かつ繊細なこと。全編、お馴染みの曲で構成されているが、冒頭の「Cジャム・ブルース」はガーランド生涯の名演ともいわれており、スウィンギーな軽快感は絶妙だ。

【収録曲】
1 Cジャム・ブルース(C Jam Blues)／2 ゴーン・アゲイン(Gone Again)／
3 ウィル・ユー・スティル・ビー・マイン?(Will You Still Be Mine?)／4 柳よ泣いておくれ(Willow Weep for Me)／
5 ホワット・キャン・アイ・セイ(What Can I Say (After I Say I'm Sorry)?)／6 ヘイ・ナウ(Hey Now)
【録音】 1956年12月14日、1957年5月24日、8月9日
【Personnel】
レッド・ガーランド(p)／ポール・チェンバース(b)／アート・テイラー(ds)
●ユニバーサルミュージック／UCCO-90410

Ray Bryant (p)

★★★★

アローン・アット・モントルー
Alone At Montreux

1972年、伝統あるモントルー・ジャズ・フェスティヴァルにて、本来、出演予定だったオスカー・ピーターソンが急遽、キャンセルしたために代役として出演したレイ・ブライアント。日本でも高く人気を誇ったブルージーなタッチが魅力のレイが繰り広げた伝説のソロ・アルバム。お馴染みの曲など、ブライアントの溌溂とした演奏と観客の盛り上がり、ライブの雰囲気がよく伝わってくる。この演奏以後、ブライアント再評価のきっかけとなった1枚。

【収録曲】
1 ガッタ・トラヴェル・オン(Gotta Travel On)／2 ブルース　#3～柳よないておくれ(Blues, No. 3/Willow Weep for Me)／
3 クバノ・チャント(Cubano Chant)／4 ロッキン・チェア(Rockin' Chair)／
5 アフター・アワーズ(After Hours)／6 スロー・フレイト(Slow Freight)／
7 グリーンスリーヴス(Greensleeves)／8 リトル・スージー(Little Susie)／
9 別れのときまで(Until It's Time for You to Go)／10 ブルース　#2(Blues, No. 2)／11 "愛の夢"ブギー(Liebestraum Boogie)
【録音】 1972年6月23日
【Personnel】 レイ・ブライアント(p)
●ワーナーミュージック／WPCR-27031

どこかで聴いたことが……[PART❷]

映画やミュージカルの原曲をJAZZ風に

演奏、ヴォーカルを合わせてジャズの楽曲はどれほどあるのか、その数は膨大すぎてわからない。だが、すべてがオリジナル曲とは限らず、伝統的な民謡や映画、ミュージカルで歌われた曲をアレンジし演奏された曲がある。「どこかで聴いたことが……[PART ❷]」では、映画の主題歌や挿入歌、ミュージカル曲などが、どのように演奏されているのか、原曲とどのように違うのかを聴き比べることで、ジャズの魅力、楽曲の魅力を発見する（使用の際には、アレンジや演奏方法の違いがあるが、該当する楽曲が収録されているアルバムを紹介）。

グリーン・スリーヴス
(Greensleeves)

16世紀後半のエリザベス朝時代に歌われた伝統的なイングランド民謡で、作者は不明。歌詞は、1865年頃、イギリスの詩人、ウィリアム・チャタトンディックスが発表した詩集『The Manger Throne』に基づくが、男女の関係を歌った曲。ジョン・コルトレーン『アフリカ・ブラス』[p.54]の2曲目に収録されているが、ソプラノ・サックスによる淡々とした表現が魅力だ。

アフリカ・ブラス／ジョン・コルトレーン [p.54]

オール・オブ・ミー
(All of Me)

「わたしのすべて」という意味。1931年、アメリカの作曲家、ジェラルド・マークスとシーモア・シモンズによる共作で、映画「ケアレス・レディ」の挿入歌。ジャズ・スタンダードとしても有名なポピュラー・ソングで、エラ・フィッツジェラルドなどのカバーが知られている。『プレス・アンド・テディ+1』[p.100]の冒頭を飾る同曲は“歌”はないが、“歌心”溢れるプレスとテディの息の合った演奏が楽しめる。

プレス・アンド・テディ＋1／レスター・ヤング＆テディ・ウィルソン [p.100]

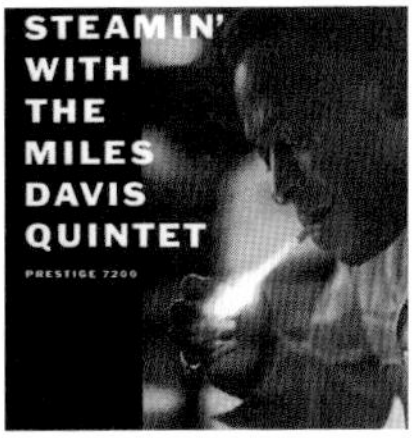

飾りのついた四輪馬車
(Surrey With The Fringe On Top)

アメリカのポピュラー・ソングで、1943年上演されたミュージカル『オクラホマ』で使用された曲。作曲はオスカー・ハマースタイン2世、作詞はリチャード・ロジャース。マイルス・デイヴィスの“マラソン・セッション4部作”の最後の1枚、『スティーミン』[p.28]の1曲目に収録されている。抑制の効いたマイルスのミュート・トランペットが奏でるメロディが印象的だ。

スティーミン（Steamin'）／マイルス・デイヴィス [p.28]

いつか王子様が
(Some Day My Prince Will Come)

1937年に上映されたウォルト・ディズニーのアニメ「白雪姫」の挿入歌。作曲はフランク・チャーチル、作詞はライー・モリー、歌ったのは白雪姫の声優を担当したアドリアナ・カセロッティ。『ポートレイト・イン・ジャズ+1』[p.42]）の9曲目に収録されている。エヴァンスは同曲を何度も録音しているが、一部のアルバムでは、1コーラスごとに3拍子と4拍子が入れ替わるアレンジでの演奏もある。

ポートレイト・イン・ジャズ＋1／ビル・エヴァンス [p.42]

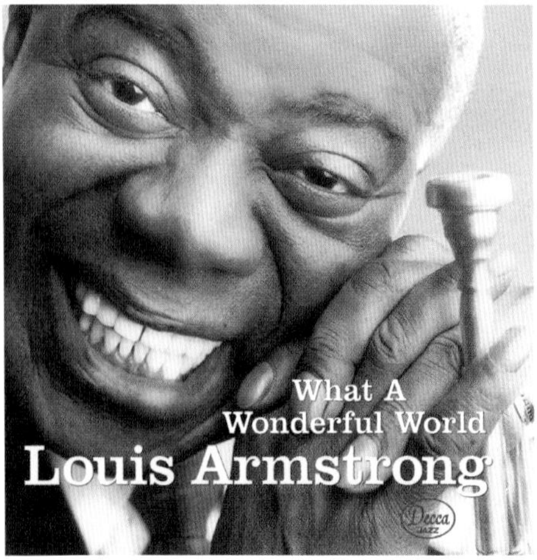

Louis Armstrong (tp&vo)

☆☆☆☆

この素晴らしき世界
What A Wonderful World

“サッチモ”の愛称で知られるダミ声が特徴のルイ・アームストロング。ジャズ黎明期から活躍した代表的ミュージシャン、エンターテイナーのひとりだ。タイトル曲「この素晴らしき世界」は、TVCMで使ったりしたこともあり、一度は耳にしたことがあるだろう。柔らかな旋律、人間賛歌を思わせる詩、温かみのある声に平和への願いが込められた曲だ。このアルバムはジャズの入門盤、“サッチモ”の入門盤として聴くには味わい深い1枚だ。

[収録曲] 1 この素晴らしき世界(What A Wonderful World)/2 キャバレー(Cabaret)/3 ザ・ホーム・ファイアー(The Home Fire)/
4 ドリーム・ア・リトル・ドリーム・オブ・ミー(Dream a Little Dream of Me)/
5 ギヴ・ミー・ユア・キッス(Give Me Your Kisses (I'll Give You My Heart))/6 ザ・サンシャイン・オブ・ラヴ(The Sunshine of Love)/
7 ハロー・ブラザー(Hello Brother)/8 ゼア・マスト・ビー・ア・ウェイ(There Must Be a Way)/
9 ファンタスティック、ザッツ・ユー(Fantastic, That's You)/
10 アイ・ゲス・アイル・ゲット・ザ・ペーパーズ・アンド・ゴー・ホーム(I Guess I'll Get the Papers And Go Home)/
11 ヘルザポッピン(Hellzapoppin') **[録音]** 1967年8月16日、1968年7月23日、24日
[Personnel] ルイ・アームストロング(tp, vo)/タイリー・グレン(tb)/ジョー・マレイニー(cl)/マーティ・ナポレオン(p)/
アート・ライアーソン(g)/バディ・カトレット(b)/ダニー・バルセロナ(ds) 他 ●ユニバーサルミュージック/UCCU-99016

Lester Young (ts) / Teddy Wilson (p)

☆☆☆☆☆

プレス・アンド・テディ+1
Press And Teddy+1

極端な言い方になるかもしれないが、冒頭の「オール・オブ・ミー」を聴くだけのために買ってもいいと思える1枚だ。1930年代に活躍した大統領の異名(プレス)をもつレスター・ヤングとテディ・ウィルソンとの気心の知れた黄金コンビの再会セッションである。ゆったり、朗々と吹くプレスと優しくサポートしているテディのピアノ。ふたりが繰り出すスタンダード曲など、どれもがほのぼのとした味わい深いアルバムだ。

[収録曲]
1 オール・オブ・ミー(All Of Me)/2 恋のとりこ(Prisoner Of Love)/
3 ルイーズ(Louise)/4 ラブ・ミー・オア・リーヴ・ミー(Love Me Or Leave Me)/
5 恋のチャンス(Taking A Chance On Love)/6 わが恋はここに(Love Is Here To Stay)/
7 プレス・リターンズ(Pres Returns)
[録音] 1956年1月13日
[Personnel]
レスター・ヤング(ts)/テディ・ウィルソン(p)/ジーン・ラミー(b)/ジョー・ジョーンズ(ds)
●ユニバーサルミュージック/UCCU-99073

Lee Morgan (tp)

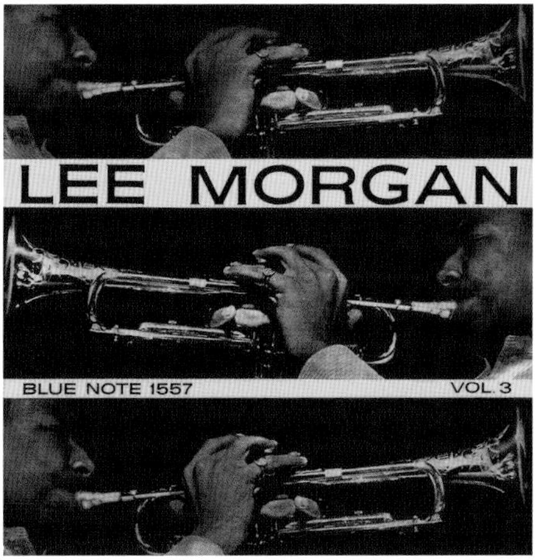

☆☆☆☆☆

リー・モーガン Vol.3+1
Lee Morgan Vol.3

天才少年といわれたリー・モーガンが18歳のときに収録したアルバムで、ベニー・ゴルソンと ジジ・グライスがバックアップしたモーガンにとっては第3作目。全編、ベニー・ゴルソンの作品だが、夭逝した名トランペッター、クリフォード・ブラウンに捧げた「クリフォードの想い出」は名演で、"ブラウニー"（クリフォード・ブラウンのこと）が蘇生したかのような太く甘い音で好演。この曲を聴くためのだけアルバムを買っても惜しくはない。

【収録曲】
1 ハサーンズ・ドリーム（Hasaan's Dream）／2 ドミンゴ（Domingo）／
3 クリフォードの想い出（I Remember Clifford）／4 メサビ・チャント（Mesabi Chant）／
5 ティップ・トーイング（Tip Toeing）／6 ティップ・トーイング［別テイク］（Tip Toeing[Bonus Track]）
【録音】 1957年3月24日
[Personnel]
リー・モーガン（tp）／ジジ・グライス（as,fl）／ベニー・ゴルソン（ts）／ウィントン・ケリー（p）／ポール・チェンバース（b）／
チャーリー・パーシップ（ds）
●ユニバーサルミュージック／UCCU-99105

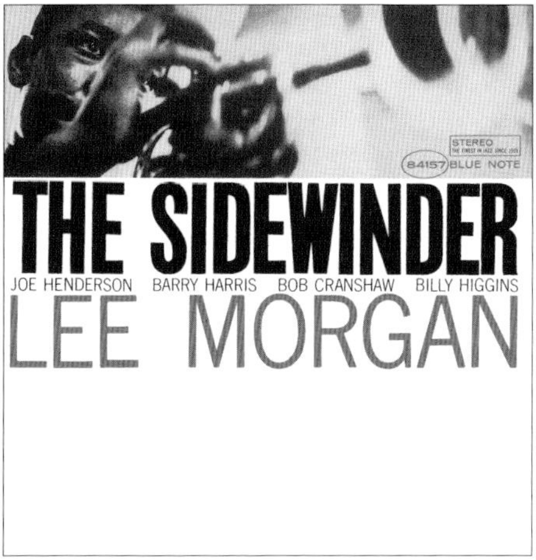

☆☆☆☆

ザ・サイドワインダー
THE SIDEWINDER

もはや死語の感がある"ジャズロック（8ビートや16ビートのロックのリズムに乗ったジャズのこと）"の代名詞的な名盤。初めてジャズを聴く人には、ぜひ聴いてほしい1枚だ。タイトル曲はもちろん、ラテンのリズムと4ビートが融合した「トーテム・ポール」など全曲オリジナルで、モーガンのソロやジョー・ヘンダーソンとの2管の魅力が如何なく発揮されている。ちなみに彼の最期は壮絶で演奏の休憩時間に妻に射殺された。享年33歳。

【収録曲】
1 ザ・サイドワインダー（The Sidewinder）／2 トーテム・ポール（Totem Pole）／3 ゲイリーズ・ノートブック（Gary's Notebook）／
4 ボーイ・ホワット・ア・ナイト（Boy, What a Night）／5 ホーカス・ポーカス（Hocus-Pocus）
【録音】 1963年12月21日
[Personnel]
リー・モーガン（tp）／ジョー・ヘンダーソン（ts）／バリー・ハリス（p）／ボブ・クランショウ（b）／ビリー・ヒギンズ（ds）
●ユニバーサルミュージック／UCCU-99043

Blue Mitchell (tp)

★★★

ブルース・ムーズ
Blue's Moods

ホレス・シルヴァー・グループで活躍したハード・バップ期のトランペッターのひとり、ブルー・ミッチェルがウィントン・ケリー・トリオをバックにワン・ホーンで演奏した代表作で、彼の歌うようなフレーズがいかんなく発揮されている。独特の哀感を込めて歌い上げる冒頭の「アイル・クローズ・マイ・アイズ」は爽やかな余韻を残す名演だ。ウィントン・ケリーの味のあるスウィングするピアノも聴きどころで秀逸だ。

【収録曲】
1 アイル・クローズ・マイ・アイズ（I'll Close My Eyes）／2 エイヴァース（Avars）／
3 スクラップル・フロム・ジ・アップル（Scrapple From The Apple）／4 カインダ・ヴェイグ（Kinda Vague）／
5 サー・ジョン（Sir John）／6 ホエン・アイ・フォール・イン・ラヴ（When I Fall In Love）／
7 スウィート・パンプキン（Sweet Pumpkin）／8 アイ・ウィッシュ・アイ・ニュー（I Wish I Knew）
【録音】 1960年8月24日、25日
[Personnel]
ブルー・ミッチェル（tp）／ウィントン・ケリー（p）／サム・ジョーンズ（b）／ロイ・ブルックス（ds）
●ユニバーサルミュージック／UCCO-99026

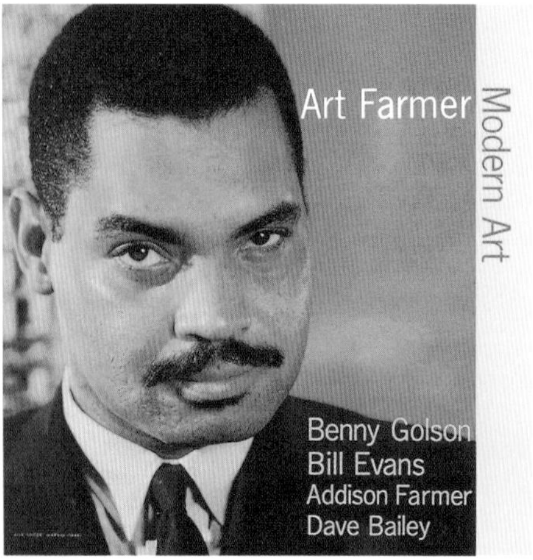

Art Farmer (tp)

★★★

モダン・アート
Modern Art

派手さはないが、柔らかでまろやかな音色が聴いていて知性を感じるアート・ファーマーの傑作で、エレガントな雰囲気が漂っている秀作。ビル・エヴァンスとの共演やメンバー個々のソロも聴きどころだ。冒頭の「モックス・ニックス」に漂う軽快感。名曲として名高い美しいハーモニーの2曲目の「フェア・ウェザー」。後にこの「フェア・ウェザー」を提供したベニー・ゴルソンとは、トロンボーンを加えた3管編成のジャズテットを結成する。

【収録曲】
1 モックス・ニックス（Mox Nix）／2 フェア・ウェザー（Fair Weather）／
3 ダーン・ザット・ドリーム（Darn That Dream）／4 ザ・タッチ・オブ・ユア・リップス（The Touch Of Your Lips）／
5 ジュビレーション（Jubilation）／6 ライク・サムワン・イン・ラブ（Like Someone In Love）／
7 アイ・ラヴ・ユー（I Love You）／8 コールド・ブリーズ（Cold Breeze）
【録音】 1958年9月10日、11日、14日
[Personnel]
アート・ファーマー（tp、arr）／ベニー・ゴルソン（ts、arr）／ビル・エヴァンス（p）／アディソン・ファーマー（b）／デイヴ・ベイリー（ds）
●ユニバーサルミュージック／UCCU-99060

Kenny Dorham (tp)

★★★★

静かなるケニー
Quiet Kenny

ジャズ史を飾る、という意味では、演奏的に派手さはないが、いぶし銀のプレイで熱心なファンを持つケニー・ドーハムの代表作だ。名手、トミー・フラナガン・トリオのサポートで持ち味を充分に発揮している。代表的なオリジナル曲の「蓮の花」をはじめ、「アローン・トゥゲザー」など、どの曲も美しい音色、メロディが哀愁に満ち溢れ味わい深い叙情感が素晴らしい。ワン・ホーンの名曲ばかりを綴ったモダン・ジャズ屈指の名盤。

【収録曲】
1 蓮の花(Lotus Blossom)／2 マイ・アイディアル(My Ideal)／3 ブルー・フライデイ(Blue Friday)／
4 アローン・トゥゲザー(Alone Together)／5 ブルー・スプリング・シャッフル(Blue Spring Shuffle)／
6 アイ・ハド・ザ・クレイジェスト・ドリーム(I Had The Craziest Dream)／7 オールド・フォークス(Old Folks)／
8 マック・ザ・ナイフ(Mack The Knife)
【録音】 1959年11月13日
[Personnel]
ケニー・ドーハム(tp)／トミー・フラナガン(p)／ポール・チェンバース(b)／アート・テイラー(ds)
●ユニバーサルミュージック／UCCO-99012

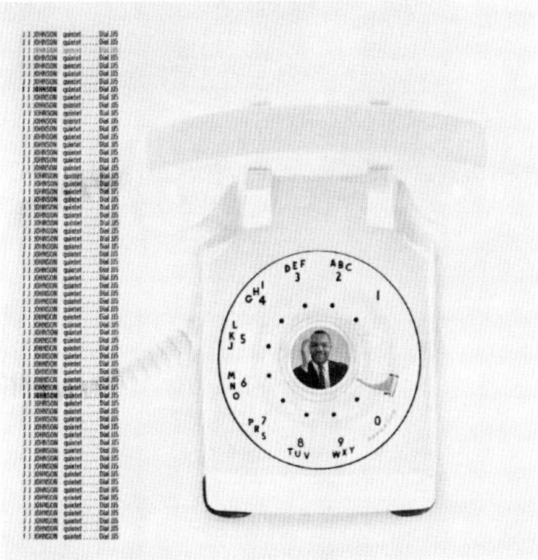

J.J. Johnson (tb)

★★★★

ダイアルJ.J.5
Dial J.J.5

ジャズ・トロンボーンの第一人者として高い評価を得ているJ.J.ジョンソンのアルバム。当時、まだ無名に近かったトミー・フラナガンやエルヴィン・ジョーンズも瑞々しいアプローチで後年の大成を予感させる。トロンボーンとドラムスのバトルが熱い「ティー・ポット」、ラテン・リズムを導入した「オールド・デヴィル・ムーン」などを収録。小気味のいいスウィング、緊張感をはらんだセッションでモダン・ジャズ史上に輝く名盤といわれる1枚。

【収録曲】
1 ティー・ポット(TEA POT)／2 バルバドス(BARBADOS)／3 イン・ア・リトル・プロヴィンシャル・タウン(IN A LITTLE PROVINCIAL TOWN)／
4 セッテ・チョーズ(CETTE CHOSE)／5 ブルー・ヘイズ(BLUE HAZE)／6 ラブ・イズ・ヒア・トゥ・ステイ(LOVE IS HERE TO STAY)／
7 ソー・ソーリー・プリーズ(SO SORRY PLEASE)／8 イット・クッド・ハプン・トゥ・ユー(IT COULD HAPPEN TO YOU)／
9 バード・ソング(BIRD SONG)／10 オールド・デヴィル・ムーン(OLD DEVIL MOON)
【録音】 1957年1月、5月
[Personnel]
J.J.ジョンソン(tb)／ボビー・ジャスパー(sax、fl)／トミー・フラナガン(p)／ウィルバー・リトル(b)／エルヴィン・ジョーンズ(ds)
●ソニーミュージック／SICJ-22

Art Pepper (as)

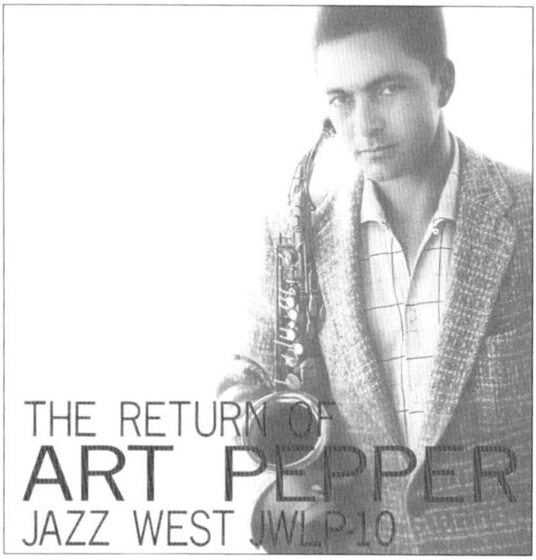

☆☆☆

ザ・リターン・オブ・アート・ペッパー

The Return Of Art Pepper

なぜ、“リターン”なのか。天才アルト・サックス奏者のアート・ペッパーは破滅型でもあり、麻薬常習者であったため刑務所に服役、1953年から3年間、活動していなかった。2度目の服役から社会復帰した第一作目が、このアルバムである。ウエスト・コーストの腕達者と組んだクインテット編成で、魅力的なソロを聴かせる。明るいトランペットと陰影のあるアルトとのコントラストが美しく、ペッパーらしいスリリングな演奏が素晴らしい。

[収録曲]
1 ペッパー・リターンズ(Pepper Returns)/2 ブロードウェイ(Broadway)/
3 ユー・ゴー・トゥ・マイ・ヘッド(You Go to My Head)/4 エンジェル・ウィングス(Angel Wings)/
5 ファニー・ブルース(Funny Blues)/6 ファイヴ・モア(Five More)/7 マイノリティ(Minority)/
8 パトリシア(Patricia)/9 マンボ・デ・ラ・ピンタ(Mambo de la Pinta)/10 ウォーキン・アウト・ブルース(Walkin' Out Blues)
[録音] 1956年8月6日
[Personnel]
アート・ペッパー(as)/ジャック・シェルドン(tp)/ラス・フリーマン(p)/リロイ・ヴィネガー(b)/シェリー・マン(ds)
●ユニバーサルミュージック/UCCU-99125

☆☆☆☆☆

モダン・アート

Modern Art

『アート・ペッパー・ミーツ・ザ・リズムセクション』(p.20)と並び、白人アルト・サックス奏者として名高いアート・ペッパーの最高傑作のひとつで、西海岸の名手を従えワン・ホーンの魅力をいかんなく発揮した名盤。リズム・セクションと繰り広げる閃きの美しいアドリブはジャズ史を飾る名演ともいわれ、明るい気分に満ち溢れたセッションのなかで美しくメロディアスなソロが途切れることなく紡がれていく。

[収録曲]
1 ブルース・イン(Blues In)/2 魅惑されて(Bewitched)/3 君微笑めば(When You're Smiling)/4 クール・バニー(Cool Bunny)/
5 ダイアンのジレンマ(Diane's Dilemma)/6 サヴォイでストンプ(Stompin' At The Savoy)/
7 恋とは何でしょう(What Is This Thing Called Love)/8 ブルース・アウト(Blues Out)
[録音] 1956年12月28日、1957年1月14日
[Personnel]
アート・ペッパー(as)/ラス・フリーマン(p)/ベン・タッカー(b)/チャック・フローレス(ds)
●ユニバーサルミュージック/UCCU-99034

N.Yの名門ジャズ・クラブ“Half Note”でのライブ盤を聴く

「ヴィレッジ・ヴァンガード」「バードランド」など有名ジャズ・クラブが軒を連ねるニューヨーク。そのなかの１軒「ハーフノート」での演奏を録音した代表的なライブ盤を聴く。

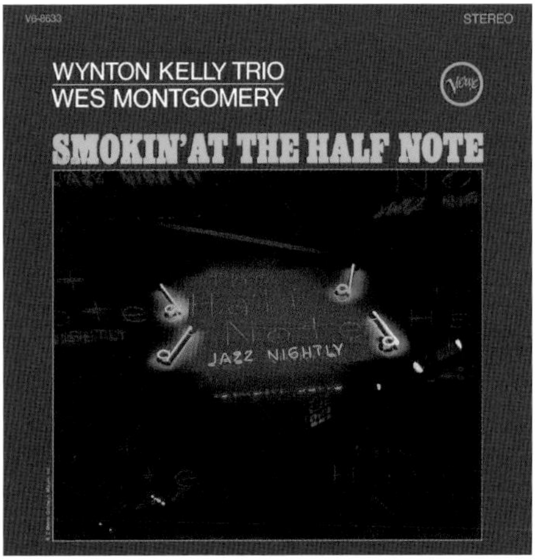

Wes Montgomery(g) & Wynton Kelly(p)

★★★★★

ハーフノートの
ウェス・モンゴメリーとウィントン・ケリー
Smokin' At The Half Note

ウィントン・ケリーといえば名盤として名高い『フル・ハウス』(p.21)。このトリオにウェス・モンゴメリーが参加したライブ（#1,2）と同メンバーによるスタジオ録音（#3,4,5）が一体となったアルバムで、雰囲気や熱気の違いを聴くことができる。冒頭の「ノー・ブルース」におけるウェスの超絶的な技を展開するロング・ソロは圧巻で、聴き入ってしまう。ふたりが織りなす絶妙のコンビネーションに聴き惚れてしまう1枚だ。

【収録曲】 1 ノー・ブルース（No Blues）／2 イフ・ユー・クッド・シー・ミー・ナウ（If You Could See Me Now）／3 ユニット・セヴン（Unit 7）／4 フォー・オン・シックス（Four On Six）／5 ホワッツ・ニュー（What's New）／
【ライブ録音】 1965年6月24日 **【スタジオ録音】** 1965年9月22日／
[Personnel] ウェス・モンゴメリー（g）／ウィントン・ケリー（p）／ポール・チェンバース（b）／ジミー・コブ（ds）
●ユニバーサルミュージック／UCCU-99061

Zoot Sims(ts)、Al Cohn(ts) & Phil Woods(as)

★★★

ハーフノートの夜
Jazz Alive! A Night At The Half Note

ウディ・ハーマン楽団出身の2テナー・チーム～アル・コーンとズート・シムズ。共に、レスター・ヤングの流れを汲むふたりの名手がニューヨークの名門ジャズクラブ、ハーフノートで録音したライブ盤。冒頭の「恋人を我に帰れ」など小難しいことが一切ないふたりの掛け合いや、気が合う仲間と演奏しているような雰囲気が素晴らしい。また、後半の2曲にはフィル・ウッズが参加、3管演奏の面白さが伝わってくるアルバムだ。

【収録曲】 1 恋人よ我に帰れ（Lover Come Back To Me）／2 イット・ハッド・トゥ・ビー・ユー（It Had To Be You）／3 ウィー・ドット（Wee Dot）／4 アフター・ユーヴ・ゴーン（After You've Gone）
【録音】 1959年2月6日、7日
[Personnel] アル・コーン（ts）／ズート・シムズ（ts）／フィル・ウッズ（as）／モーズ・アリソン（p）／ネビル・トーター（b）／ポール・モチアン（ds）
●ユニバーサルミュージック／UCCU-99184

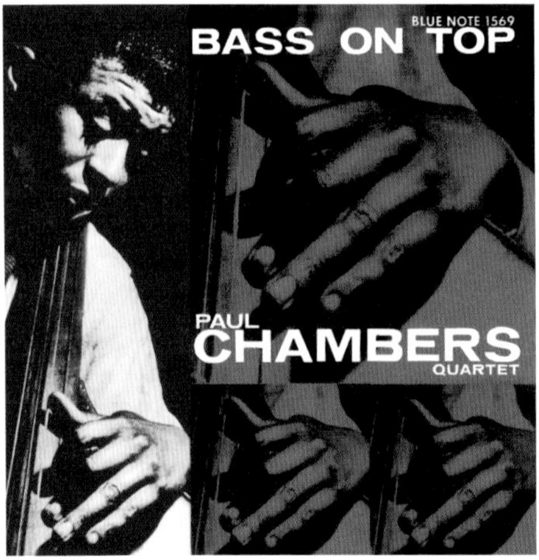

Paul Chambers(b)

☆☆☆

ベース・オン・トップ+1

AABass On Top+1A

ハード・バップを代表するミスター・ベースマン、ポール・チェンバース。この時代のアルバムでは彼の名を頻繁に見かけ、いかに活躍していたかが窺える。このアルバムは、ベースが全編をリードするという例をみない作品だが、冒頭の「イエスタデイズ」など、弓弾き(アルコ)ソロが印象深く圧巻だ。ピチカート(指弾き)も素晴らしく、彼の技巧のすべてを聴くことができる。ジャズ・ベースの魅力、醍醐味を満喫できる名盤だ。

【収録曲】
1 イエスタデイズ(Yesterdays)／
2 ユード・ビー・ソー・ナイス・トゥ・カム・ホーム・トゥ(You'd Be So Nice To Come Home To)／
3 チェイシン・ザ・バード(Chasin' The Bird)／4 ディア・オールド・ストックホルム(Dear Old Stockholm)／
5 ザ・テーマ(The Theme)／6 コンフェッシン(Confessin')／7 チェンバー・メイツ(Chamber Mates)
【録音】1957年7月14日
【Personnel】
ポール・チェンバース(b)／ケニー・バレル(g)／ハンク・ジョーンズ(p)／アート・テイラー(ds)
●ユニバーサルミュージック／UCCU-99113

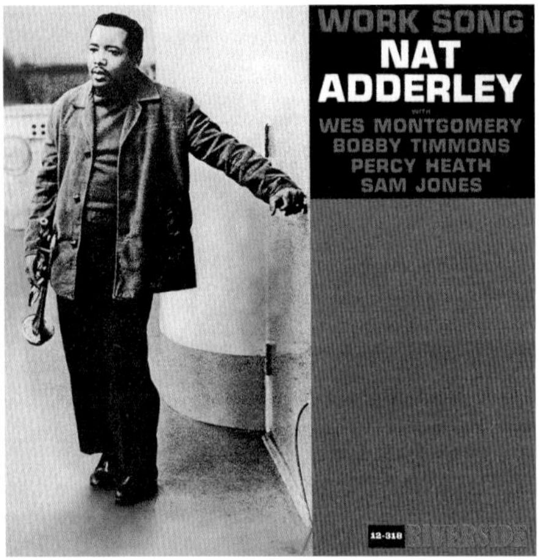

Nat Adderley(cor)

☆☆☆

ワーク・ソング

Work Song

ファンキー・ジャズの大ヒット曲「ワーク・ソング」。このアルバムは、作者であるナット・アダレイによる初演を収録したもの。ウェス・モンゴメリーやボビー・ティモンズが参加し、トリオからセクステットまでさまざまな構成で演奏。一部のトラックではチェロのピッツィカート奏法(※)が用いられている。冒頭の「ワーク・ソング」やしっとりとした「コートにすみれを」などバラードでみせる詩情豊かなプレイもいい。
※ヴァイオリンなど、本来は弓で弾く弦楽器(擦弦楽器)の弦を指ではじくことによって音を出す演奏技法のこと。

【収録曲】1 ワーク・ソング(Work Song)／2 プリティ・メモリー(Pretty Memory)／
3 アイヴ・ガット・ア・クラッシュ・オン・ユー(I've Got a Crush on You)／4 ミーン・トゥ・ミー(Mean to Me)／
5 フォールアウト(Fallout)／6 サック・オブ・ウォー(Sack of Woe)／7 マイ・ハート・ストゥッド・スティル(My Heart Stood Still)／
8 コートにすみれを(Violets for Your Furs)／9 スクランブル・エッグ(Scrambled Eggs)
【収録】1960年1月25日、27日
【Personnel】
ナット・アダレイ(cor)／ウェス・モンゴメリー(g)／ボビー・ティモンズ(p)／サム・ジョーンズ(cello、b)／キーター・ベッツ(cello、b)／
パーシー・ヒース(b)／ルイ・ヘイズ(ds)
●ユニバーサルミュージック／UCCO-99052

Weather Report

☆☆☆☆

ヘビー・ウェザー
Heavy Weather

双頭コンビ、ジョー・ザヴィヌルとウェイン・ショーターが中心のグループ、ウェザー・リポートの第8作目にあたる代表的な作品。ジャズのスタンドード曲でもある冒頭の「バードランド」はテンポもノリも、演奏もアレンジも素晴らしく、なんど聴いても引き込まれてしまう。賛否両論があるけれど、ジャズが大きく変化しだした1970年代に生まれたフュージョンを代表する最高傑作のひとつであることに異論はない。

【収録曲】
1 バートランド(Birdland)／2 お前のしるし(A Remark You Made)／3 ティーン・タウン(Teen Town)／4 ハルルカン(Harlequin)／
5 ルンバ・ママ(Rumba Mama)／6 パラディアム(Palladium)／7 ジャグラー(The Juggler)／8 ハヴォナ(Havona)
【録音】 1976年
【Personnel】
ジョー・ザヴィヌル(p、elp、tabla)／ウェイン・ショーター(ts、ss)／ジャコ・パストリアス(elb、vo)／アレックス・アクーニャ(ds)／
マノロ・バドレーナ(perc)
●ソニーミュージック／SICP-30294

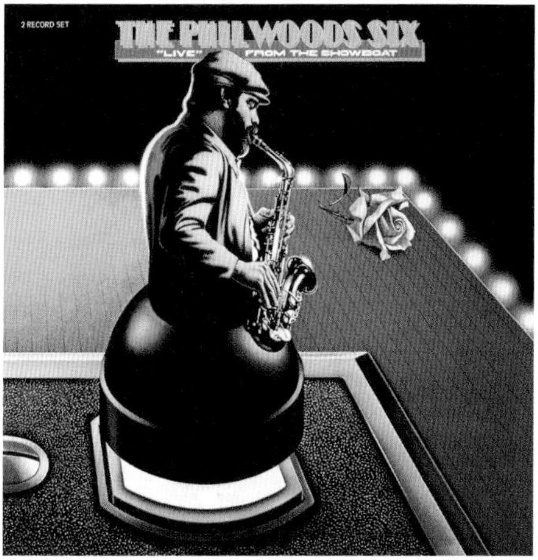

Phil Woods (as、ss)

☆☆☆☆

ライブ・フロム・ザ・ショーボート
Live From The Showboat

ライブに定評のあるフィル・ウッズらしく、ヨーロピアン・リズム・マシーン路線を止め、ギターに入れたメンバーの好サポートを得て、奔放に、朗々と縦横無尽に吹きまくり、充実したパフォーマンスが繰り広げているライブ盤。「ア・スリーピング・ビー」などスタンダード曲からスティーヴィー・ワンダーの「スーパーウーマン」で幅広いレパートリーが繰り広げられる。ウッズらしいアドリブも冴えわたる名演。2枚組。

【収録曲】【DISK1】1 ア・スリーピン・ビー(A SLEEPIN' BEE)／2 レイン・ダンス(RAIN DANCE)／
3 バイ・バイ・ベイビー(BYE BYE BABY)／4 ジャンゴズ・キャッスル(DJANGO'S CASTLE)／5 チーク・トゥ・チーク(CHEEK TO CHEEK)／
6 レディ・J(LADY J)／7 リトル・ナイルス(LITTLE NILES)
【DISK2】1 ア・リトル・ピース(A LITTLE PEACE)／2 ブラジリアン・アフェア(BRAZILIAN AFFAIR)／3 アイム・レイト(I'M LATE)／
4 スーパーウーマン(SUPERWOMAN)／5 ハイ・クラウズ(HIGH CLOUDS)／
6 ハウズ・ユア・ママ[フィルのテーマ](HOW'S YOUR MAMA [PHIL'S THEME])
【録音】 1976年11月
【Personnel】 フィル・ウッズ(as、ss)／マイク・メリロ(p)／ハリー・リーヘイ(g)／スティーブ・ギルモア(b)／ビル・グッドウィン(ds)／
アリリオ・リマ(perc)　●ソニーミュージック／SICP-3992

West Coast JAZZ を聴く

ウエストコースト・ジャズ（West Coast JAZZ）とは、東海岸の黒人を中心としたホットなジャズに対し、1950 年代前半に合衆国ロサンゼルスを中心とする西海岸一帯で白人を中心に演奏された、明るく健康的、知的でクールなスタイルを特徴とするジャズのこと。

当時、西海岸を本拠地とするジャズ・ミュージシャンのなかには、モード・ジャズ（p.6）、クール・ジャズ（p.5）の伝統を汲むものから、アフロ・アメリカンのジャズ・ミュージシャンを中心にしたソウル・ジャズやフリー・ジャズ（p.7）的なものなど、さまざまなスタイルが混在していた。

こうした状況で形づくられたウエスト・コースト・ジャズの特徴は、❶ アドリブがメロディアス、❷ 軽め、❸ アンサンブルを重視、❹ 白人的ということに要約される。

また、ウエスト・コースト・ジャズが生まれた背景のひとつにハリウッドの映画産業の影響がある。つまり、映画音楽の仕事を求めて白人ジャズ・ミュージシャンがロサンゼルス周辺に集まり、夜にはクラブでクール・ジャズ的な音楽を演奏、そこに注目したレコード会社がウエスト・コースト・ジャズとして売り出したのが発端だと伝えられている。

一般的に“ウエスト・コースト派”と称されるミュージシャンの多くは正式な音楽教育を受けた白人演奏家で、後にクール・ジャズを発展させたような演奏スタイルが多い。1940 年代～ 1950 年代にかけてスタン・ケントン楽団やウディ・ハーマン楽団など白人ビッグ・バンドで活躍し、後に独立したミュージシャンたち、なかでも、スタン・ゲッツ（as）、ジェリー・マリガン（bs）、チェット・ベイカー（tp）、アート・ペッパー（as）やデイブ・ブルーベック（p）、バド・シャンク（as）などが有名である。

では、ウエスト・コースト・ジャズを代表する 3 人のミュージシャンが残したアルバムを聴いてみよう！

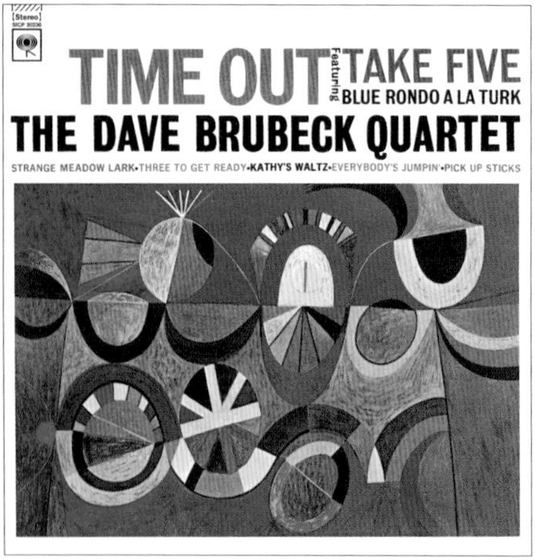

Dave Brubeck (p)

☆☆☆☆

タイム・アウト
Time Out

デイブ・ブルーベックによるジャズ界屈指のベストセラーアルバム。5/4拍子という珍しい拍子の永遠の名曲「テイク・ファイヴ」はテレビのコマーシャルで使用したこともあり、とっつきやすいジャズとしてどこかで耳にした人が多いことだろう。また、プログレッシブ・ロックにヒントを与えた冒頭の「トルコ風ブルー・ロンド」をはじめ、変拍子とポップなデイブ・ブルーベック・カルテットの全盛期を代表する大傑作だ。

【収録曲】 1 トルコ風ブルー・ロンド（Blue Rondo A La Turk）／2 ストレンジ・メドウ・ラーク（Strange Meadow Lark）／3 テイク・ファイヴ（Take Five）／4 スリー・トゥ・ゲット・レディ（Three To Get Ready）／5 キャシーズ・ワルツ（Kathy's Waltz）／6 エヴリバディーズ・ジャンピン（Everybody's Jumpin'）／7 ピック・アップ・スティックス（Pick Up Sticks）　**【録音】** 1959年
【Personnel】 デイブ・ブルーベック（p）／ポール・デスモンド（as）／ユージン・ライト（b）／ジョニー・モレロ（ds）
●ソニーミュージック／SICP-30236

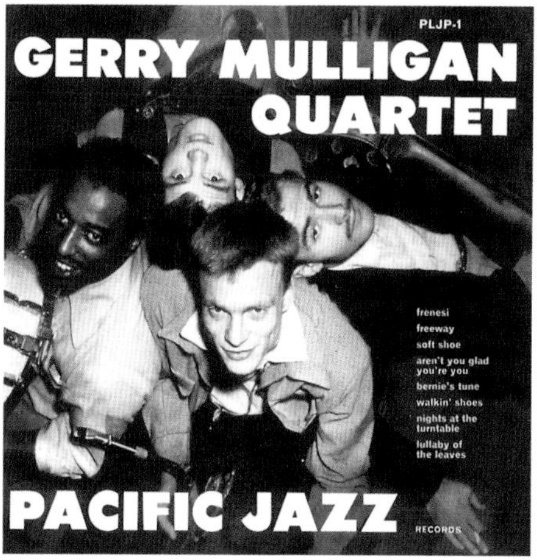

Gerry Mulligan (bs)

★★★

オリジナル・ジェリー・マリガン・カルテット
Gerry Mulligan Quartet

ウエスト・コースト・ジャズを確立したといわれる記念碑的な名盤。馴染みの薄い楽器バリトン・サックス奏者、ジェリー・マリガンと人気トランペッター、チェット・ベイカーとが編成した伝説のオリジナル・ピアノレス・クァルテットによる初期演奏集。冒頭のチェット・ベイカーと息の合った絡み合いが魅力の「バーニーズ・チューン」は同バンドの代表曲となった。東海岸とは違うサックスとトランペットとのコンビネーションが聴きどころだ。

【収録曲】 1 バーニーズ・チューン(Bernie's Tune)／2 ウォーキン・シューズ(Walkin' Shoes)／3 ナイツ・アット・ザ・ターンテーブル(Nights At The Turntable)／4 木の葉の子守唄(Lullaby Of The Leaves)／5 フレネシー(Frenesi)／6 フリーウェイ(Freeway)／7 ソフト・シュー(Soft Shoe)／8 アーント・ユー・グラッド・ユーア・ユー(Aren't You Grad You're You)／9 アイ・メイ・ビー・ロング(I May Be Wrong)／10 アイム・ビギニング・トゥ・シー・ザ・ライト(I'm Beginning To See The Light)／11 ザ・ニアネス・オブ・ユー(The Nearness Of You)／12 二人でお茶を(Tea For Two)／13 アッター・ケイオス #1(Utter Chaos [take 1])／14 ラヴ・ミー・オア・リーヴ・ミー(Love Me Or Leave Me)／15 ジェル(Jeru)／16 ダーン・ザット・ドリーム(Darn That Dream)／17 スイング・ハウス(Swinghouse)／18 アッター・ケイオス #2(Utter Chaos [take 2]) **【録音】** 1952年7月、8月、10月、1953年4月
[Personnel] ジェリー・マリガン(bs)／チェット・ベイカー(tp)／ボブ・ホイットロック、カーソン・スミス(b)／チコ・ハミルトン、ラリー・バンカー(ds) ●ユニバーサルミュージック／UCCU-99137

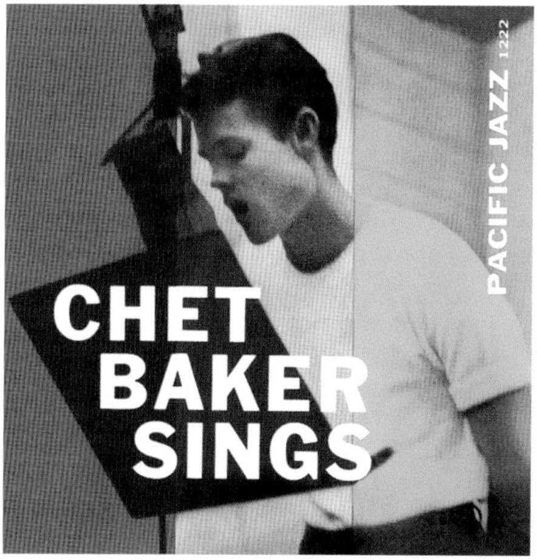

Chet Baker (tp)

★★★★

チェット・ベイカー・シングズ
CHET BAKER SINGS

シンガーとして魅力あるチェット・ベイカーが残したヴォーカル・アルバムの傑作。トランペットを吹いて歌も上手で、一説ではジャズ界のジェームス・ディーンとも称されたチェット・ベイカーが彼流にアレンジした内容の人気盤。なかでも中性的なヴォーカルが甘くささやきかける「マイ・ファニー・ヴァレンタイン」のカバーは人気が高い。また、アルバムの随所で聴けるトランペット・ソロも抒情的な美しさを奏でている。

【収録曲】 1 ザット・オールド・フィーリング(That Old Feeling)／2 イッツ・オールウェイズ・ユー(It's Always You)／3 ライク・サムワン・イン・ラヴ(Like Someone in Love)／4 マイ・アイディアル(My Ideal)／5 アイヴ・ネヴァー・ビーン・イン・ラヴ・ビフォア(I've Never Been in Love Before)／6 マイ・バディ(My Buddy)／7 バット・ノット・フォー・ミー(But Not for Me)／8 タイム・アフター・タイム(Time After Time)／9 アイ・ゲット・アロング・ウィズアウト・ユー・ヴェリー・ウェル(I Get Along Without You Very Well)／10 マイ・ファニー・ヴァレンタイン(My Funny Valentine)／11 ゼア・ウィル・ネヴァー・ビー・アナザー・ユー(There Will Never Be Another You)／12 ザ・スリル・イズ・ゴーン(The Thrill Is Gone)／13 アイ・フォール・イン・ラヴ・トゥ・イージリー(I Fall in Love too Easily)／14 ルック・フォー・ザ・シルヴァー・ライニング(Look for the Silver Lining) **【録音】** 1954年2月15日、1956年7月23日、30日 **[Personnel]** チェット・ベイカー(tp、vo)／ラス・フリーマン(p、celeste)／ジェイムズ・ボンド(b)／カーソン・スミス(b)／ピーター・リットマン(ds)／ローレンス・マラブル(ds)／ボブ・ニール(ds)
●ユニバーサルミュージック／UCCU-99029

JAZZ をもっと楽しむために⑤

楽曲が同じでも、演奏法や表現手段は同じではない

名曲を聴き比べ、違いと個性を味わう

ジャズの面白さのひとつに「同じ曲を多くのジャズメンが演奏している」ことと「同じミュージシャンが場面を変えて同じ曲を演奏している」ことがある。そこには同じ曲でありながらミュージシャンによって、あるいは同じ曲が同じミュージシャンの演奏でありながら『こうも違うか！』といった発見や驚きがある。

ジャズ・シーンで親しまれた名曲が、どのように演奏されているのか、どのように違うのかを聴き比べることで、ジャズの魅力、楽曲の魅力を発見することができる（該当する楽曲が収録されているアルバムを紹介）。

枯葉（Autumn Leaves）

原曲は、ジョゼフ・コズマが 1945 年に作曲したシャンソン。夏の盛りを過ぎ秋、やがて訪れる初冬を目前に、樹々の葉が枯れ散っていく儚さが思い浮かぶ。ジャズの分野では 1952 年のスタン・ゲッツが演奏したのが初めてといわれている。ゆったりとした展開でシンプルなメロディラインで代表的な定番として親しまれている。

サムシン・エルス／
キャノンボール・アダレイ
[p.12]

枯葉／
サラ・ヴォーン
[p.122]

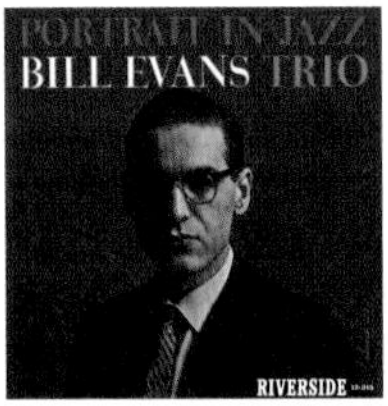

ポートレイト・イン・ジャズ＋1／
ビル・エヴァンス
[p.42]

マイルス・イン・ベルリン＋1／
マイルス・デイヴィス
[p.34]

いつか王子様が（Someday My Prince Will Come）

1937 年に上映されたディズニー映画『白雪姫』の挿入歌として作曲された曲。この曲がジャズとして演奏されたのは 1943 年のこと。第二次世界大戦後には、「テイク・ファイヴ」で知られているデイブ・ブルーベックや“帝王”マイルス・デイヴィスらによってカヴァーされ、ジャズ・スタンダードとして定番曲となった

ポートレイト・イン・ジャズ＋1／
ビル・エヴァンス
[p.42]

サムデイ・マイ・プリンス・
ウィル・カム＋2／
マイルス・デイヴィス [p.32]

ワルツ・フォー・デビィ（Waltz For Debby）

言わずと知れたビル・エヴァンスの代表作。1956 年に作曲、当時 2 歳だった姪（デビィ）に捧げた曲で初リーダーアルバム『ニュー・ジャズ・コンセプション』に収録された。前半は 3 拍子のワルツ、インテンポに入ると 4 拍子で演奏されており、愛らしいジャズ・スタンダード曲として親しまれている。

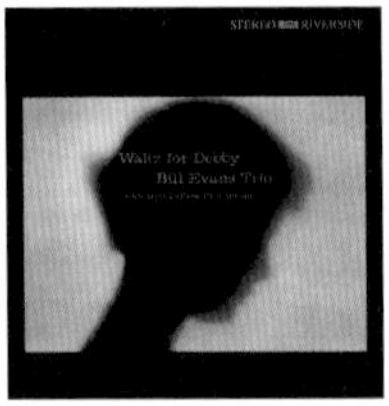

ワルツ・フォー・デビィ＋4／
ビル・エヴァンス
[p.13]

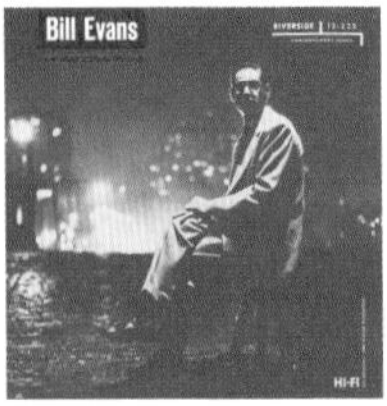

ニュー・ジャズ・
コンセプションズ＋1／
ビル・エヴァンス [p.43]

ホワッツ・ニュー（What's New）

クリフォード・ブラウン・
ウィズ・ストリングス／
クリフォード・ブラウン［p.68］

1938 年、ボブ・ハガートによって作曲。旋律はトランペットのソロとして書かれたもので、インストゥルメンタル曲として発表されたが、後にジョニー・バークが歌詞をつけた。内容はかつての恋人が再会した場面で、女性が男性に『最近、何かあった？（What's New?）』と問いかける反面、男女のギクシャクさが垣間見える曲である。

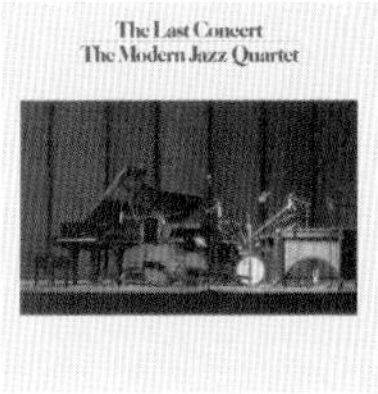

ラスト・コンサート［完全版］／
MJQ
［p.86］

ハーフノートの
ウェス・モンゴメリーと
ウィントン・ケリー［p.105］

ヘレン・メリル・ウィズ・
クリフォード・ブラウン／
ヘレン・メリル［p.124］

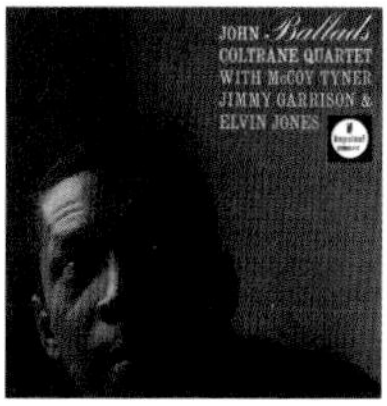

バラード／
ジョン・コルトレーン
［p.18］

チュニジアの夜（A Night in Tunisia）

チュニジアの夜＋２／
アート・ブレイキー
［p.80］

1942 年、トランペット奏者のディジー・ガレスピーがピアニストのフランク・パパレリとの共作で作曲した曲で、ガレスピーの代表作のひとつに数えられる。メロディが華やかでソロ演奏など聴かせどころも多く、知名度も高いためにスモール・コンボやビッグ・バンドのステージのオープニングやクライマックスで好んで演奏される曲である。

ザ・ビギニング・
アンド・ザ・エンド／
クリフォード･ブラウン［p.69］

ジャズ・アット・マッセイ・ホール／
チャーリー・パーカー、
ディジー・ガレスピー［p.76］

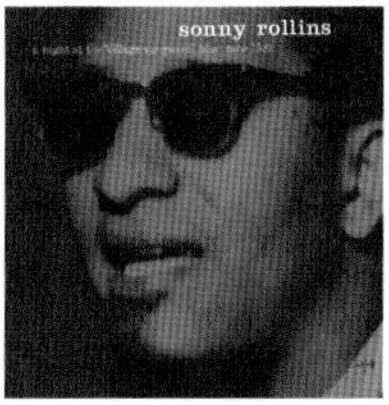

ヴィレッジ・ヴァンガードの夜／
ソニー・ロリンズ
［p.58］

ラスト・コンサート［完全版］／
MJQ
［p.86］

星影のステラ (Stella by Starlight)

ヴィクター・ヤングが 1944 年に公開された映画『呪いの家』のために作曲したジャズ・スタンダード（ちなみに『呪いの家』はホラー映画）。原曲は歌詞のないインストゥルメンタルであるが、1946 年にネッド・ワシントンが歌詞をつけた。映画では本編中に主人公が“ステラ”にセレナーデを演奏している場面で使われている。

マイ・ファニー・ヴァレンタイン／マイルス・デイヴィス [p.29]

マイルス・イン・ベルリン＋1／マイルス・デイヴィス [p.34]

バド・パウエルの芸術／バド・パウエル [p.66]

マイ・ファニー・ヴァレンタイン (My Funny Valentine)

1937 年、リチャード・ロジャースとロレンツ・ハートにより作詞・作曲され、ミュージカル『ベイブス・イン・アームス』で発表されたもので、ジャズ・スタンダードの楽曲でもある。マイルス・デイヴィスらによるインストゥルメンタル演奏が多いが、ヴォーカルもあるので、違いを比較してみるのも面白いだろう。

マイ・ファニー・ヴァレンタイン／マイルス・デイヴィス [p.29]

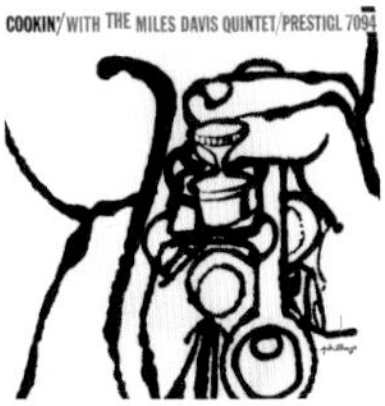

クッキン／マイルス・デイヴィス [p.28]

マイルス・イン・トーキョー／マイルス・デイヴィス [p.32]

チェット・ベイカー・シングズ／チェット・ベイカー [p.109]

アフター・グロウ／カーメン・マクレイ [p.123]

アンダー・カレント／ビル・エヴァンス&ジム・ホール [p.43]

降っても晴れても (Come Rain or Come Shine)

1946 年、ミュージカル『セントルイス・ウーマン』のために書かれた曲で、作曲はハロルド・アーレン、作詞はジョニーマーサー。内容は天気のことを語っているのではなく“雨が降ろうが晴れようが、幸せなときも幸せでないときも、どんなことがあっても私はあなたのそばにいる”という愛の深さを語るラヴ・ソングである。

フル・ハウス＋3／ウェス・モンゴメリー [p.21]

ケニー・ドリュー・トリオ／ケニー・ドリュー [p.95]

モーニン／アート・ブレイキー&ザ・ジャズ・メッセンジャーズ [p.79]

朝日のようにさわやかに（Softly, as in a Morning Sunrise）

1928 年、ミュージカル『新しい月』のために書かれた楽曲で、元はタンゴとして演奏されたのが最初らしい。この曲は、楽器演奏だけのものとヴォーカルのものとがあるが、楽器演奏の印象は「さわやか」なのだが、ヴォーカルの歌詞は「さわやか」とは程遠く「失恋」を歌っている。“朝日の如くさわやかに”という訳もある。

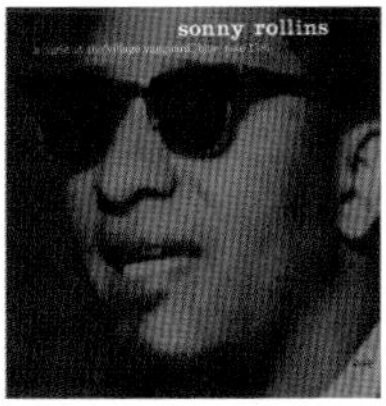

ヴィレッジ・ヴァンガードの夜／
ソニー・ロリンズ
[p.58]

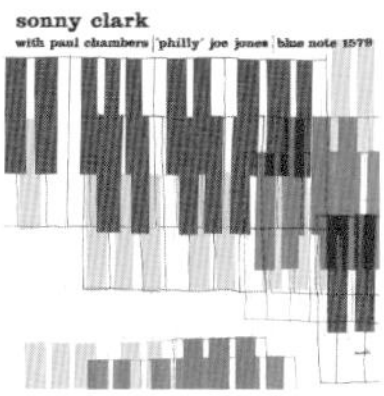

ソニー・クラーク・トリオ／
ソニー・クラーク
[p.94]

ケリー・ブルー＋２／
ウィントン・ケリー
[p.96]

バド・パウエルの芸術／
バド・パウエル
[p.66]

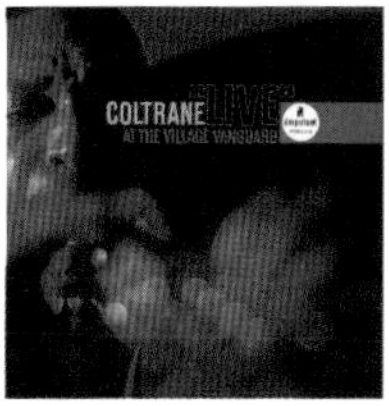

アット・ザ・ヴィレッジ・ヴァンガード／
ジョン・コルトレーン
[p.50]

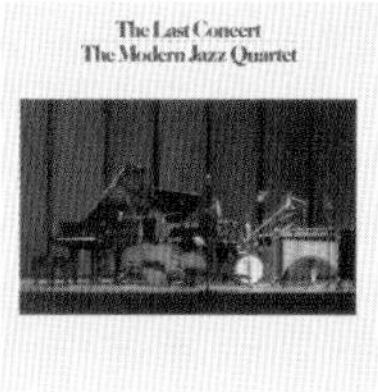

ラスト・コンサート［完全版］／
MJQ
[p.86]

コンコルド／
MJQ
[p.86]

ユー・ビー・ソー・ナイス・トゥ・カム・ホーム・トゥ（You'd Be So Nice To Come Home To）

1942 年公開の映画『Something to shout about』の挿入歌で作曲はコール・ポーター。第二次世界大戦時、戦場に送られた青年の愛する女性を思う気持ちを歌い上げたナンバーで「あなたが待っている家に帰って来られたら素晴らしいだろう」という意味。ジャズ・スタンダードとしてインストゥルメンタルで演奏されている。

ヘレン・メリル・ウィズ・
クリフォード・ブラウン／
ヘレン・メリル［p.124］

アート・ペッパー・ミーツ・
ザ・リズムセクション＋1／
アート・ペッパー［p.20］

ベース・オン・トップ＋１／
ポール・チェンバース
[p.106]

コンコルド／
MJQ
[p.86]

ジャズ・オールスター 一座

Jazz At The Philharmonicを聴く

Jazz At The Philharmonic。頭文字をとって「J.A.T.P.」は、パブロ・レーベルの創始者であり、音楽プロデューサーとして活躍していたノーマン・グランツが率いたジャズ・グループで、アメリカ各地をはじめヨーロッパや日本で演奏旅行をした、いわば“ジャズのオールスター一座”のことである。

一座の魅力は、個人として活躍している芸達者なメンバーたちがその都度集まってグループを編成、活動する点にある（ただし、ヴォーカルのエラ・フィッツジェラルドだけは固定）。こうして編成された一座の演奏はノリが良くて聴きやすく、ジャズの持つポジティブな面を前面に押し出した明るさに溢れているのが特徴で、大衆性、娯楽性、芸術性がミックスしたジャズを楽しむことができる。

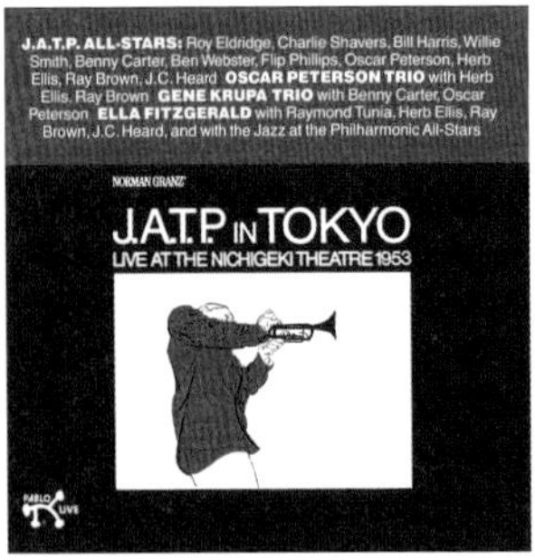

J.A.T.P.イン・トーキョー・ライブ・アット・ザ・ニチゲキ1953

J.A.T.P.IN TOKYO LIVE AT THE NICHIGEKI1953

戦争の爪痕が残る1953年、東京・有楽町の日劇（現在のマリオン）公演を収録したライブ盤（2枚組）。ロイ・エルドリッチ（tp）、ベニー・カーター（as）、ベン・ウェブスター（ts）、オスカー・ピーターソン（p）、ハーブ・エリス（g）、レイ・ブラウン（b）、ジーン・クルーパ（ds）らによるオールスター。そしてヴォーカルはエラ・フィッツジェラルド。「ハウ・ハイ・ザ・ムーン」「マイ・ファニー・ヴァレンタイン」など聴きごたえ十分。

【主な収録曲】 1 アローン・トゥゲザー／2 サボイでストンプ／3 明るい表通りで／4 ボディ・アンド.・ソウル／5 バーディド　など全23曲　●ユニバーサルミュージック／2620-104

ジャズ・アット・ザ・サンタモニカ・シヴィック’72

Jazz At The SantaMonica Civiic’72

1972年.アメリカ合衆国カリフォルニア州・ロサンゼルス郡の西部に位置する市、サンタモニカで開催されたコンサートのライブ盤。[DISC1]はカウント・ベイシー・オーケストラ、[DISC2]はJ.A.T.Pオールスターズ、[DISC3]はエラ・フィッツジェラルドのヴォーカルで構成された3枚組。コンサートのハイライトは[DISC3]の最後「Cジャム・ブルース」。エラとアール・グレイ、スタン・ゲッツらの掛け合いが素晴らしい。

【主な収録曲】 ／1 ベイシー・パワー／2 グッド・タイム・ブルース／3 ユー・アー・マイ・サンシャイン／4 シャイニー・ストッキング／5 Cジャム・ブルース　など全29曲
●ユニバーサルミュージック／2310-704

リターン・トゥ・ハピネス

Return To Happiness
Jazz At The Philharmonic Yoyogi National Stadium,Tokyo,1983

1983年、東京・代々木の第一体育館での公演を収録した2枚組（全30曲）。オスカー・ピーターソン（p）をはじめ、ジョー・パス（g）、ニールス・ヘニング・ペデルセン（b）、ズート・シムズ（ts）、J.J.ジョンソン（tb）ら名立たる名手たちの息の合った演奏は、ジャズの魅力に満ち溢れていて、楽しい。ヴォーカルは晩年のエラ・フィッツジェラルド。身体の奥深くから歌い上げるテクニックや迫力、表現力は歳を重ねても少しの衰えも感じさせない。

【主な収録曲】 1 ミステイ／2 ホワッツ・ニュー／3 オール・オブ・ミー／4 柳よないておくれ／5 ラウンド・ミッドナイト　など全30曲　●ユニバーサルミュージック／2620-117

JAZZの楽しさが広がる Big Band & Vocalを聴く

“ビッグ・バンド”とは、その名のとおり「トランペット、サックス、トロンボーン、リズム（ピアニ、ベース、ドラムス）の４セクションで構成した 20 人ほどの大人数編成」でジャズを演奏するバンドのこと。

“ビッグ・バンド”が奏でるジャズの魅力は少人数編成にはない圧倒的な迫力と楽しさにあり、少人数編成とはまったく違う世界が繰り広げられることにある。

“ビッグ・バンド”を代表するグループが奏でるジャズを聴いてみよう。

ジャズ演奏で使用するおもな楽器は、金管楽器、木管楽器、鍵盤楽器、弦楽器、打楽器に大別されるが、どれにも属さない楽器がある。それは、肉体から発する“声”という楽器。すなわちジャズ・ヴォーカルである。

ジャズ・ヴォーカルの魅力は、曲の内容や親しみやすさ、ヴォーカリストの声質、声量、音域や表現力、楽器演奏者との掛け合いなどダイナミックな楽しさにある。ジャズ史に残る代表的な女性ヴォーカリストたちが残した名盤に耳を傾けてみよう。

Big Bandの迫力あるJAZZ Soundを聴く

Count Basie

☆☆☆☆

カウント・ベイシー・イン・ロンドン+4

Basie In London

ビッグ・バンドならではの豪快で華やか、厚みのある力強いサウンドに圧倒される

アルバム・タイトルは『イン・ロンドン』と銘打っているが、絶好調のカウント・ベイシー楽団が、1956年のヨーロッパ・ツアーのスウェーデン・エーテボリでの熱狂的なコンサートを収録中したライブ盤。フランク・フォスターやフランク・ウェス、サド・ジョーンズらのスターも勢揃い。全編を通して豪快で華やかな厚みのある力強いサウンドに圧倒される。なかでも冒頭の「ジャンピン・アット・ザ・ウッドサイド」など、“ベイシー・スタンダード”と称されるお得意のナンバーが徹底的にスウィングしまくっている。フレディ・グリーンを中心としたリズム隊にのって切れ味の鋭いブラス隊とサックス隊が織りなすサウンドは、華やかで豪快。ブルージーな喉を聴かせてくれるジョー・ウィリアムスの重厚なボーカルも、野性味があっていい。ジャズ・コンボ（クァルテットやクインテットなど）とは違う圧倒的な迫力でビッグ・バンドの魅力が詰まった1枚。

【収録曲】 1 ジャンピン・アット・ザ・ウッドサイド（Jumpin' at the Woodside）／2 シャイニー・ストッキングス（Shiny Stockings）／
3 ハウ・ハイ・ザ・ムーン（How High the Moon）／4 ネイルズ（Nails）／5 フルート・ジュース（Flute Juice）／
6 ワン・オクロック・ジャンプ（One O'Clock Jump）／7 オールライト・オーケイ・ユー・ウィン（Well Alright,Okay,You Win）／
8 ロール・エム・ピート（Roll'Em Pete）／9 ザ・カムバック（The Come Back）／10 ブルース・バックステージ（Blues Backstage）／
11 コーナー・ポケット（Corner Pocket）／12 ブリー・ブロップ・ブルース（Blee Blop Blues）／13 イエスタデイズ（Yesterdays）／
14 アンタイトルド（Untitled）／15 シックスティーン・メン・スウィンギン（Sixteen Men Swinging）／16 プリマス・ロック（Plymouth Rock）
【録音】 1956年9月7日　**【Personnel】** カウント・ベイシー（p）／ルノー・ジョーンズ（tp）／サド・ジョーンズ（tp）／ジョー・ニューマン（tp）／
ウェンデル・カレイ（tp）／ベニー・パウエル（tb）／ヘンリー・コーカー（tb）／ビル・ヒューズ（tb）／マーシャル・ロイヤル（cl,as）／
ビル・グラハム（as）／フランク・フォスター（ts）／フランク・ウェス（ts.fl）／チャーリー・フォークス（bs）／フレディ・グリーン（g）／
エディ・ジョーンズ（b）／ソニー・ペイン（ds）／ジョー・ウィリアムス（vo）　●ユニバーサルミュージック／UCCU-99050

☆☆☆

ベイシー・ビッグ・バンド
Basie Big Band

1973年、ノーマン・グランツによって設立され秀作を残したパブロ・レーベルでの第一作目スタジオ録音盤。人気曲「ザ・ヒーツ・オン」など全曲、カウント・ベイシー楽団の作・編曲者として活躍したサミー・ネスティコのオリジナルで、随所に力強いベイシー・サウンドが満ち溢れている。新加入のドラマー、ブッチ・マイルスの溌剌としたプレイは聴きごたえ充分。ジミー・フォレスト、アル・グレイらのソロ陣も活躍している。

【収録曲】
1 フロント・バーナー(Front Burner)/2 フレックル・フェイス(Freckle Face)/3 オレンジ・シャーベット(Orange Sherbet)/
4 ソフト・アズ・ヴェルヴェット(Soft As Velvet)/5 ザ・ヒーツ・オン(The Heat's On)/6 ミッドナイト・フレイト(Midnight Freight)/
7 ギヴム・タイム(Give 'M Time)/8 ザ・ウインド・マシーン(The Wind Machine)/9 トール・コットン(Tall Cotton)
【録音】 1975年8月26日、27日
【Personnel】
カウント・ベーシー・オーケストラ
●ユニバーサルミュージック/UCCO-99064

☆☆☆

ストレート・アヘッド
Straight Ahead

カウント・ベイシー楽団のアレンジャーとして名高いサミー・ネスティコと初めて共作したアルバム。サミーが書き起こした明快かつスマートで洗練されたスコアに乗ってリラックスした心地良いアンサンブルを繰り広げる60年代後期の名盤だ。小粋なベイシーのピアノによるイントロから始まる冒頭のタイトル曲「ベイシー・ストレート・アヘッド」をはじめ、ビッグ・バンドの教科書的アルバムといわれている秀作だ。

【収録曲】 1 ベイシー・ストレート・アヘッド(Basie - Straight Ahead)/2 イッツ・オー、ソー・ナイス(It's Oh, So Nice)/
3 ロンリー・ストリート(Lonely Street)/4 ファン・タイム(Fun Time)/5 マジック・フリー(Magic Flea)/
6 スイッチ・イン・タイム(Switch in Time)/7 ヘイ・バーナー(Hay Burner)/8 ザット・ウォーム・フィーリング(That Warm Feeling)/
9 クイーン・ビー(The Queen Bee) **【録音】** 1968年10月
【Personnel】 カウント・ベイシー(p)/マーシャル・ロイヤル(as)/ボビー・プレイター(as、fl、pico)/エリック・ディクソン(ts、fl、pico)/
エディー・"ロックジョウ"・デイヴィス(ts)/チャールズ・フォウクス(bs)/ジーン・コー(tp)/ジョージ・コーン(tp)/オスカー・ブラッシャー(tp)/
アル・アーロンズ(tp)/グローヴァー・ミッチェル(tb)/リチャード・ブーン(tb)(Richard Boone)/ビル・ヒューズ(tb)(Bill Hughes)/
スティーヴ・ギャロウェイ(tb)/フレディ・グリーン(g)/ハロルド・ジョーンズ(ds)/ノーマン・キーナン(b)/サミー・ネスティコ(p)
●ユニバーサルミュージック/UCCU-99096

★★★★

ザ・ポピュラー・デューク・エリントン

The Popular

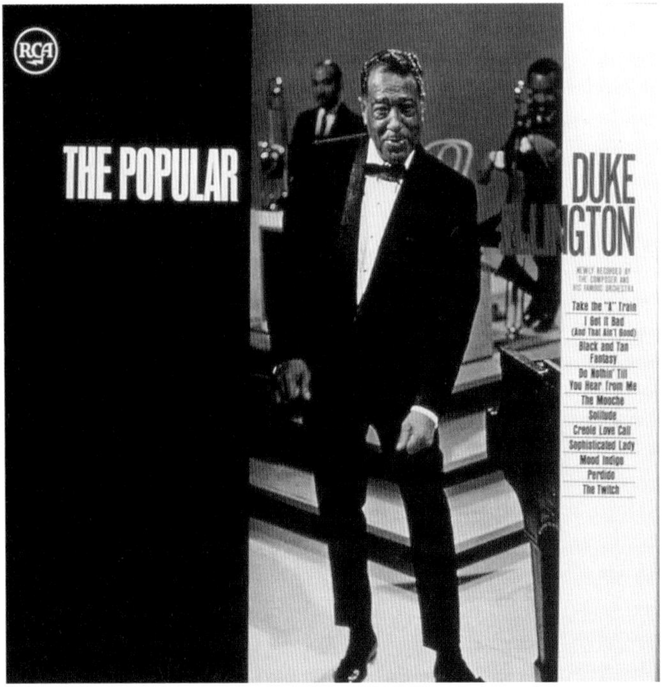

「A列車で行こう」をはじめ不朽の名作が収録された初心者向け定番アイテム

ジャズの歴史を創り続けたデューク・エリントン・オーケストラ。そのバンドの代表的なレパートリーを収録した大ヒット・アルバムである。冒頭の代表作「A列車で行こう」を筆頭に一度は耳にしたことがあるだろう名曲やスタンダード曲が収録されている。4曲目の「ムード・インディゴ」や7曲目の「ソリチュード」、10曲目の「ソフィスティケイテッド・レディ」など新アレンジによる不朽の名作やポピュラーな曲で構成された初心者におススメの1枚だ。ジョニー・ホッジスやハリー・カーネイなど花形ソリストたちによる白熱した極上のプレイに引き込まれてしまう。エリントン入門、ビッグ・バンド入門の両方に相応しく、世界中で愛されている文字通りの定番アイテムである。また1999年の生誕100年を記念して「パーディド」「メキュリア・ザ・ライオン」など全15曲を収録した「ザ・ポピュラー・デューク・エリントン2」(BVCJ-37058)も併せて聴きたい。

【収録曲】 1 A列車で行こう(Take The "A" Train)/2 アイ・ガット・イット・バッド(I Got It Bad And That Ain't Good)/3 パーディド(Perdido)/4 ムード・インディゴ(Mood Indigo)/5 黒と茶の幻想(Black And Tan Fantasy)/6 ザ・トゥイッチ(The Twitch)/7 ソリチュード(Solitude)/8 私が言うまで何もしないで(Do Nothin' Till You Hear From Me)/9 ザ・ムーチ(The Mooche)/10 ソフィスティケイテッド・レディ(Sophisticated Lady)/11 クリオール・ラヴ・コール(Creole Love Call)
【録音】 1966年5月9日、10日、11日
【Personnel】 デューク・エリントン(p)/キャット・アンダーソン(tp)/クーティー・ウィリアムス(tp)/ハーブ・ジョーンズ(tp)/マーサー・エリントン(tp)/ジョニー・ホッジス(as)/ラッセル・プロコープ(as、cl)/ジミー・ハミルトン(ts)/ポール・ゴンザルヴェス(ts)/ハリー・カーネイ(bs)/チャック・コナーズ(bt)/バスター・クーパー(tb)/ローレンス・ブラウン(tb)/ジュン・ラム(b)/サム・ウッドヤード(ds) ●ソニーミュージック/BVCJ-37447

★★★

ニューオリンズ組曲
New Orleans Suite

ジャズ界の神様が、ジャズ誕生の地でみせた敬意が凝縮された1枚。1970年、ニューオリンズ・ジャズ&ヘリテッジ祭とジャズ発祥の地とされるニューオリンズのためにエリントンが特別に書き下ろした組曲で推敲を重ねた成果とあらゆる技法を積み重ねたサウンドによるエリントン晩年の大傑作。“サッチモ”の愛称で親しまれたルイ・アームストロングやシドニー・ベシェなど初期のジャズの巨人たちへの畏敬の念に溢れた作品である

【収録曲】 1 ブルース・フォー・ニューオリンズ(Blues For New Orleans)／2 バーボン・ストリート・ジングリング・ジョリーズ(Bourbon Street Jingling Jollies)／3 ルイ・アームストロングの肖像(Portrait Of Louis Armstrong)／4 美しいデルタへの讃歌(Thanks For The Beautiful Land On The Delta)／5 ウェルマン・ブロードの肖像(Portrait Of Wellman Braud)／6 セカンド・ライン(Second Line)／7 シドニー・ベシェの肖像(Portrait Of Sidney Bechet)／8 アリストクラシー・ア・ラ・ジャン・ラフィット(Aristocracy A La Jean Lafitte)／9 マヘリア・ジャクソンの肖像(Portrait Of Mahalia Jackson) **【録音】** 1970年4月27日 **【Personnel】** デューク・エリントン楽団 ハロルド・マニー・ジョンソン(tp)／クーティ・ウィリアムス(tp)／マーサー・エリントン(tp)／アル・ドゥービン(tp)／フレッド・ストーン(tp)／ブーツィー・ウッド(tb)／ジュリアン・プリースター(tb)／マルコム・テイラー(tb)／ラッセル・プロコープ(as,cl)／ジョニー・ホッジス(as)／ノリス・ターネイ(as,ts,cl,fl)／ハロルド・アシュビー(ts,cl)／ポール・ゴンザルヴェス(ts)／ハリー・カーネイ(bs,cl,b-cl)／デューク・エリントン(p)／ワイルド・ビル・デイヴィス(org)／ジョー・ベンジャミン(b)／ルーファス・ジョーンズ(ds) ●ワーナーミュージック／WPCR-27064

★★★

マネー・ジャングル
Money Jungle

ビッグバンドの巨匠といわれるデューク・エリントン。黒人の情念をジャズという形で表現した個性派のチャールス・ミンガス。そしてハード・バッパーのマックス・ローチ。この3人のビッグネームが共演、ジャズ史に残るセッションを記録したピアノ・トリオの傑作。ビッグバンドとは異なりエリントンのピアノを大きくフューチャーし、ピアニストとしての実力をいかんなく発揮した名盤で、パーカシッブで過激なタッチが耳を刺激する。

【収録曲】
1 マネー・ジャングル(Money Jungle)／2 アフリカの花(Fleurette Africaine)／
3 ヴェリー・スペシャル(Very Special)／4 ウォーム・ヴァレー(Warm Valley)／
5 ウィグ・ワイズ(Wig Wise)／6 キャラヴァン(Caravan)／7 ソリチュード(Solitude)
【録音】 1962年9月17日
【Personnel】
デューク・エリントン(p)／チャールス・ミンガス(b)／マックス・ローチ(ds)
●ユニバーサルミュージック／UCCU-99071

★★★★★

エラ・アンド・ルイ

Ella Fitzgerald & Louis Armstrong

ジャズ・ヴォーカルのファースト・レディとジャズの王様との出会い

ジャズ史上、最高のデュエット作品。圧倒的な歌唱力、スピード感豊かな表現力が魅力で安定感、安心感と親しみやすさを兼ね備えジャズ・ヴォーカルのファースト・レディと呼ばれるエラ・フィッツジェラルドと“サッチモ”の愛称で親しまれるジャズの王様ルイ・アームストロングによるデュエット・アルバム。主役の2人をバックで支えるのはオスカー・ピーターソン・トリオにバディ・リッチを加えた贅沢な布陣。親しみやすく染み入るようなエラの声は上品で、かつ滑らかなメロディ・ラインが心地よい。一方で、トランペット奏者でヴォーカリストでもあるサッチモの声はエラとは対照的ながら包み込むような「ダミ声」。相反するような2人の声質の違いによるコントラストが生み出す特異な音楽的化学反応が聴くものの琴線を刺激する。それぞれが持ち味が織りなす個性豊かで楽しさ溢れる極上のパフォーマンスを披露し“ジャズって楽しい”としか言いようのない1枚だ。

【収録曲】 1 お友達になれない?(Can't We Be Friends?)/2 イズント・ジス・ア・ラヴリー・デイ(Isn't This a Lovely Day)/
3 ヴァーモントの月(Moonlight in Vermont)/4 誰も奪えぬこの思い(They Can't Take That Away from Me)/
5 青空の下で(Under a Blanket Of Blue)/6 テンダリー(Tenderly)/7 霧深き日(A Foggy Day)/
8 アラバマに星落ちて(Stars Fell on Alabama)/9 チーク・トゥ・チーク(Cheek to Cheek)/
10 あなたのそばに(The Nearness of You)/11 エイプリル・イン・パリ(April in Paris)
【録音】 1956年8月16日
【Personnel】 エラ・フィッツジェラルド(vo)/ルイ・アームストロング(vo、tp)/オスカー・ピーターソン(p)/ハーブ・エリス(g)/
レイ・ブラウン(b)/バディ・リッチ(ds)
●ユニバーサルミュージック/UCCU-99032

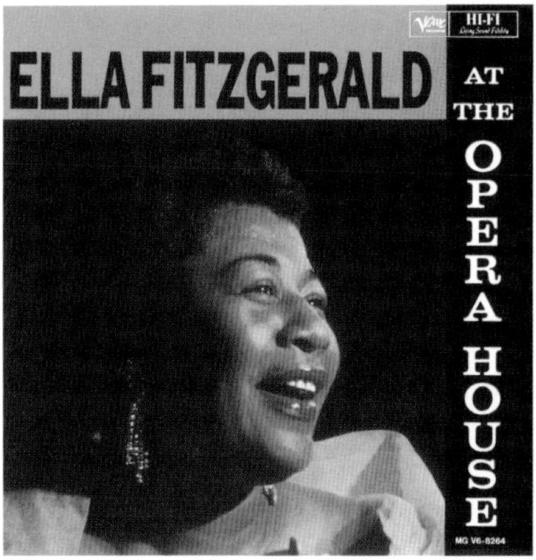

☆☆☆☆

エラ・アット・ジ・オペラハウス
Ella At The Opera House

ジャズ界の“ファースト・レディ”エラ・フィッツジェラルドが残した『マック・ザ・ナイフ～エラ・イン・ベルリン』(下)と双璧をなすライブ盤。オスカー・ピーターソンをはじめ名立たる名手たちが一同に会したJATP(Jazz At The Philharmonic)オールスターズをバックにアップテンポの曲もバラードも歌う絶好調のエラが聴ける。オペラハウスとシュライン・オーディトリアムの2つのステージを収録した珠玉の1枚。

【収録曲】 1 イッツ・オールライト・ウィズ・ミー(It's All Right with Me)/2 ドンチャ・ゴー・ウェイ・マッド(Don'cha Go 'Way Mad)/3 魅惑されて(Bewitched, Bothered and Bewildered)/4 ジーズ・フーリッシュ・シングズ(These Foolish Things)/5 イル・ウィンド(Ill Wind)/6 グディ・グディ(Goody Goody)/7 ヴァーモントの月(Moonlight in Vermont)/8 ゼム・ゼア・アイズ(Them There Eyes)/9 サヴォイでストンプ(Stompin' At The Savoy)/10 イッツ・オールライト・ウィズ・ミー(It's All Right with Me[Bonus Track])/11 ドンチャ・ゴー・ウェイ・マッド(Don'cha Go 'Way Mad[Bonus Track])/12 魅惑されて(Bewitched, Bothered and Bewildered[Bonus Track])/13 ジーズ・フーリッシュ・シングズ(These Foolish Things[Bonus Track])/14 イル・ウィンド(Ill Wind[Bonus Track])/15 グディ・グディ(Goody Goody[Bonus Track])/16 ヴァーモントの月(Moonlight in Vermont[Bonus Track])/17 サヴォイでストンプ(Stompin' At The Savoy[Bonus Track])/18 オー・レディ・ビー・グッド(Oh, Lady Be Good[Bonus Track]) **【録音】** 1957年9月29日(オペラハウス)、10月8日(シュライン・オーディトリアム) **【Personnel】** エラ・フィッツジェラルド(vo)/オスカー・ピーターソン(p)/ハーブ・エリス(g)/レイ・ブラウン(b)/ジョー・ジョーンズ、コニー・ケイ(ds)/ロイ・エルドリッジ(tp)/J・J・ジョンソン(tb)/ソニー・スティット(as)/レスター・ヤング(ts)/イリノイ・ジャケー(ts)/コールマン・ホーキンス(ts)/スタン・ゲッツ(ts)/フリップ・フィリップス(ts) ●ユニバーサルミュージック/UCCU-99090

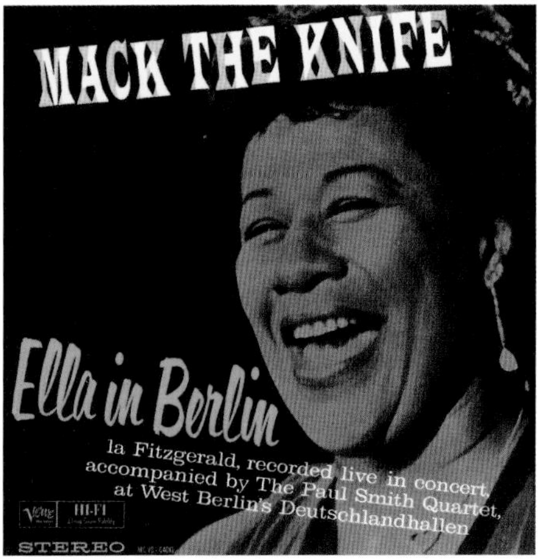

☆☆☆☆

マック・ザ・ナイフ～エラ・イン・ベルリン
MACK THE KNIFE-Ella in Berlin

1960年、当時の西ドイツ・ベルリンのコンサートを収録したジャズ・ヴォーカル史上、最も有名なアルバム。サッチモの真似も楽しい8曲目の「マック・ザ・ナイフ」やスピード感溢れるスキャットで乗りまくる9曲目の「ハウ・ハイ・ザ・ムーン」など圧倒的なドライブ感や卓越したテクニックに酔いしれ、まるでその場で観ているかのようなステージパフォーマンス堪能できる。聴いているだけでワクワクしてくる1枚だ。

【収録曲】
1 風と共に去りぬ(Gone with the wind)/2 ミスティ(Misty)/
3 ザ・レディ・イズ・ア・トランプ(The lady is a tramp)/4 私の彼氏(The man I love)/
5 サマータイム(Summertime)/6 トゥー・ダーン・ホット(Too darn hot)/
7 ローレライ(Lorelei)/8 マック・ザ・ナイフ(Mack the knife)/9 ハウ・ハイ・ザ・ムーン(How high is the moon)
【録音】 1960年2月13日
【Personnel】
エラ・フィッツジェラルド(vo)/ポール・スミス(p)/ジム・ホール(g)/ウィルフレッド・ミドルブルックス(b)/ガス・ジョンソン(ds)
●ユニバーサルミュージック/UCCU-99014

Sarah Vaughan

★★★★★

サラ・ヴォーン・ウィズ・クリフォード・ブラウン+1
Sarah Vaughan with Clifford Brown+1

驚異的な音域、豊かな声量、独特のフレージングが特徴で他の追随を許さないジャズ・ヴォーカルの女王、サラ・ヴォーン初期の代表作。なかでも冒頭のジャズ・ヴォーカル定番のひとつ「バードランドの子守歌」の巧みなスキャットは、この曲の名唱のひとつとして知られている。夭逝した若きトランペッター、クリフォード・ブラウン(通称“ブラウニー”)との“一期一会”のコラボレーションでもあり、彼との楽器的な掛け合いも素晴らしい。

[収録曲]
1 バードランドの子守歌(Lullaby of Birdland)/2 エイプリル・イン・パリ(April In Paris)/3 ヒーズ・マイ・ガイ(He's My Guy)/
4 ジム(Jim)/5 ユー・アー・ノット・ザ・カインド(You're Not the Kind)/6 エンブレイサブル・ユー(Embraceable You)/
7 アイム・クラッド・ゼア・イズ・ユー(I'm Glad There is You)/8 セプテンバー・ソング(September Song)/
9 イッツ・クレイジー(It's Crazy)/10 バードランドの子守歌[別テイク](Lullaby of Birdland[alt,Take])
[録音] 1954年12月16日、18日
[Personnel] サラ・ヴォーン(vo)/クリフォード・ブラウン(tp)/ハービー・マン(fl)/ポール・クイニシェット(ts)/ジミー・ジョーンズ(p)/ジョー・ベンジャミン(b)/ロイ・ヘインズ(ds)/アーニー・ウィルキンス(arr、cond)
●ユニバーサルミュージック/UCCU-99017

★★★★★

枯葉
Crazy And Mixed Up

サラ・ヴォーンがジャズ・ヴォーカリストとしての円熟期を飾る傑作。ジャズ・シーンでもっともポピュラーな楽曲のひとつ「枯葉」。数多くの名演があるが(p.110)、インパクトという点では抜きんでている。高低差のあるジェットコースターのように疾走する鬼気迫るようなすさまじいまでのスキャット、誰も聴いたことがない「枯葉」に圧倒される。サラを支えるメンバーの手練れた演奏にも惚れ惚れさせられる1枚。

[収録曲]
1 時さえ忘れて(I Didn't Know What Time It Was)/2 ザッツ・オール(That's All)/3 枯葉(Autumn Leaves)/
4 ラヴ・ダンス(Love Dance)/5 ジ・アイランド(The Island)/6 シーズンズ(Seasons)/7 イン・ラヴ・イン・ベイン(In Love In Vain)/
8 ユー・アー・トゥー・ビューティフル(You Are Too Beautiful)
[録音] 1982年3月1日、2日
[Personnel]
サラ・ヴォーン(vo)/ジョー・パス(g)/ローランド・ハナ(p)/アンディ・シンプキンス(b)/ハロルド・ジョーンズ(ds)
●ユニバーサルミュージック/UCCO-99024

Carmen McRae

★★★★★

アフター・グロウ
After Glow

若きカーメン・マクレエが名曲を歌いこんだジャズ・ヴォーカルの聖典。丁寧で確かな歌唱力、叙情性が特徴の彼女ならではのアルバムだ。当時、しばしば共演していた名手レイ・ブライアントの伴奏も、落ち着いた雰囲気を醸し出し、情感豊かなバラードナンバーが味わい深い。また、彼女自身がピアニストとしてジャズ界にデビューしただけあって、「イグザクトリー・ライク・ユー」など4曲の弾き語りも楽しめる。奥行き深く素晴らしい1枚。

【収録曲】 1 アイ・キャント・エスケープ・フロム・ユー(I Can't Escape From You)／2 ゲス・フー・アイ・ソー・トゥデイ(Guess Who I Saw Today)／3 マイ・ファニー・ヴァレンタイン(My Funny Valentine)／4 ザ・リトル・シングス・ザット・ミーン・ソー・マッチ(The Little Things That Mean So Much)／5 アイム・スルー・ウィズ・ラヴ(I'm Thru With Love)／6 うまくやれたら(Nice Work If You Can Get It)／7 イースト・オブ・ザ・サン(East Of The Sun)／8 イグザクトリー・ライク・ユー(Exactly Like You)／9 オール・マイ・ライフ(All My Life)／10 絶体絶命(Between The Devil And The Deep Blue Sea)／11 ドリーム・オブ・ライフ(Dream Of Life)／12 パーディド(Perdido)
【録音】 1957年3月6日、4月18日
[Personnel] カーメン・マクレイ(vo、p)／レイ・ブライアント(p)／アイク・アイザックス(b)／スペックス・ライト(ds)
●ユニバーサルミュージック／UCCU-99140

Billie Holiday

★★★★★

奇妙な果実
Strange Fruit

アメリカの人種差別を告発したタイトル曲が有名な不出生の天才ジャズ・ヴォーカリスト、ビリー・ホリデイの最高傑作。彼女の名声は、この『奇妙な果実』よって生まれたともいわれる。怒りや悲しみをコントロールして抑制しながら喜怒哀楽を織り込めた見事な歌唱力が印象的だ。その一方で、女心の切なさやいじらしさを情感込めて訴えるラブ・ソングも素晴らしい。ちなみにタイトルの「奇妙な果実」とは、木に吊るされた黒人のことだ。

【収録曲】 1 奇妙な果実(Strange Fruit)／2 イエスタデイズ(Yesterdays)／3 ファイン・アンド・メロウ(Fine and Mellow)／4 ブルースを歌おう(I Gotta Right to Sing the Blues)／5 ハウ・アム・アイ・トゥ・ノウ(How Am I to Know)／6 マイ・オールド・フレーム(My Old Flame)／7 アイル・ゲット・バイ(I'll Get By)／8 水辺にたたずみ(I Cover the Waterfront)／9 アイル・ビー・シーイング・ユー(I'll Be Seeing You)／10 アイム・ユアーズ(I'm Yours)／11 エンブレイサブル・ユー(Embraceable You)／12 時の過ぎゆくまま(As Time Goes By)／13 ヒーズ・ファニー・ザット・ウェイ(He's Funny That Way)／14 恋人よ我に帰れ(Lover Come Back to Me)／15 アイ・ラヴ・マイ・マン(I Love My Man)／16 明るい表通りで(On the Sunny Side of the Street)　**【録音】** 1939年4月20日、1944年3月25日、4月1日、8日
[Personnel] ビリー・ホリデイ(vo)／ソニー・ホワイト(p)／エディ・ヘイウッド(p)／ジョン・ウィリアムス(b)／ジョン・シモンズ(b)／エド・ショーネシー(ds)／シドニー・カトレット(ds)／フランク・ニュートン(tp)／ドク・チータム(tp)／ヴィック・ディッケンソン(tb)／タブ・スミス(sax)／レン・デイヴィス(sax)　他　●ユニバーサルミュージック／UCCU-99011

☆☆☆☆☆

ヘレン・メリル・ウィズ・クリフォード・ブラウン

Helen Merrill With Clifford Brown

“ニューヨークのため息”と称されたヘレン・メリルの生涯最高傑作

“ニューヨークのため息”と形容された人気歌手ヘレン・メリルの最高傑作というだけではなく、ジャズ・ヴォーカル史を代表するアルバムだ。なかでも2曲目の「ユード・ビー・ソー・ナイス・トゥ・カム・ホーム・トゥ」は、デリケートなハスキー・ヴォイスで繊細な心の襞を歌い上げ、ジャズ・ヴォーカル史に残る名演だろう。ヘレン・メリルのささやくような声と気怠さが漂うような色っぽい表現力、1950年代を疾風のごとく駆け抜け若くして世を去った天才トランペッター、クリフォード・ブラウン（通称“ブラウニー”）が織りなすコントラストが絶品だ。3曲目の「ホワッツ・ニュー」や7曲目の「ス・ワンダフル」などをはじめ全曲とも、どこかに都会的な雰囲気が漂っていてジャズ・ヴォーカルの底知れぬ魅力に溢れている1枚だ。また、このアルバムで見逃せないのが、当時まだ無名だった21歳だったクインシー・ジョーンズが収録曲すべての編曲を手掛けたことだ。

【収録曲】
1 ドント・エクスプレイン（Don't Explain）／2 ユード・ビー・ソー・ナイス・トゥ・カム・ホーム・トゥ（You'd Be So Nice To Come Home To）／3 ホワッツ・ニュー（What's New）／4 恋に恋して（Falling In Love With Love）／5 イエスタデイズ（Yesterdays）／6 ボーン・トゥ・ビー・ブルー（Born To Be Blue）／7 ス・ワンダフル（S Wonderful）
【録音】 1954年12月22日、24日
【Personnel】 ヘレン・メリル（vo）／クリフォード・ブラウン（tp）／ダニー・バンクス（bs、fl）／ジミー・ジョーンズ（p）／バリー・ガルブレイス（g）／ミルト・ヒントン（b）／オスカー・ペティフォード（b、Cello）／オシー・ジョンソン（ds）／ボビー・ドナルドソン（ds）／クインシー・ジョーンズ（arr、cond）
●ユニバーサルミュージック／UCCU-99003

BLUE NOTE
1500番台を聴く

JAZZを代表的するレーベル“BLUE NOTE”は、ドイツ出身のアルフレッド・ライオンによってJAZZ専門のレコード会社として1939年、ニューヨークで創設された。以後“BLUE NOTE”が生み出した数々の名盤は、ジャズの世界を一変させたと評されている。なかでも1956年、LP（ロング・プレイ）盤1500番台を発売し、注目を集めた。

1500番台には、マイルス・デイヴィス、セロニアス・モンク、ジョン・コルトレーンなどジャズ界を代表する巨人たちや、アート・ブレイキー、ホレス・シルヴァー、クリフォード・ブラウンなど代表的なJAZZMANの最初のリーダー作品がラインナップされているなど、『JAZZを聴くならBLUE NOTE1500番台を聴け』と言われるほど、名盤がそろっている。

また、録音技手、ルディ・ヴァン・ゲルダーが作り上げたやや乾いたような重々しいサウンドは“ヴァン・ゲルダー・サウンド”とも呼ばれ、聴くものを魅了してやまない。さらには1500番台に限らずジャケットが秀逸で観ているだけでJAZZが聴こえてくるような時代を超越した“美”に溢れていることもBLUE NOTEの魅力のひとつになっている。

No	Title&Feature
BLP1501	**マイルス・デイヴィス・オールスターズ Vol.1＋3（p.27）** ●若きマイルスがブルーノートに残した貴重なセッション。「ディア・オールド・ストックホルム」など15曲収録。 「テンパス・フュージット」「ケロ」「エニグマ」「レイズ・アイディア」など全15曲収録 
BLP1502	**マイルス・デイヴィス・オールスターズ Vol.2** ●美しいバラードの名演「イット・ネヴァー・エンタード・マイ・マインド」などVol.1+3に続く名演 「テイク・オフ」「ウェアード」「イット・ネヴァー・エンタード・マイ・マインド」など全11曲収録
BLP1503	**ジ・アメイジング・バド・パウエル Vol. 1** ●天才パウエルが文字通り天才だった時代のものなので、閃きに満ちた演奏の連続 「ウン・ポコ・ロコ」「チュニジアの夜」「異教徒たちの踊り」など全12曲収録
BLP1504	**ジ・アメイジング・バド・パウエル Vol. 2** ●バド・パウエルの美意識が際立つ「ニューヨークの秋」、クラシカルな組曲風の「グラス・エンクロージャー」などが聴きどころ 「ニューヨークの秋」「リーツ・アンド・アイ」「シュア・シング」など全15曲収録
BLP1505	**ジ・エミネント J.J. ジョンソン 1** ●人気No.1トロンボーン奏者のリーダー作。当時はまだ若手だった共演者の好演も手伝って彼の最高傑作と言われる名盤 「ターンパイク」「ラヴァー・マン」」「ゲット・ハッピー」「コーヒー・ポット」など全9曲収録
BLP1506	**ジ・エミネント J.J. ジョンソン 2** ● J.J. ジョンソンとクリフォード・ブラウン・、ホレス・シルヴァー、ハンク・モブレーなどとの共演 「デイリー・ダブル」「ペニーズ・フロム・ヘヴン」など全10曲を収録
BLP1507	**カフェ・ボヘミアのジャズ・メッセンジャーズ Vol.1＋3** ●ハード・バップ草創期に登場したジャズ・メッセンジャーズが、その名を冠した最初の記録。 「アナウンスメント by アート・ブレイキー」「ソフト・ウィンズ」「ザ・テーマ」など全9曲収録
BLP1508	**カフェ・ボヘミアのジャズ・メッセンジャーズ Vol.2+3** ●オリジナル・ジャズ・メッセンジャーズ唯一のアルバム 「スポーティン・クラウド」「ライク・サムワン・イン・ラヴ」「イエスタデイズ」など全9曲収録
BLP1509	**ミルト・ジャクソン＋7** ●ミルト・ジャクソンのブルーノート唯一のリーダー・アルバム 「リリー」「タヒチ」「ホワッツ・ニュー」「バグス・グルーヴ」など全19曲収録
BLP1510	**ジニアス・オブ・モダン・ミュージック Vol.1＋3** ● “バップの高僧”と呼ばれた孤高の天才セロニアス・モンクが、ブルーノートに残したジャズ史に輝く歴史的遺産 「ラウンド・ミッドナイト」「オフ・マイナー」「エピストロフィー」「セロニアス」など全15曲収録
BLP1511	**ジニアス・オブ・モダン・ミュージック Vol.2＋10** ●アンサンブルがユニークなモンク・ワールドを具現化 「キャロライナ・ムーン」「ストレイト・ノー・チェイサー」「ホーニン・イン」など全22曲収録

No	Title&Feature
BLP1512	ア・ニュー・サウンド・ア・ニュー・スター ●ジャズ・オルガン初期の歴史的大ヒットを記録したジミー・スミスのブルーノート第 1 弾 「ザ・ウェイ・ユー・ルック・トゥナイト」「ユー・ゲット・チャ」「ミッドナイト・サン」など全 9 曲収録
BLP1513	デトロイト・ニューヨーク・ジャンクション ●カウント・ベイシー楽団の花形トランペッター、サド・ジョーンズの記念すべきブルーノートデビュー盤 「ブルー・ルーム」「タリフ」「リトル・ガール・ブルー」「スクラッチ」など全 5 曲収録
BLP1514	ザ・チャンプ ●ハーレムのジャズ・クラブに出演していたジミー・スミスのブルーノート初リーダー作 「ザ・チャンプ」「バイ・ユー」「ディープ・パープル」「ヴァーモントの月」など全 7 曲収録
BLP1515	ヒッコリー・ハウスのユタ・ヒップ Vol.1 ●ドイツの美人ピアニストが NY のクラブに残した伝説のライヴ・セッション。 「テイク・ミー・イン・ユア・アームズ」「ビリーズ・バウンス」「レディ・バード」など全 11 曲収録
BLP1516	ヒッコリー・ハウスのユタ・ヒップ Vol.2 ●ライヴ盤 2 枚を通じて唯一の自作で影響を受けたホレス・シルヴァーに捧げた「ホレーショ」を収録。 「風と共に去りぬ」「アフター・アワーズ」「ウィル・ビー・トゥゲザー・アゲイン」など全 10 曲収録
BLP1517	パターンズ・イン・ジャズ ●演奏家 / 作曲家 / デザイナーだった総合芸術家ギル・メレがブルーノートに残した異色作 「ザ・セット・ブレイク」「ウィアード・ヴァレー」「ヴァーモントの月」など全 6 曲収録
BLP1518	ホレス・シルヴァー&ザ・ジャズ・メッセンジャーズ ●ファンキー・ジャズの元祖というべきホレス・シルヴァー初期の名作 「ルーム 608」「クリーピン・イン」「ストップ・タイム」「ヒッピー」など全 8 曲収録
BLP1519	ハービー・ニコルス・トリオ ●「ザ・レディ・シングス・ザ・ブルース」は、ビリー・ホリデイが気に入り自ら歌詞を付けたことでも知られる 「ザ・ギグ」「ハウス・パーティ・スターティング」「チット・チャッティング」など全 10 曲収録
BLP1520	ホレス・シルヴァー・トリオ&アート・ブレイキー、サブー＋ 4 ●ホレス・シルヴァーの数少ないピアノ・トリオ・アルバムにして、初期を代表する名演 「サファリ」「エカロー」「プレリュード・トゥ・ア・キス」「ホロスコープ」など全 16 曲収録
BLP1521	バードランドの夜 Vol.1（p.17） ●名門ジャズ・クラブ“バードランド”で行われた、アート・ブレイキーの伝説的かつ歴史的ライヴ・セッション盤 「スプリット・キック」「ワンス・イン・ア・ホワイル」「チュニジアの夜」など全 6 曲収録 
BLP1522	バードランドの夜 Vol.2 ＋ 2 ●ハード・バップ誕生のドキュメントにして、ジャズ・メッセンジャーズ結成前夜の伝説的ライヴ 「ウィー・ドット」「イフ・アイ・ハッド・ユー」「ナウズ・ザ・タイム」など全 7 曲収録
BLP1523	イントロデューシング・ケニー・バレル ●ブルース感覚溢れるモダン・ジャズ・ギターの第一人者の初リーダー作 「ジス・タイム・ザ・ドリームス・オン・ミー」「タキーラ」「ブルース・フォー・スキータ」など全 7 曲収録
BLP1524	カフェ・ボヘミアのケニー・ドーハム＋ 4 ●ハード・バップ黄金時代への予感に満ちた空気が全篇を覆う至高のライヴ録音 「モナコ」「ラウンド・アバウト・ミッドナイト」「メキシコ・シティ」など全 10 曲収録
BLP1525	ジ・インクレディブル・ジミー・スミス・アット・ジ・オルガン Vol.3 ●“キング・オブ・ジ・オルガン”ことジミー・スミスが、エネルギッシュな演奏を繰り広げるブルーノート第 3 弾 「ジュードー・マンボ」「ウィロー・ウィープ・フォー・ミー」「恋人よわれに帰れ」など全 7 曲収録
BLP1526	クリフォード・ブラウン・メモリアル・アルバム＋ 8（p.69） ● 25 歳で事故死した悲劇の天才トランペッター、クリフォード・ブラウン。艶やかな音色、卓越したアドリブが魅力 「ヒム・オブ・ジ・オリエント」「イージー・リヴィング」「チェロキー」など全 18 曲収録 
BLP1527	ザ・マグニフィセント・サド・ジョーンズ＋ 2 ●著名なジョーンズ 3 兄弟の次兄サドが、ブルーノートに残した代表作 「パリの 4 月」「ビリー・ドゥー」「イフ・アイ・ラヴ・アゲイン」など全 7 曲収録
BLP1528	クラブ・ベイビー・グランドのジミー・スミス Vol.1 ●ジミー・スミス初期のライヴ・アルバム 「スイート・ジョージア・ブラウン」「ホエア・オン・ホエン」「ロゼッタ」など全 5 曲収録
BLP1529	クラブ・ベイビー・グランドのジミー・スミス Vol.2 ●ダイナミックなプレイで圧倒する“キング・オブ・オルガン”衝撃の初ライヴ盤 「キャラヴァン」「慕情」「ゲット・ハッピー」「イッツ・オールライト・ウィズ・ミー」の全 4 曲収録
BLP1530	ユタ・ヒップ・ウィズ・ズート・シムズ ●ドイツの女性ピアニスト ユタ・ヒップとズート・シムズの 1956 年録音コラボ作品 「ジャスト・ブルース」「コートにすみれを」「ダウン・ホーム」「ウィー・ドット」など全 9 曲収録
BLP1531	ザ・ファビュラス・ファッツ・ナヴァロ Vol.1 ● 26 歳という若さでこの世を去ったビバップ・トランペッター、ファッツ・ナヴァロの代表作 「アワ・デライト」「ザ・スカーラル」「チェイス」「ダブルトーク」など全 11 曲収録
BLP1532	ザ・ファビュラス・ファッツ・ナヴァロ Vol.2 ●ソニー・ロリンズ、バド・パウエルが参加したセッションを収録した、ジャズの夜明けを告げる歴史的なドキュメント 「レディ・バード」「ジャベロ」「シンフォネット」「ザ・スカンク」など全 11 曲収録
BLP1533	イントロデューシング・ジョニー・グリフィン＋ 2 ●“リトル・ジャイアント”という愛称で親しまれたジョニー・グリフィンの記念すべきブルーノート第一弾 「シカゴ・コーリング」「ラヴァーマン」「チェロキー」「今宵の君は」など全 9 曲収録

No	Title&Feature
BLP1534	ウィムス・オブ・チェンバース ●ジャズ史に名を残す偉大な作品に貢献したベース奏者、ポール・チェンバースのソロ作品 「オミクロン」「ニタ」「ディア・アン」「ウィ・シックス」など全7曲収録
BLP1535	アフロ・キューバン＋2 ●ラテン音楽とジャズが融合したアフロ・キューバン・ジャズを代表する名作 「アフロディジア」「マイナーズ・ホリデイ」「パシュアーズ・ドリーム」「ヴェニータズ・ダンス」など全9曲収録
BLP1536	J.R. モンテローズ ●異彩のテナーマン、J.R. モンテローズの初リーダー作にして傑作 「ウィー・ジェイ」「ザ・サード」「ボビー・ピン」「マークV」など全7曲収録
BLP1537	ルー・ドナルドソン・カルテット・クインテット・セクステット ●ファンキー・サックスの大御所がブルーノートに残した4～6人編成の初期3セッション 「イフ・アイ・ラヴ・アゲイン」「ダウン・ホーム」「ルーズ・ブルース」「チーク・トゥ・チーク」など全10曲収録
BLP1538	インディード ●眩いばかりのトランペットの神童、リー・モーガン18歳の初リーダー・アルバム 「ロッカス」「レジー・オブ・チェスター」「スタンド・バイ」など全6曲収録
BLP1539	6ピーシズ・オブ・シルヴァー ●ファンキー・ジャズの伝道師とも称される、ホレス・シルヴァーの人気アルバム 「クール・アイズ」「シャール」「セニョール・ブルース」など全7曲収録
BLP1540	ハンク・モブレー・セクステット ●テナー奏者、ハンク・モブレーが2トランペットを配したセクステットによる重量級ハード・バップの傑作 「タッチ・アンド・ゴー」「ダブル・ワミー」など全4曲収録
BLP1541	リー・モーガン Vol.2 ●名演「ウィスパー・ノット」で不滅の人気を誇る天才トランペッターのブルーノート第2弾 「ウィスパー・ノット」「ラテン・ハングオーヴァー」「ヒズ・シスター」など全6曲収録
BLP1542	ソニー・ロリンズ Vol.1 ●ロリンズのブルーノート第1弾。盟友マックス・ローチ、若きウィントン・ケリーのサポートを得て豪快なロリンズ節が炸裂する 「デシジョン」「ブルースノート」「プレイン・ジェーン」など全5曲収録
BLP1543	ケニー・バレル Vol.2 ●『イントロデューシング・ケニー・バレル』に続くブルーノート第2弾。スウィンギーなバレルの魅力を堪能できる 「ゲット・ハッピー」「バッド・ノット・フォー・ミー」「メキシコ・シティ」「チーター」など全8曲収録
BLP1544	ハンク・モブレー&ヒズ・オール・スターズ ●初代ジャズ・メッセンジャーズにミルト・ジャクソンが加わりモブレーのオリジナルを演奏したハードバップ期の代表作 「リユニオン」「ウルトラマリーン」「ドント・ウォーク」など全5曲収録
BLP1545	ウェイリング・ウィズ・ルー ●情感溢れるフレーズ、聴くものを圧倒するバラード・プレイ、軽快なオリジナル・ブルースなど50年代のルー・ドナルドソンを代表する快作 「キャラヴァン」「オールド・フォークス」「ザット・グッド・オールド・フォーリング」など全6曲収録
BLP1546	ザ・マグニフィセント・サド・ジョーンズ Vol.3 ●ベイシー楽団の花形トランペッターのブルーノート第3弾。特徴あるマイルドな音色が奏でる2曲のスタンダードが素晴らしい 「スリップト・アゲイン」「イル・ウィンド」「サドラック」など全5曲収録
BLP1547	ア・デイト・ウィズ・ジミー・スミス Vol.1 ●オルガン奏者、ジミー・スミスとドナルド・バードとの共演 「フォーリング・イン・ラヴ・ウィズ・ラヴ」「ハウ・ハイ・ザ・ムーン」など全3曲収録
BLP1548	ア・デイト・ウィズ・ジミー・スミス Vol.2 ●オルガン奏者、ジミー・スミスとドナルド・バードとの共演 「アイ・レット・ア・ソング・ゴー・アウト・オブ・マイ・ハート」など全3曲収録
BLP1549	ブローイング・イン・フロム・シカゴ ●名作『バードランドの夜』のリズム隊をバックに、クリフ・ジョーダンとジョン・ギルモアが繰り広げる白熱のテナー・バトル 「ステイタス・クォー」「ボーテイル」「ブルー・ライツ」「ビリーズ・バウンス」など全7曲収録
BLP1550	ハンク・モブレー・クインテット ●名作「カフェ・ボヘミアのジャズ・メッセンジャーズ」の興奮を再現 「ファンク・イン・ディープ・フリーズ」「ワン・アンド・ゼイア・オフ」「スターティン・フロム・スクラッチ」など全6曲収録
BLP1551	ジミー・スミス・アット・ジ・オルガン Vol.1 ●アルト・サックス奏者、ルー・ドナルドソンを迎えたカルテット編成によるアルバム 「サマータイム」「ゼアズ・ア・スモール・ホテル」「ヤードバード組曲」など全4曲収録
BLP1552	ジミー・スミス・アット・ジ・オルガン Vol.2 ●ルー・ドナルドソン、ケニー・バレル、アート・ブレイキーなどが参加したアルバム 「プラム・ネリー」「ビリーズ・バウンス」「ザ・デュエル」など全4曲収録
BLP1553	欠番
BLP1554	オージー・イン・リズム Vol.1 ●アート・ブレイキーのもとにレイ・ブライアント、アート・テイラー、ハービー・マンなどが参加 「ブハイナ・チャント」「ヤ・ヤ」「トフィ」「スプリット・スキンズ」の全4曲収録
BLP1555	オージー・イン・リズム Vol.2 ●アート・ブレイキーのもとにフィリー・ジョー・ジョーンズ、アート・テイラーなどが参加 「アマック」「エレファント・ウォーク」「アブダラズ・デライト」など全4曲収録

No	Title&Feature
BLP1556	ザ・サウンド・オブ・ジミー・スミス ●絶好調プレイが堪能できる 1957 年のオールスター・セッションからトリオ編成&ソロ演奏 「ザ・ファイト」「ブルー・ムーン」「オール・ザ・シングス・ユーアー」など全 6 曲収録
BLP1557	リー・モーガン Vol.3（p.101） ●ベニー・ゴルソン作・編曲の「アイ・リメンバー・クリフォード」を含む第 3 弾 「ハサーンズ・ドリーム」「クリフォードの想い出（アイ・リメンバー・クリフォード）」「ドミンゴ」など全 5 曲収録 
BLP1558	ソニー・ロリンズ Vol.2（p.59） ●ソニー・ロリンズ、J.J. ジョンソン、ホレス・シルヴァーとセロニアス・モンクなどオールスター大集合 「ホワイ・ドント・アイ」「ミステリオーソ」「リフレクションズ」など全 6 曲収録 
BLP1559	ア・ブローイング・セッション ●ジョニー・グリフィン、ジョン・コルトレーン、ハンク・モブレーによる大セッション 「今宵の君は」「スモーク・スタック」など全 4 曲収録
BLP1560	ハンク ●ハンク・モブレー・セクステットでの、1957 年録音盤 「フィット・フォー・ア・ハンカー」「イージー・トゥ・ラヴ」など全 5 曲収録
BLP1561	パロ・コンゴ ●コンガ奏者、サブーのアルセニオ・ロドリゲスなどとの共演 「エル・クンバンチェロ」「シンバ」「素晴らしき幻想」など全 8 曲収録
BLP1562	ザ・スタイリングス・オブ・シルヴァー ●アート・ファーマー、ハンク・モブレーなどが参加 「ノー・スモーキン」「ザ・バック・ビート」「ソウルヴィル」など全 6 曲収録
BLP1563	ジミー・スミス・プレイズ・プリティ・ジャスト・フォー・ユー ●エディ・マクファーデンなどとの共演によりバラード楽曲を収録 「ザ・ニアネス・オブ・ユーー」「ニューヨークの夜」「言い出しかねて」「君を想いて」など全 8 曲収録
BLP1564	ポール・チェンバース・クインテット ●ベースの若き巨人、ポール・チェンバースの魅力全開の名演。どこをとっても目のさめるようなスウィング感が漲る 「マイナー・ランダウン」「朝日のようにさわやかに」「ホワッツ・ニュー」など全 6 曲収録
BLP1565	クリフ・ジョーダン ●リー・モーガン、カーティス・フラーなどが参加 「ノット・ギルティ」「セント・ジョン」「ブルー・シューズ」など全 5 曲収録
BLP1566	スイング&ソウル ●レイ・バレットのコンガを加えた、ルー・ドナルドソンのスインギーかつソウルフルな魅力満載のワン・ホーン・アルバム 「ドロシー」「ハーマンズ・マンボ」「ペック・タイム」「グルーヴ・ジャンクション」など全 7 曲収録
BLP1567	ジ・オープナー ●名トロンボーン奏者、カーティス・フラーの若き日の初リーダー・アルバム 「素敵な夜を」「ヒューゴア」「オスカリプソ」など全 6 曲収録
BLP1568	ハンク・モブレー ●当時無名のピアニスト=ソニー・クラークのブルーノート・デビューでも知られる名作 「マイティ・モー・アンド・ジョー」「バグス・グルーヴ」「恋に恋して」など全 5 曲収録
BLP1569	ベース・オン・トップ（p.106） ●ポール・チェンバースの技巧、ジャズ・ベースの魅力、醍醐味が堪能できる名盤 「イエスタデイズ」「ユード・ビー・ソー・ナイス・トゥ・カム・ホーム・トゥ」など全 6 曲収録 
BLP1570	ダイアル・S・フォー・ソニー ●ブルーノートが生んだ“超人気ピアニスト”ソニー・クラークの記念すべき初リーダー作でハード・バップの香り溢れるアルバム 「ダイアル・S・フォー・ソニー」「ブーティン・イット」「ソニーズ・ムード」など全 6 曲収録
BLP1571	バド! / ジ・アメイジング・バド・パウエル Vol.3 + 1 ●自ら発掘した新進カーティス・フラーとの共演を含む異色かつ多彩な内容 「サム・ソウル」「ブルー・パール」「アイダホ」「ムース・ザ・ムーチ」など全 8 曲収録
BLP1572	ボーン&バリ ●カーティス・フラーとソニー・クラークなどとの共演 「アルゴンキン」「ニタのワルツ」「ボーン & バリ」など全 6 曲収録
BLP1573	ジョン・ジェンキンス・ウィズ・ケニー・バレル ●シカゴ出身のアルト奏者ジョン・ジェンキンスとブルーノート看板ギタリストのケニー・バレルが組んだ作品 「フロム・ジス・モーメント・オン」「モティーフ」「エヴリシング・アイ・ハヴ・イズ・ユアーズ」など全 6 曲収録
BLP1574	ペッキン・タイム ●ハード・バップ史上の名コンビハンク・モブレーとリー・モーガンが放つ一大傑作 「スピーク・ロウ」「ペッキン・タイム」「ハイ・アンド・フライティ」など全 8 曲収録
BLP1575	シティ・ライツ ● 19 歳になったリー・モーガンが発表した大都会マンハッタンの抒情詩。3 管編成によるスマートなサウンドが光る 「シティ・ライツ」「テンポ・デ・ワルツ」「ユーア・マイン・ユー」など全 5 曲収録
BLP1576	ソニーズ・クリブ ●ソニー・クラークのブルーノート三部作の中でも 3 管編成のこの作品は彼の音楽センスが光るアルバム 「ウィズ・ア・ソング・イン・マイ・ハート」「スピーク・ロウ」「ソニーズ・クリブ」など全 8 曲収録
BLP1577	ブルー・トレイン+ 3（p.50） ● 6 人のメンバー全員による緊張感溢れる演奏はハード・バップ屈指の名演 「ブルー・トレイン」「レイジー・バード」「ロコモーション」など全 8 曲収録 

No	Title&Feature
BLP1578	ザ・クッカー ●リー・モーガンのデビュー10ヵ月後に録音されたブルーノート第5作 「チュニジアの夜」「ヘヴィー・ディッパー」「ラヴァー・マン」など全5曲収録
BLP1579	ソニー・クラーク・トリオ+3 (p.94) ●ピアノ・トリオの代表的名演「朝日のようにさわやかに」を含む人気盤。陰影を含むシングルトーンが美しい 「ビ・バップ」「朝日のようにさわやかに」「四月の思い出」など全9曲収録 
BLP1580	ザ・コングリゲーション ●ソニー・クラーク・トリオを従えた、"リトル・ジャイアント"ことジョニー・グリフィンによるワンホーンの快作 「ザ・コングリゲーション」「ラテン・クォーター」「メイン・スプリング」など全5曲収録
BLP1581	ヴィレッジ・ヴァンガードの夜 (p.58) ●シンプルな編成ながら、迫力とスリルと熱気を充分に満喫できる分厚い演奏が繰り広げられる好盤 「オールド・デヴィル・ムーン」「朝日のようにさわやかに」「言い出しかねて」など全6曲収録 
BLP1582	クリフ・クラフト ●クリフ・ジョーダンがアート・ファーマーを迎え、充実したハード・バップ・セッションを繰り広げる 「ラコニア」「ソウル・ロー・ブルース」「クリフ・クラフト」など全6曲収録
BLP1583	カーティス・フラー vol.3 ●アート・ファーマー、ソニー・クラークなどがバックに参加 「リトル・メッセンジャー」「クァントレイル」「ジニー」「カーヴォン」など全6曲収録
BLP1584	ヒア・カムズ・ルイ・スミス ●トランペッター、ルイ・スミス。キャノンボールが変名で参加した魅力的なハード・バップ・セッション 「ブラウニーに捧ぐ」「ブリルズ・ブルース」「スターダスト」など全6曲収録
BLP1585	スモールズ・パラダイスのジミー・スミス Vol.1 ●老舗クラブ、スモールズ・パラダイスでのライヴ盤。気心が知れたレギュラー・トリオで、リラックスした快演を繰り広げる 「アフター・アワーズ」「マイ・ファニー・ヴァレンタイン」「スライトリー・モンキッシュ」など全4曲収録
BLP1586	スモールズ・パラダイスのジミー・スミス Vol.2 ●華麗なテクニックに裏付けされたジューシーなバラード・プレイが熱い 「イマジネーション」「ラヴァー・マン」「ボディ・アンド・ソウル」など全5曲収録
BLP1587	バック・オン・ザ・シーン ●ベニー・グリーンのトロンボーン本来のスライドを利かしたフレーズが味わえるアルバム。トランペット奏者チャーリー・ラウズも好演 「アイ・ラヴ・ユー」「メルバズ・ムード」「ジャスト・フレンズ」「グリーン・ストリート」など全6曲収録
BLP1588	クール・ストラッティン (p.16) ●ファンキー・ジャズのエッセンス。ジャズ史上空前の大ヒット・アルバム。ジャケットが秀逸 「クール・ストラッティン」「ブルー・マイナー」「シッピン・アット・ベルズ」など全4曲収録 
BLP1589	ファーザー・エクスプロレーションズ ●ファンキー・ジャズの伝道師がさらなるチャレンジ精神を発揮した意欲溢れるアルバム 「ジ・アウトロー」「メランコリー・ムード」「ピラミッド」「サファリ」など全6曲収録
BLP1590	キャンディ+1 ●リー・モーガンの生涯唯一のワンホーン作。ソニー・クラーク・トリオをバックにキュートかつ奔放にスタンダードをプレイ 「キャンディ」「シンス・アイ・フェル・フォー・ユー」「オール・ザ・ウェイ」「パーソナリティ」など全7曲収録
BLP1591	ルー・テイクス・オフ ●カーティス・フラーを迎えた3管の名アルバム。強力なフロントによるバップ・サウンドとルー・ドナルドソンのソウルフルなソロが魅力 「スプートニク」「デューイ・スクエア」「ストローリン・イン」「グルーヴィン・ハイ」の全4曲収録
BLP1592	ソニー・クラーク・クインテッツ+1 ●大人気盤『クール・ストラッティン』に続くソニー・クラークの次作 「ロイヤル・フラッシュ」「ラヴァー」「マイナー・ミーティング」「イースタン・インシデント」など全6曲収録
BLP1593	ブルース・ウォーク ●チャーリー・パーカー系の本格派アルト奏者、ルー・ドナルドソンの代表的ワン・ホーン・アルバム 「ブルース・ウォーク」「ムーヴ」「ザ・マスカレード・イズ・オーヴァー」「プレイ・レイ」など全6曲収録
BLP1594	スミスヴィル ●リーダー作が少ない玄人好みのトランペッター ルイ・スミスがブルーノートに残したハード・バップの好盤 「スミスヴィル」「ウェトゥ」「エンブレイサブル・ユー」「レイター」など全5曲収録
BLP1595	サムシン・エルス (p.12) ●ジャズの人気盤としてはトップ・クラスにランクされる屈指の名盤中の名盤 「枯葉」「ラヴ・フォー・セール」「サムシン・エルス」「ダンシング・イン・ザ・ダーク」など全5曲収録 
BLP1596	ブルー・ライツ Vol.1 ●ケニー・バレルとティナ・ブルックス、ルイス・スミスらによる貴重なジャム・セッション。ジャケットは若きアンディ・ウォーホールの画 「イエス・ベイビー」「スコッチ・ブルース」「ニューヨークの夜」など全4曲収録
BLP1597	ブルー・ライツ Vol.2 ●ティナ・ブルックス、ルイス・スミスらによる貴重なジャム・セッション第2弾。 「ロック・ソルト」「ザ・マン・アイ・ラヴ」「チャッキン」「フィナッピ」の全4曲収録
BLP1598	タイム・ウェイツ　ジ・アメイジング・バド・パウエル Vol.4 ●パウエルのブルーノート第4弾で、全曲オリジナルで新境地に挑んだ作品。サム・ジョーンズ、フィリー・ジョー・ジョーンズとの共演 「バスター・ライズ・アゲイン」「サブ・シティ」「タイム・ウェイツ」「マーマレイド」など全8曲収録
BLP1599	ソウル・スターリン ●名トロンボーン奏者ベニー・グリーンが残したソウルフルでスターリング(感動的)な逸品 「ソウル・スターリン」「ウィ・ワナ・クック」「ザッツ・オール」「ブラック・パール」など全6曲収録

BLUE GIANT

石塚真一 スペシャル・インタビュー

「BLUE GIANT」というジャズ漫画を読んだことがあるだろうか。バスケット・ボールに夢中になっている中学生、宮本大が、ふとしたきっかけでジャズに魅せられ、世界一のジャズプレイヤーを志す成長物語であり、ジャズにすべてを賭ける男たちの姿を描いた作品だ。

そこには全身全霊でジャズに取り組む少年とジャズ仲間を虜にしてしまう、熱く激しいジャズの魅力や魔力が、火傷してしまいそうなほど熱く激しく描かれている。

「BLUE GIANT」の作者石塚真一さんにジャズと、ジャズ漫画を描く情熱を語ってもらった。

ジャズは熱く激しい感情の発露だ!

〜漫画家・石塚真一が語るジャズへの熱き思い〜

少年の成長していく姿を描くには、ジャズがいい

—石塚さんが、ジャズ漫画を描こうとしたきっかけは何ですか?

石塚　単純にいえば「ジャズが好きだから」ということですね。ジャズって「カッコいい」と思うし、その「カッコよさ」を描きたかったです。「カッコよさ」ということで言えば、演奏だけはでなく、ジャズのジャケットもカッコいいですよね。

—「カッコよさ」だけでは物語にも、漫画にならないのではないかと思うのですが…

石塚　確かに。でも、漫画の主人公って、みんなヒーローなんだと思います。読んだ人が「ああなりたい!」と思わせる要素が必要なんだと思うんです。そう思ってもらうには、主人公があるテーマを通して成長していく姿を描くことが重要だと思うんです。

スポーツ漫画にしろ、釣りや囲碁の漫画にしろ、漫画ではないですけれど最近ブームの将棋の世界でも、みんな変わりないと思います。漫画を読む人にも、スポーツなどを観戦する人にも、「ああなりたい!」という憧れを抱かせる。テーマが重要なのはもちろんですが、描かれた人間が放つ熱とでもいうか、魅力、すなわち「カッコよさ」が大切だと思います。

—熱き人間像、成長していく人間像を描くテーマとして、ジャズは適していると?

石塚　日本のジャズファンとして、将来日本から世界的なプレイヤーが出ることを信じているんです。大好きなジャズの世界にヒーローが生まれる可能性がある。それをいつか見たいし、そんなことを思う

だけで僕自身ワクワクするわけです。そのために自分に少しでも何かできることがあればと思ったときに、そうだ、漫画でジャズを描いてみたいなって。

——初めに「ジャズありき」ではなく、あるひとりの少年が成長していく「生き方」の象徴としてジャズを選んだということなんでしょうか？

石塚　両方だと思います。「ジャズありき」であるし「成長物語ありき」でもあるし、ふたつとも大切なものですから。

——それは、「ジャズでなければならなかった」ということですか？

石塚　そうです。「ならなかった」というか、「ジャズでやるのがいい」という結論でした。

——ジャズがいいというのは、なぜなんでしょうか？

石塚　自分自身、ちょっと偏っているかもしれませんが、「思いっきりやれそう」というものにテーマを特化しようと思っているんです。

——ジャズには、その「思いっきりやれそう」なものがあると？

石塚　『BLUE GIANT』は、全身全霊で挑戦してみるということがテーマのひとつなんです。生きていると「やるか、やらないか」という局面に出会うことが、子どもの頃からたくさんあると思うんですが、この作品では、そういう時に「やる」を選ぶというのがテーマであり、それは舞台に上がってソロを思い切り奏でる心境と近いような気がします。単に無謀であったり、捨て身ということではなく、下地は必要だし音楽理論も必要かもしれないけれど、主人公は「まず、やってみる」ということが大切かと。

——主人公の「大」が、仙台の広瀬川の土手で練習している描写がありますね。

石塚　漠然と、地方都市の自然の中で若者が楽器を吹いている絵がいいなぁと思っていたんですが、最終的にほかに目立つものは何もない川べりで、大がひとりで吹いている姿を描いてみました。「思い立ったが吉日」で、誰でも、というと変かもしれませんが、誰でも何かに〝挑んでいっていいだよ〟ということが、この絵から伝わればいいなと思いました。

——このジャズというテーマの漫画を描くときに注意していることは何ですか？

石塚　実際の楽器の大きさと、それを持つ人間とのバランス、言わば、サイズ感ですね。それが崩れると途端に絵が嘘っぽくなってしまいますから、とても大切にしています。ですから、常にサックスは仕事場に置いてますし、写真もいろいろな角度から撮って参考にしてます。演奏している姿や姿勢もさまざまですから、こちらも寄ったり引いたりしてたくさん撮ってますね。とにかく演奏している人間と手にしている楽器とのサイズバランスが崩れないように、慎重に絵にしてます。

奏でる、聴く。ジャズは、いつだって熱く激しい

——主人公の「大」はジャズとの衝撃的な出会いを経て、「やるか、やらないか」という選択の結果、唐突であろうが、無謀であろうが「やる」を選ぶわけですけれど、全体を通して〝熱さ〟とか〝激しさ〟を感じる作品という印象です。

石塚　それを感じてもらえていれば、僕もうれしいです。ジャズにもいろんなプレイスタイルがありますけど、その中で敢えて〝激しさ〟に特化したジャズ漫画にしようと思いました。たとえば、静かに奏でるピアノだって、激しくないとは決して言えないと思うんです。抑えた演奏でも、込められた情熱はヒシヒシと伝わってくるような…。実際に目の前で観たプレイヤーたちに感動するのは、そういうところかと思います。

——静の中の動というか、そういうものは確かに伝わってきますよね。

石塚　往年の、あるいは年輩のプレイヤーは、かつてのような激しいプレイはできなくても、舞台に上がることだけでも激しい行為だと思うし、それを動かしているのは「思いっきりやりたい」という熱情だと思うんです。それを漫画の中で表現できればいいなぁと思ってます。

——なるほど。

石塚　漫画を描くときは何をテーマに選んでも、それにはいろんな要素があるわけですが、その要素からどれかひとつ「ココ！」と決めないと、なかなか描けないものです。話が散漫になりますよね。ジャズは「宇宙と繋がっているものだ」みたいなこともテーマとしてはあり得るんですけど、この作品に関しては、とにかく青春期の若者とジャズっていうことで限定して描いています。

——青春、若者、それだけで〝熱い〟ですね（笑）。

石塚　そうですね（笑）。若い時期、15歳頃からの10代って、何かにつけてイライラする時期があるじゃないですか。そういう時期って、体の内にある激し

さをぶつけられる何かを探していると思うんです。僕の頃で言えば、それはパンクだったり、ロックだったりしたわけです。シャウトして、ギターをかき鳴らして、さらにはそのギターをステージに叩きつけて壊したりと、とにかく激しさに惹かれている時期ってあると思うんです。

そういう時期のまっただ中にいる若者に「ジャズはもっと激しいぞ」というのを誰かが教えてあげたら、いや、それちょっと面白んじゃないかなって。

――確かにそれは面白いです。実際にジャズの熱さや激しさを実感するのは、どういう時ですか？

石塚　さきほど、目の前で演奏するプレイヤーに感動することがあると言いましたけど、やっぱり、それに尽きますよね。ロックもクラシックも、いろいろなコンサートに行きましたけど、ジャズが一番心を打たれますね。ほかのコンサートにはない「勝負」を感じるからだと思います。

――勝負ですか。

石塚　そう、勝負です。ミュージシャンと観客との間はもちろん、同じステージに立っているミュージシャン同士でも勝負をしているんだと思います。

――鋭い見方ですね。

石塚　特にソロ演奏ですね。自分がスポットライトに照らされている間、他のメンバーは沈黙しているわけです。観客の目が自分だけに集中している中で演奏するっていうのは、熱く激しい行為なだけではなく「勝負」だと思いますね。ソロを吹くときの度胸とか、吹き続けるための体力とかテクニックとかは、「勝負」に通じるものがあると思うんです。

ミュージシャンと観客との「勝負」と言いましたが、観客の心に残る演奏にすることができるか、自分の名前を観客の心に刻み込めるかどうかの「勝負」ってことではないでしょうか。

――自分の名前を刻み込む、ですか。

石塚　そうです。コンサートやライブを観た後、「誰々の演奏」としてその「誰々」の名前が残るんです。クラシックの場合、たとえば「ベルリン・フィル」を観た、聴いたといっても、「ベルリン・フィルの誰それを聴いた」ではないわけで、そこが大きな違いのような気がします。「あの時の、誰それの演奏」という形で記憶に残るのが、ジャズのよさでもあると思います。これも「カッコよさ」のひとつかもしれませんね。

――本当に記憶に残りますね。ずっと覚えていますからね。

石塚　それとジャズ・ミュージシャンは、「楽器使い」ということですかね。

――「楽器使い」と言いますと？

石塚　どんなテーマでもいいですが、たとえば「晴れのちくもりっていうのを演奏してっ！」とジャズ・ミュージシャンとクラシックの奏者に頼んだとしたら、クラシック奏者は「楽譜がないとちょっと…」と言いそうな気がします。でも、ジャズ・ミュージシャンは「ＯＫ！」と言って、彼のなかに浮かぶ、あるいはひらめく「晴れのちくもり」のイメージを、パッと演奏してくれると思うんですね。それが、僕がジャズ・ミュージシャンに抱く「楽器使い」というイメージです。

――確かにジャズイコール即興というイメージがあります。だからジャズって、同じものを二度と聴けない、それがまたよさだと言えるのではないでしょうか？

石塚　そうですね。ライブにはライブでしか味わえない醍醐味があって、同じ演奏は二度と聴くことができませんよね。だからこそライブが面白いのだと思います。まさに「一期一会」ですよね。もちろん、レコードやＣＤで同じ演奏を何百回も聴き込むという楽しみもあるわけですが。

――話は変わりますが、最近は少なくなったように感じますが、早死にするジャズ・ミュージシャンが多いように思います。

石塚　そうですね。随分、若くして亡くなっている方が多いですよね。酒とかドラッグとかのせいかもしれませんが、それは、ミュージシャンとしてとても真面目な証ではないか、という気がしてます。

――真面目？

石塚　えぇ。別にドラッグを肯定しているわけではないんです。彼らは毎日聴衆の前に立って、「最高のものを出せ」という無言の威圧感と言いますか、そういう要求にさらされるわけですよね。そしてそれに真摯に応えようとすると思うんです。そうした要求に真面目に応えようとすればするほど、あぁ、今日は満足のいく演奏ができなかった、今日はテンポが悪かったとか、思い悩むのではないかと。そうすると、そういう気分を払拭してくれる何かに頼ったり、あるいは、最高のものを出すために「何か」を使ったら、本当に最高のものを出せた、だからまた使おう…と、どんどんエスカレートしていったのではないかという気がします。

――でも、最近は変わってきましたね。

石塚　そうですね。最近のミュージシャンは健康的な気がします、ジョギングしたり、筋トレしたり、何かしらの運動を続けたりして、スポーツ選手のように健康に気をつかっていますね。たとえば、コンサートなどの前日にはお酒は飲まないとか。「熱さ」や「激しさ」に耐える、維持し続けるためには、やはり体力が必要だと思います。

ジャズが気軽に聴ける音楽になってきているような……

——日本のジャズについて、ほかの国とは違う何かを感じることってありますか？

石塚　御茶ノ水に行くとたくさん楽器店がありますが、そのほとんどの店で1階の店先に陳列しているのは、圧倒的にギターかキーボードなんです。サックスのような管楽器って、まったくと言っていいくらいないですね。1度でいいから、1階で全員管楽器を持って品定めをしていたり、試し吹きをしている姿を見てみたいですね（笑）。でも、これって後で気がついたんですけど、日本の住宅事情に関わりがあるのではないかと。

——住宅事情？

石塚　ギターはアンプに繋がなければ大きな音は出ませんから、家で練習しやすいと思うんです。アメリカで楽器プレイヤー人口が多いのも、住宅事情が相当影響しているような気がしてます。

——言われてみればそうですね。

石塚　昔のフィラデルフィアなんかだと、家と家とがかなり離れていて、いくらサックスを吹いても、誰からも苦情が来ません。そういう土地柄も、たくさんのプレイヤーを生む重要なファクターになっていると思いますね。日本のマンションからは、すべてをぶち壊してしまうような音楽って、生まれないのかなと思います。これは実際に描いていて気がつきましたね。だから、先ほど話しましたが、主人公は川べりで吹いているんです。結局、外じゃないと未だに吹けないんだ、と。

——そういう背景もあったんですね。

石塚　日本人って「静か」というのが好きというか、大事なのかもしれませんね。静かな国民性なんだなと思います。演奏を聴いて気分が乗ってきて「イエーッ」てなるまでに時間がかかりますもんね。アメリカ人なんて、ちょっとスイッチが入っちゃうと、すぐ「イエーッ」ですから（笑）。

——国民性の違いなんでしょうね。

石塚　アメリカにいたときによくジャズ・バーに行ったんですが、西海岸のカリフォルニアだったということもあると思うんですけど、その場のお客さんの気楽さも良かったですね。

　キャップ被ってTシャツでビール片手にパイプ椅子に座りながら「イエーッ」って、ジャズを観ているんですよ。みんな半ズボンとサンダルで、そんな人ばかりで。ハンバーガーを食べた後に、「ジャズでも聴きに行くかっ！」みたいな、とても気軽な感じです。プレイヤーたちも、お客さんが盛り上がるとどんどんノってくるという感じですし。日本はまだ違いますよね。

——そういう感じでジャズを気軽に聴きに行こう、という波みたいなものって、日本でも少しはきてたりするんでしょうか？

石塚　アメリカほどではないですけど、少しはきてると思いますね。何でもかんでも「ワーワー、イエーッ」と声を出せばいいということではないですけど、確実にきてるとは思います。

——ジャズを聴く、親しむ条件というか、そういう環境が変化しつつあると？

石塚　確実に変化しているでしょうね。いわゆるお洒落な店だけではなく、居酒屋とか焼き鳥屋みたいな飲食店のBGMで流れたり、TVのコマーシャルでガンガン使われたりしてますし、ジャズ・フェスティバルなんかも、地方都市や商店街のような所でも頻繁に開催されてます。プロのジャズ・ミュージシャンが子どもたちを指導する機会もすごく増えてきてますし、どんどん環境が整ってきているように思います。

はじめて聴く音楽が、ジャズであればいい

——環境がどんどん整っていっている反面、まだまだジャズって、どこか小難しく、敬遠されるような面があるように思います。

石塚　そうですね。昔のジャズ愛好家たちが、ジャズのよさや面白さを知ってもらおう、拡げようとして、いろんな言葉を駆使して説明したのが、結果として難しいと思われるようになったのではないですかね。決して難しい音楽ではないと思うし、初めて本格的に聴く音楽がジャズであって欲しいなと思いますね。

——初めて聴く本格的な音楽がジャズ？

石塚　えぇ。音楽を聴くようになるのに「道筋」らしきものが暗黙のうちにあるように思うんです。またその「道筋」が定番化というかセオリー化しているようにも見えるんですね。

　ポップスから始まってロックに行って、そしてジャズ、あるいはクラシックにたどり着く。決められたわけでも押し付けられたわけでもないけど、ジャズって最後の方に位置づけされてるように思うんですよ。ですから、そんな「道筋」とは関係なく、ジャズからスタートしたっていいじゃないか、むしろジャズからスタートして欲しいという、これは僕の願望でもあるわけですが（笑）。音楽を聴くことに、ジャンルの順番は関係ないのではないかと思います。まあ、何から入るかは、親の影響も大きいとは思いますけどね。

——そんな石塚さんが、最初に聴いたジャズのアルバムは何ですか？

石塚　そうですねー。初めて意識して聴いたと言えるのは、ソニー・ロリンズの「サキソフォン・コロッサス」とハンク・モブレーの「ソウル・ステーション」です。両方ともハード・バップですけれど。ジャズって、主題から始まってパートごとの展開があって、最後に主題に戻るというような法則めいたものがあるんですが、初めの頃はそんな法則があるなんて知っているはずもなくて、ただ漠然と聴いていたんです。

　そのうちそんな法則があるのを知って、ジョン・コルトレーンの「ジャイアント・ステップス」を聴いたときに、これは法則に則って演奏していて、真面目だな、楽器使いなんだな、と思いましたね。

——いま挙げられた3枚のアルバムは、どれもがワン・ホーンで、ピアノ、ベース、ドラムスによるカルテットですが、ワン・ホーンがお好きなんですか？

石塚　ワン・ホーンに限定しているわけではないんですよ。厚みという意味ではもう1管、トランペットなんかも加えたいし、そうすると楽しいだろうなとは思うんですが、もうちょっと先かな…。実は描くのが大変ということもあったりして（笑）。

もっと親しめる音楽に、もっと身近な音楽に

——『BLUE GIANT』は、ジャズの「ジ」の字も知らなかった少年が、ジャズに衝撃を受け、世界一のプレイヤーになることを目指す姿を描いたものだと思うんですが、今後、ジャズがどうなっていけばいいと思いますか？

石塚　そうですね。「熱さ」とか「激しさ」、逆にその中にある「静謐さ」とか、言葉では言い表せないジャズの魅力が、子どもたちや若い人たちに広く知れ渡って欲しいし、もっと日常的に「ジャズ」という言葉が聞けるようになればいいなと思いますね。

——先ほどの話に戻りますが、昔とは環境が随分と違ってきてますから、期待できますね。

石塚　そうですね。それと、わりと真剣に思ってるんですけれど、大晦日の「紅白歌合戦」にジャズの時間があってもいいんじゃないかと思うんです（笑）。その年の最後の夜に、子どもを含めた家族全員が揃ってジャズを聴く、観る機会ができれば、ジャズに対する距離ってグッと縮まりますよね。で、その演奏でジャズって「凄い」ものだと実感してもらえさえすれば、ジャズの裾野もグーッと広がると思うんですよね。

——それは楽しい発想ですね。私もぜひ紅白でジャズが聴きたいです。最後に、これから連載を続けていくにあたっての意気込みをお聞かせください。

石塚　最初に言ったことの繰り返しになるかもしれませんが、作品を描くにあたっては、ジャズのために何かしらお役に立てればいいなと常々思っています。僕の作品が、ジャズの入口になればいいなと。日本から世界的なプレイヤーが出てきて欲しいし、出てきてくれると信じています。その日が来るのを信じて、僕も一生懸命作品の中で〝プレイ〟していくつもりです。

石塚真一（いしづかしんいち）

1971年生まれ。茨城県出身。

　アメリカ合衆国 南イリノイ大学、サンノゼ州立大学在学中にロッククライミングに出会い、虜になる。帰国後28歳から漫画を描き始め、ロッククライミングの経験を基に描いた「岳」で「マンガ大賞」(2008年)「小学館漫画賞一般向け部門」(2009年)「文化庁メディア芸術祭マンガ部門優秀賞」(2012年)を受賞。「BLUE GIANT」で「小学館漫画賞 一般向け部門」「文化庁メディア芸術祭マンガ部門大賞」(いずれも2017年) 受賞。

\ こちらも必見! /

映画
「BLUE GIANT」

2023年2月17日(金) 全国公開

2013 年に石塚真一さんが「ビッグコミック」(小学館)で連載を開始した漫画「BLUE GIANT」。日本編の後、ヨーロッパ編である「BLUE GIANT SUPREME」(2016年－2020年)、アメリカ編である「BLUE GIANT EXPLORER」(2020年－)が同誌において連載されています。

その「BLUE GIANT」が、2023年、満を持して初めて映像化されます!

原作:石塚真一「BLUE GIANT」(小学館「ビッグコミック」連載)
監督:立川 譲　脚本 NUMBER 8　音楽:上原ひろみ
声の出演・演奏:宮本 大:山田裕貴／馬場智章(サックス)　沢辺雪祈:間宮祥太朗／上原ひろみ(ピアノ)
玉田俊二:岡山天音／石若 駿(ドラム)
アニメーション制作:NUT　製作:映画「BLUE GIANT」製作委員会　配給:東宝映像事業部

「オレは世界一のジャズプレーヤーになる。」

ジャズに魅了され、テナーサックスを始めた仙台の高校生・宮本 大。雨の日も風の日も、毎日たったひとりで何年も、河原でテナーサックスを吹き続けてきた。

卒業を機にジャズのため、上京。高校の同級生・玉田俊二のアパートに転がり込んだ大は、ある日訪れたライブハウスで同世代の凄腕ピアニスト・沢辺雪祈と出会う。

「組もう。」大は雪祈をバンドに誘う。はじめは本気で取り合わない雪祈だったが、聴く者を圧倒する大のサックスに胸を打たれ、二人はバンドを組むことに。そこへ大の熱さに感化されドラムを始めた玉田が加わり、三人は“JASS”を結成する。

楽譜も読めず、ジャズの知識もなかったが、ひたすらに、全力で吹いてきた大。幼い頃からジャズに全てを捧げてきた雪祈。初心者の玉田。

トリオの目標は、日本最高のジャズクラブ「So Blue」に出演し、日本のジャズシーンを変えること。

無謀と思われる目標に、必死に挑みながら成長していく“JASS”は、次第に注目を集めるようになる。「So Blue」でのライブ出演にも可能性が見え始め、目まぐるしい躍進がこのまま続いていくかに思えたが、ある思いもよらない出来事が起こり……。

音楽も食事もサービスも一流のパフォーマンスに魅せられる Blue Note Tokyo

1998 年に現在の場所に移転オープン。より広く、ゴージャスな雰囲気で観客を迎えている。

エントランスから階段を下った地下1Fには、隠れ家的なバー「バックヤード」もある。

ニューヨークにある名門ジャズクラブの姉妹店として、1988年青山に誕生した「ブルーノート東京」。骨董通りにあった当時の店は今よりもコンパクトだったが、トニー・ベネットがオープニングを飾ったというから華々しい。大規模なホールの公演でもチケットの入手が困難な国内外の有名アーティストのライブを間近で、しかもおいしい食事とともに楽しめるこの店は大人の贅沢な音楽空間として、ジャズファンのみならず、トレンドに敏感な人々も魅了していった。

現在の場所へ移転してからは、より観やすくなったステージで繰り広げられる卓越したパフォーマンスとともに、洗練された雰囲気のなかで味わうフードやドリンクもアップグレード。フランス料理をベースとしたコース料理や、出演アーティストの出身地にちなんだスペシャルメニュー、オリジナルカクテルなどもあり、音楽と食とのつながりまで楽しむことができる。

ネット予約も便利だが、音楽に詳しいスタッフが電話応対してくれるこの店では、ジャズの初心者はもちろん、気分転換のために訪れてみようかという人から特別な日を大切な人と楽しみたいという人まで、いろいろなニーズに合わせて相談できるので心強い。未知のアーティストとの出会いや、ゴージャスなディナーとライブがリーズナブルに楽しめるスペシャルセットなど、「ブルーノート東京」の素敵な楽しみ方を見つけられそうだ。

ブルーノート東京

住　　所：東京都港区南青山 6-3-16
T　E　L：03-5485-0088
（予約・問い合わせ　平日 12:00 ～ 19:30、
土日祝 12:00 ～ 18:30、
休演日 12:00 ～ 17:00）
営業時間：公演により異なります。
詳しくは HP もしくはお電話でご確認ください。
休　　日：不定休

世界のトップ・アーティストが出演する大人の社交場
COTTON CLUB

特別な日にふさわしいコース料理も用意されている。

禁酒法時代のニューヨークにあった伝説のナイトクラブを彷彿させるこの店は、東京・丸の内の夜にふさわしいゴージャスなエンターテインメント空間だ。店内にはシャンデリアが煌めき、ジャズをはじめさまざまなジャンルの世界的なトップ・アーティストたちが毎晩のように観客を魅了する。フレンチをベースにした創造性あふれる料理や、選りすぐりのワインとともに楽しみたい。

コットンクラブ

住　　所：東京都千代田区丸の内 2-7-3
東京ビル TOKIA 2F
T　E　L：03-3215-1555
（予約・問い合わせ　11:00 ～ 19:00）
営業時間：月～金 17:00 ～ 23:00、土日祝 16:00 ～ 22:30
（※公演により異なる）
休　　日：不定休

外国人客も夢中にするセッション・バー
Intro

土曜日の夜は明け方までセッションで熱くなる。

ジャズのことは何でも楽しんでやろうというマスターのもと、夜な夜なジャズ好きたちが集い、聴き、飲み、演奏して、今年創業42年目を迎えた。週に6日行われるセッションでは、曲ごとにメンバーを交代しながら演奏が繰り広げられ、毎回、何が起きるかわからない楽しさがある。高校生のプレイヤーから80代のマニア、そして外国からの観光客まで、世代や国籍に関わらずジャズを楽しんでいる。

イントロ

住　　所：東京都新宿区高田馬場 2-14-8
NT ビル B1
T　E　L：03-3200-4396
営業時間：月火日 18:30 ～ 24:00、水木～ 24:30、
金 18:30 ～翌 3:00、土 17:00 ～翌 5:00
（※一部例外あり）
休　　日：年中無休（正月の初頭は除く）

新しいスタイルを発信する 大人のライブ＆ダイニングクラブ
JZ Brat

照明などの演出にも凝っていて、見応えがある。

再開発が進む渋谷で毎夜ライブを続ける店。日本のミュージシャンを中心に、スタンダードジャズをはじめ、ジャンルにとらわれることなく、クオリティの高い生演奏とともに食事も楽しめる。ドリンクではオリジナルのハイボールのほか、出演するミュージシャンをイメージしたオリジナルカクテルなども試してみたい。

ジェイジーブラット

住　　所：東京京都渋谷区桜丘町 26-1
　　　　　セルリアンタワー東急ホテル 2F
ＴＥＬ：03-5728-0168
営業時間：17:30 ～ 23:30（※公演により異なる）
休　　日：不定休

進化を続ける 六本木のジャズレストラン
SATIN DOLL

ゆったりとしていながら大きすぎない
100 席のライブハウスは都内でも数少ない。

健康を意識した
ヘルシーなドリンクも人気だ。

２０１７年にリニューアルオープンしたこの店は、１９７４年に神戸で創業。東京への移転後は、サラ・ヴォーンをはじめ有名なジャズ・アーティストが数多く出演している。トリオからビッグバンドまでこだわりのあるジャズライブとともにフランス料理を提供する店としても先駆的な存在で、無農薬野菜など食材にもこだわり、チアシードなどを使ったヘルシーなドリンクも揃えている。

「A5 クラスの黒毛和牛のグリエ」など
本格的なフレンチも楽しめる。

六本木サテンドール

住　　所：東京都港区六本木 6-1-8　グリーンビル 5F
ＴＥＬ：03-3401-3080
営業時間：18:00 ～ 24:00
休　　日：不定休（土、日、祝は貸切パーティー）

アコースティックな音を追求する ライブハウス
TheGLEE

ピアニストたちが憧れる、特別なスタインウェイ。

東日本大震災の直後、電気を使わずに演奏された音楽が被災者の心を和ませたというエピソードに触発されて誕生したリアル・アコースティックにこだわったライブハウス。ジャズに限らずさまざまなアコースティック音楽が演奏され、ハイレゾでのレコーディングも行われている。ピアノは1925年製のスタインウェイが設置され、この名器で奏でたいと公演を重ねるアーティストも少なくない。

ザグリー

住　　所：東京都新宿区神楽坂 3-4 AY ビル B1
T　E　L：03-5261-3123（ホール）
　　　　　03-5261-3124（事務局）
　　　　　（予約・問い合わせ　月～金 10:00 ～ 18:00）
営業時間：※公演により異なる
休　　日：無休

オーナーのこだわりを感じる スタイリッシュなクラブ
KEYSTONECLUB 東京

山口県・徳山で音楽を楽しみながらおいしいお酒が飲める「キーストンクラブ」を営んでいたオーナーの山中英治さんが、もっと多くのミュージシャンや音楽好きの方との出会いを求め東京・六本木へ進出。ジャズに加えてラテンやシャンソンの演奏とともにインド・ネパール料理が楽しめるスタイリッシュな店は、大人の遊び場、ナイトクラブをイメージさせる。佐賀牛のステーキや山口の銘酒「獺祭」も好評だ。

店名には「人と人の心をつなぐキーストン（要石）でありたい」という山中さんの願いが込められている。

キーストンクラブ東京

住　　所：東京都港区六本木 7-4-12 ジャスミンビル 2F
T　E　L：03-6721-1723
　　　　　（予約・問い合わせ 11:00 ～ 24:00）
営業時間：18:30 ～翌 2:00（オーダーストップ 1:30）
休　　日：不定休

伝説の店の味を継承する ロマンチックなジャズ喫茶

JUHA

店名は映画監督アキ・カウリスマキの映画から。

コーヒーや食事にあう音楽をモットーに、1950年代のモダンジャズやスイートジャズバンドの暖かみのある曲がかかる。パフェのようなコーヒーゼリーや、オーナー夫人が下北沢にあった伝説の店「ジャズ喫茶マサコ」から引き継いだあんトーストとストロングブレンドの組み合わせも、音楽好きな女性客のハートを掴んでいる。

ユハ

住　所：東京都杉並区西荻南 2-25-4
TEL：050-3562-0658
営業時間：水～金 12:00 ～ 20:00
土日祝 12:00 ～ 18:00
休　日：月火休

どこか懐かしくて、新しい ジャズファンのよりどころ

rompercicci

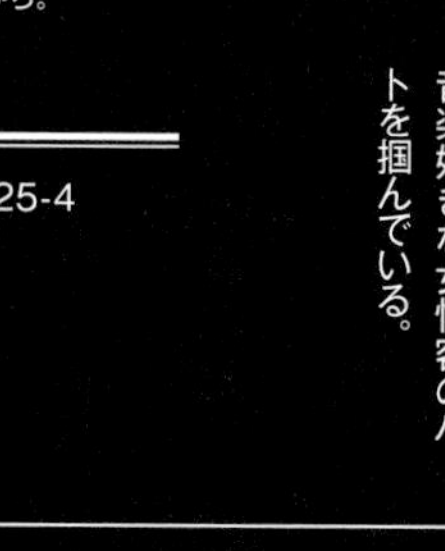

コーヒーやチャイが人気で、ドライカレーもおいしい。

カフェのように可愛い外観の店の扉を開けると、モダンジャズをはじめECMレーベルや現代ジャズなど、日々仕入れている幅広い種類のジャズのレコードが程よい音量で心地よく流れている。会話やイヤホン、パソコンが不可となっており、ジャズファンであるなしに関係なく安心して静かに過ごせる空間を提供している。

ロンパーチッチ

住　所：東京都中野区新井 1-30-6
第一三富ビル 102
TEL：03-6454-0283
営業時間：11:00 ～ 23:00
休　日：月休（祝の場合翌火休）

「生音」の素晴らしさに素直に浸る、幸福なひとときを.

JAZZ-VILEVAN

壁いっぱいに残るアーティストのサインが店の歴史を物語っている。

仙台駅から徒歩3分の場所にある1981年創業の店。壁には来店したアーティストたちのサインが数多く残されている。「ジャズは知識がなければなんてつまらない。ただ聴いて、感じるままでいい。そして演奏にのったら、掛け声をかけてみる。お酒の力もちょっと借りてね」。国内外のトップ・アーティストを迎えてきたオーナーの渡邊清さんは、ジャズの楽しみ方をこんな風に教えてくれた。

ジャズ - ビレバン

住　　所：宮城県仙台市青葉区中央 1-8-22　グランドゥ 3F
ＴＥＬ：022-225-2222（予約・問合せ　17：00 ～ 02：00）
営業時間：月～木 17:00 ～翌 1:00、金土～翌 2:00、日祝～ 24:00
休　　日：年末年始休

耳の肥えたジャズ好きに一目置かれる名古屋の名店

jazz inn LOVELY

名古屋の中心地、テレビ塔の近くにあるこの店には、数多くの海外ミュージシャンやメジャーデビュー前のケイコ・リーや綾戸智恵も出演してきた。1970年にジャズ喫茶として創業した5年後、現在の場所に移転。創業時から交流のある渡辺貞夫や日野皓正など大物アーティストを迎えて本格的なライブを開始し、現在も日本のミュージシャンを主体に、毎晩ホットな演奏が楽しめる。

料理もおいしく、リーズナブルと好評。おすすめはポークカツサンド。

ジャズイン ラブリー

住　　所：愛知県名古屋市東区東桜 1-10-15
ＴＥＬ：052-951-6085
営業時間：18:00 ～翌 1:15（ラストオーダー）
休　　日：無休

アーティスト、観客、スタッフで創る フレンドリーなライブ
Live Spot RAG

世界の一流から地元京都のバンドマンまでが切磋琢磨するこの店は、１９８１年にジャズ喫茶として創業し、１９８８年にライブハウスとなった。親密感のある店内では「ステージと客席があまりにも近い」とアーティストから恐れられることもあるという。

　併設している音楽スクール・リハーサルスタジオと共に、臨場感あるオンライン配信ライブにも力を入れている。遠方でもＲＡＧのステージを楽しめる。

ライブスポット ラグ

住　　所：京都府京都市中京区 木屋町通り三条上ル 上大阪町 521 京都エンパイヤビル 5F
T　E　L：075-255-7273（11:00 ～ 19:00）
　　　　　075-241-0446（18:00 ～ 0:00）
営業時間：18:00 ～ 0:00
休　　日：不定休
U　R　L：http://www.ragnet.co.jp/livespot

大阪の老舗ジャズクラブで ハードバップを堪能
Jazz Club OverSeas

店名はトミー・フラナガンの名盤から。

トミー・フラナガンが来日の際には必ず立ち寄って演奏をしたというこの店を訪れる人のお目当ては、なんといってもデトロイト・ハードバップ・スタイルのピアノ・ジャズだ。１９７９年、フラナガンの弟子であるピアニストの寺井尚之さんが創業し、彼が出演するのはこの店だけということで、他府県からの来店も多い。

ジャズクラブ オーヴァーシーズ

住　　所：大阪府大阪市中央区安土町 1-7-20 新トヤマビル 1F
T　E　L：06-6262-3940
営業時間：18:00 ～ 22:00
休　　日：日、祝休（月、木はジャズピアノ教室のため営業はなし）

古民家ならではの 暖かな音に包まれる
Jazz Inn New COMBO

ジャズ喫茶の名店コンボの姉妹店として１９８２年にオープン。２度の引越しを経て、２００５年から古民家をリノベーションした現在の場所で営業している。約１００年前に建てられた空間で奏でられる音色は実に豊かで、暖かみがある。食事のメニューも充実しており、オムライス、ピザ、パスタをはじめ自家製スパイスカレーも人気がある。

ジャズ イン ニューコンボ

住　　所：福岡県福岡市中央区渡辺通 5-1-22
T　E　L：092-712-7809
営業時間：火～土 18時半～24時
　　　　　日、祝日 17時半～23時
休　　日：月曜定休

１枚のアルバムに出会うことからジャズがはじまる

ジャズは難しいと思われがちだが、それは違う

本書は、２０１８年１月に発行した『ＪＡＺＺをとことん楽しむ！』の基本的な編集方針～ジャズの知識が乏しくても、あるいはなくても、ジャズが聴きたい、聴いてみたいという極めてシンプルなニーズに応える誌面作り～を踏襲し、新たな内容を加味した改訂版である。

具体的には、ジャズ史を飾る名盤やジャズ史に名を残したＪａｚｚ Ｇｉａｎｔｓ、名手たちの作品などから聴きやすい作品を選び、美的でカラフルなジャケット写真とジャズ評論にありがちな難しさや専門性を極力排除した簡潔な解説文で誌面を構成する、ということである。

ジャズ（厳密にいうとモダン・ジャズ）の歴史は決して長くはないが、ジャズには、演奏スタイルやテクニック、時代による表現方法の違い、ミュージシャン各人の個性や楽曲ならではの奥深さがあるのは事実だ。こうした知識を身に付け聴くことは、ジャズをより深く味わうことに繋がり興味を喚起する。したがって、ジャズにまつわる知識、ミュージシャンの演奏上の個性やテクニックなどを知ることは決して無駄なことではない。

しかし、ジャズを聴きたいという極めて単純な意識を持つ初心者にとって、ジャズ愛好家やジャズ・マニアが交わすジャズ談義の内容やジャズ専門雑誌の記事は難解なことが多い。それは、ジャズの魅力や面白さを伝えようとした結果、意に反して難しくとっつきにくくなってしまうという、反作用の落とし穴なのかもしれない。適切かどうか分からないが、算数レベルの小学生にいきなり高等数学を教えるようなものだ。これでは、ジャズは遠くなってしまう。

聴いてみたいという思いだけで十分だ

ジャズを初めて聴いたのは、20歳を過ぎた頃。たいした動機もなく、単純に聴きたいと思っただけだった。が、どういうミュージシャンがいて、どんなアルバムがあって、どれを聴けばいいのか、まったく分からなかった。

最初に買ったのは、なんとクラシック音楽をジャズ風に演奏したアルバムだった。それは、「Ｇ線上のアリア」「平均律グラヴィーア曲集」や「ゴルトベルグ変奏曲」で知られるＪ．Ｓ．バッハの作品をジャズ風に解釈し演奏した、フランスのピアニスト、ジャック・ルーシェ・トリオによるアルバムでタイトルは『プレイ・バッハ』。

こうしたきっかけでジャズを聴くようになり、ジャズ専門雑誌やジャズに関する単行本などを読んだり、毎月発売される新譜を購入したり（当時はレコードを買うしか方法がなかった）を続けたことで、ジャズの面白さや楽しさに魅了された。が、自身は一般的な人と比べればジャズをたくさん聴いてきたけれど、ジャズ評論家でも研究者でもなく、基本はあくまでもアマチュア。そのアマチュアがジャズの魅力を、分かりやすい解説や美しいジャケット写真を使いシンプルに伝えたいと思い創ったのが、本書である。

ジャズを聴くきっかけになれば

本書で紹介しているアルバム点数は２４９タイトル。ジャズ史を飾った膨大なアルバムのなかから異論・反論が浴びせられることを承知のうえで、名盤と称されるアルバムやＪａｚｚ Ｇｉａｎｔｓ、名手たちの代表作を中心に選んだが、極端にいえば「独断と偏見」。

頁をめくって２４９タイトルのなかから１枚でもいいから、「聴いたことがある」「このミュージシャンの名前、知っている」「どこかで耳にしたことがある」「ジャケット、見たことがある」という発見さえあればジャズを聴きたい動機になることだろう。

「とことんＪＡＺＺを楽しむ会」代表

企画・編集・文　土金哲夫
文　茂木真理子
担当編集　安東歩美
荒川琢郎
志賀智行
撮影　高木直之（石塚真一氏インタビュー）
デザイン　安藤　純
協力（順不同）　ユニバーサル ミュージック
ソニー・ミュージックジャパンインターナショナル
ワーナーミュージック・ジャパン
ゲッティイメージズ ジャパン
小学館ビックコミック編集部
東宝
サーティースリー
JR 東海

JAZZ をとことん楽しむ本

2023 年 1 月 30 日　初版発行

［編　者］　JAZZ をとことん楽しむ会
発 行 人　相澤　晃
発 行 所　株式会社コスミック出版
〒154-0002　東京都世田谷区下馬 6-15-4
代　表　Tel　03-5432-7081
営業部　Tel　03-5432-7084
Fax　03-5432-7088
編集部　Tel　03-5432-7086
Fax　03-5432-7090
振　替　00110-8-611382
http://www.cosmicpub.com/
印刷・製本　株式会社光邦
ISBN 978-4-7747-9281-1 C0076

※本書は株式会社コスミック出版刊「JAZZ をとことん楽しむ！」（2018 年 1 月刊／コスミックムック）を再編集したものです。